创新型人才跨境电子商务专业系列教材

跨境
电子商务客服与沟通

樊金琪　吴莎莎◎主编

蒋彩娜　易　静　徐艳玲◎副主编

电子工业出版社

Publishing House of Electronics Industry

北京·BEIJING

未经许可,不得以任何方式复制或抄袭本书之部分或全部内容。
版权所有,侵权必究。

图书在版编目(CIP)数据

跨境电子商务客服与沟通 / 樊金琪,吴莎莎主编. —北京:电子工业出版社,2021.10
ISBN 978-7-121-42264-5

Ⅰ.①跨… Ⅱ.①樊… ②吴… Ⅲ.①电子商务-商业服务-高等学校-教材 Ⅳ.①F713.36

中国版本图书馆 CIP 数据核字(2021)第 220886 号

责任编辑:刘淑敏　　特约编辑:马凤红
印　　刷:三河市君旺印务有限公司
装　　订:三河市君旺印务有限公司
出版发行:电子工业出版社
　　　　　北京市海淀区万寿路 173 信箱　邮编:100036
开　　本:787×1 092　1/16　印张:14.25　字数:362 千字
版　　次:2021 年 10 月第 1 版
印　　次:2021 年 10 月第 1 次印刷
定　　价:52.00 元

凡所购买电子工业出版社图书有缺损问题,请向购买书店调换。若书店售缺,请与本社发行部联系,联系及邮购电话:(010)88254888,88258888。
质量投诉请发邮件至 zlts@phei.com.cn,盗版侵权举报请发邮件至 dbqq@phei.com.cn。
本书咨询联系方式:(010)88254199,sjb@phei.com.cn。

前　言

随着互联网的普及和现代物流水平的进步，以及网络支付条件和制度的完善，跨境电子商务在近年迅速兴起，并保持着良好的发展态势。区别于传统的国内贸易，在跨境电子商务中，由于买方和卖方来自全球各地，双方在语言、文化和风俗等方面千差万别，各种各样的商务摩擦和纠纷问题也随之出现，所以客户服务工作的重要性愈加凸显。然而，跨境电商行业所面临的现实问题是跨境电商客服人员缺口极大，而且相关从业人员缺乏实践训练，实际操作能力不强。

为了实现培养高素质复合型跨境电商专业人才的目标，解决跨境电商客服人员的供需矛盾，建设好跨境电子商务专业，就需要有理论和实践相结合、包含跨境电子商务知识与技能的实用型教材。为此，我们结合跨境电子商务行业的发展趋势，以及对客户服务人员的职业技能要求，组织相关教师编写了本书。

本书选取实际案例，并配以大量的英文语言材料，旨在从实践的角度，构建跨境电子商务客户服务的工作体系，提供优化客户服务的工作方法，以提高跨境电子商务客户服务人员的语言运用能力、沟通能力和处理问题的技巧。

全书分为9章，包括绪论、主流跨境电商平台客服的规则、售前客服与沟通、售中客服与沟通、售后客服与沟通、跨境电商纠纷与处理、跨境电商客服与沟通的技巧、跨境电商客户的跟踪与分类服务、消费心理学在跨境电商业务中的运用。每章以具有代表性的案例作为导入案例，启发读者展开思考，然后再进入知识学习，并在每章知识内容的后面提供了本章小结和课后练习，以便学生可以对所学知识进行自我检查和实操训练。

本书的编写成员是来自商务英语、电子商务、国际贸易等专业的一线高校教师，由樊金琪老师负责全书的组织和统稿工作，具体编写分工为：第1章由蒋彩娜编写，第2~4章由樊金琪编写，第5章由吴莎莎编写，第6章由徐艳玲编写，第7章由吴莎莎编写，第8章由蒋彩娜编写，第9章由蒋彩娜和易静编写。本书在编写过程中，参考了大量教材、高质量期刊、论文、公众号文章等相关资料，参阅了国内外大量网站文献，借鉴了众多学者和相关从业人员的研究成果，在此对各位学者、专家及研究人员表示诚挚的感谢。

跨境电子商务的发展日新月异，本书中所涉及的某些内容和数据可能和现实有些出入。同时由于编写时间周期要求及编者能力有限，书中难免有疏漏和欠妥之处。我们真诚地欢迎使用本书的教师和学生、跨境电商行业的相关从业者和其他读者提出宝贵意见，以帮助我们后期根据市场变化及时更新、完善本书。编者在此表示衷心的感谢！

编　者

目 录

第1章 绪论 ·········· 1
- 1.1 跨境电商客服岗位分工与工作目标 ··· 2
  - 1.1.1 跨境电商客服岗位的设置 ······ 2
  - 1.1.2 跨境电商客服的工作目标 ······ 3
- 1.2 跨境电商客服岗位的业务能力要求 ··· 5
  - 1.2.1 跨境电商客服岗位的知识能力要求 ·········· 5
  - 1.2.2 跨境电商客服岗位的实操技能要求 ·········· 5
  - 1.2.3 跨境电商客服岗位的素质能力要求 ·········· 6
- 1.3 跨境电商客服的业务范围 ········· 6
  - 1.3.1 售前客服的业务范围 ······ 7
  - 1.3.2 售中客服的业务范围 ······ 9
  - 1.3.3 售后客服的业务范围 ······ 10
- 1.4 跨境电商客服的基本流程 ········ 12
  - 1.4.1 售前客服的工作流程 ······ 12
  - 1.4.2 售中客服的工作流程 ······ 12
  - 1.4.3 售后客服的工作流程 ······ 14
- 本章小结 ·········· 15
- 课后练习 ·········· 15

第2章 主流跨境电商平台客服的规则 ·········· 17
- 2.1 Amazon 客户服务规则 ············ 19
  - 2.1.1 订单管理方面 ·········· 19
  - 2.1.2 客户服务能力评估方面 ······ 22
  - 2.1.3 商品售后方面 ·········· 23
- 2.2 eBay 客户服务规则 ············ 24
  - 2.2.1 订单管理方面 ·········· 25
  - 2.2.2 客户服务能力评估方面 ······ 30
  - 2.2.3 商品售后方面 ·········· 35
- 2.3 速卖通客户服务规则 ········· 38
  - 2.3.1 订单管理方面 ·········· 38
  - 2.3.2 客户服务能力评估方面 ······ 39
  - 2.3.3 商品售后方面 ·········· 41
- 2.4 Wish 客户服务规则 ············ 41
  - 2.4.1 订单管理方面 ·········· 41
  - 2.4.2 客户服务能力评估方面 ······ 42
  - 2.4.3 商品售后方面 ·········· 45
- 2.5 Shopee（虾皮购物）客户服务规则 ············ 45
  - 2.5.1 订单管理方面 ·········· 45
  - 2.5.2 客户服务能力评估方面 ······ 47
  - 2.5.3 商品售后方面 ·········· 50
- 本章小结 ·········· 52
- 课后练习 ·········· 53

第3章 售前客服与沟通 ·········· 55
- 3.1 售前沟通准备工作 ············ 57
  - 3.1.1 了解商品属性 ·········· 57
  - 3.1.2 掌握推销话术 ·········· 57
  - 3.1.3 设置自动回复 ·········· 58
- 3.2 售前沟通文案打造 ············ 59
  - 3.2.1 企业文化文案 ·········· 59
  - 3.2.2 品牌形象文案 ·········· 62
  - 3.2.3 商品详情文案 ·········· 63
- 3.3 售前咨询的响应与处理 ············ 66
  - 3.3.1 关于询价与样品咨询的回复 ·········· 66
  - 3.3.2 关于跨境支付与结算的解析 ·········· 68
  - 3.3.3 关于跨境物流及运费的应答 ·········· 69
- 3.4 跨境电商主流平台售前客服与沟通案例分析 ·········· 71

3.4.1 Amazon售前客服与沟通
　　　　　　案例……………………71
　　　3.4.2 eBay售前客服与沟通案例…72
　　　3.4.3 速卖通售前客服与沟通
　　　　　　案例……………………73
　　　3.4.4 Wish售前客服与沟通案例…79
　　　3.4.5 Shopee售前客服与沟通
　　　　　　案例……………………81
　本章小结……………………………82
　课后练习……………………………83

第4章 售中客服与沟通……………85
4.1 售中客服的常规工作………………88
　　　4.1.1 等待客户付款阶段…………88
　　　4.1.2 客户已付款阶段……………91
　　　4.1.3 发货阶段……………………92
　　　4.1.4 配送阶段……………………93
4.2 售中订单的控制与处理……………95
　　　4.2.1 订单处理……………………95
　　　4.2.2 物流跟踪…………………102
　　　4.2.3 关联产品定向推荐………103
　　　4.2.4 特殊订单处理与交流……106
4.3 跨境电商主流平台售中客服与沟
　　通案例分析…………………………114
　　　4.3.1 速卖通售中客服与沟通
　　　　　　案例……………………114
　　　4.3.2 Amazon售中客服与沟通
　　　　　　案例……………………117
　本章小结…………………………120
　课后练习…………………………120

第5章 售后客服与沟通…………123
5.1 售后评价…………………………124
　　　5.1.1 好评的回复………………125
　　　5.1.2 催评………………………126
　　　5.1.3 中差评的修改……………128
5.2 售后服务模板设置………………130
　　　5.2.1 关于服务内容的设置……130
　　　5.2.2 关于服务时间的设定……133
5.3 跨境电商主流平台售后客服与沟
　　通案例分析…………………………134

　　　5.3.1 eBay售后客服与沟通
　　　　　　案例……………………134
　　　5.3.2 Shopee售后客服与沟通
　　　　　　案例……………………136
　　　5.3.3 速卖通售后客服与沟通
　　　　　　案例……………………139
　本章小结…………………………141
　课后练习…………………………142

第6章 跨境电商纠纷与处理……145
6.1 常见纠纷的分类…………………146
　　　6.1.1 延迟交货…………………147
　　　6.1.2 缺货断货…………………148
　　　6.1.3 货不对版…………………150
　　　6.1.4 货物破损…………………152
　　　6.1.5 货物质量问题……………154
6.2 纠纷的解决策略…………………155
　　　6.2.1 积极主动——打感情牌…157
　　　6.2.2 换位思考——有效沟通…158
　　　6.2.3 保留证据——控制引导…159
6.3 跨境电商纠纷处理案例…………160
　　　6.3.1 未收到货的纠纷处理案例…160
　　　6.3.2 已收到货的纠纷处理案例…162
　本章小结…………………………164
　课后练习…………………………164

第7章 跨境电商客服与沟通的
　　　 技巧…………………………166
7.1 售前客服与沟通的策略…………167
　　　7.1.1 提升服务意识……………167
　　　7.1.2 熟悉店铺商品……………169
　　　7.1.3 提升回复响应时间………170
7.2 售中客服与沟通的方法…………175
　　　7.2.1 使用工具催讨……………175
　　　7.2.2 确认订单…………………177
　　　7.2.3 为买家提供优质的物流
　　　　　　体验……………………177
7.3 售后客服与沟通的方法…………183
　　　7.3.1 售后与买家及时沟通……183
　　　7.3.2 处理客户投诉的步骤……186
　　　7.3.3 在线客户争议解决方案…187

7.4 跨境电商客服与沟通技巧运用
案例……………………………188
 7.4.1 售前客服与沟通技巧运用
  案例……………………………188
 7.4.2 售中客服与沟通技巧运用
  案例……………………………189
 7.4.3 售后客服与沟通技巧运用
  案例……………………………192
本章小结……………………………196
课后练习……………………………196

第 8 章 跨境电商客户的跟踪与分类维护……………………………198

8.1 客户的跟踪与服务………………199
 8.1.1 售后跟踪……………………199
 8.1.2 客户满意度的增加与客户
  忠诚度的建立………………200
 8.1.3 优质客户服务策略…………201
8.2 客户的分类维护…………………202
 8.2.1 按网店购物者常规类型分
  类及应采取的相应对策……202
 8.2.2 按客户性格特征分类及应
  采取的相应对策……………203

 8.2.3 按消费者购买行为分类及
  应采取的相应对策…………204
8.3 跨文化客服与沟通的注意事项……204
 8.3.1 北美地区市场………………205
 8.3.2 欧洲地区市场………………206
 8.3.3 东南亚地区市场……………209
 8.3.4 中东地区市场………………210
本章小结……………………………211
课后练习……………………………211

第 9 章 消费心理学在跨境电商业务中的运用……………………………213

9.1 跨境电商中的消费心理学………214
 9.1.1 跨境消费者心理过程分析…214
 9.1.2 跨境消费者个性分析………217
9.2 消费心理学在跨境电商中的应用…219
 9.2.1 明确消费者的实际需求……219
 9.2.2 放大商品的价值锚点………219
 9.2.3 强化客户的互惠心理………220
本章小结……………………………221
课后练习……………………………221

参考文献……………………………222

第 1 章 绪论

学习目标

（1）了解跨境电商客服岗位分工和工作目标；
（2）熟悉跨境电商客服岗位的能力要求；
（3）熟悉跨境电商客服的业务范围和工作流程。

学习重点与难点

学习重点：
跨境电商客服的业务范围和工作流程。
学习难点：
跨境电商客服岗位的能力要求。

导入案例

2020年4月，亚马逊宣布继3月份新招10万名员工后，还将额外招聘7.5万名员工，以应对新冠肺炎疫情期间网购订单暴增的状况。亚马逊公司公关部表示，这些职位一开始是临时的，但随着时间的推移，许多职位将转变为永久性职位。显然，跨境电商在全球不断发展壮大，并会成为新常态，风起云涌的电商平台和卖家自建站都在激烈竞争抢夺客户。因为商品的同质化及低价竞争日益激烈，所以优质的商品成为了跨境电商成功的起码条件，客户体验成为跨境电商角逐市场的重要因素。跨境电商在线客服作为面向客户的窗口，负责为客户提供导购、答疑、信息查询、产品使用指导和解决故障的方法，扮演着影响客户网上购物全程体验优劣的重要角色。

无论客户是通过亚马逊这样的电商平台，还是在卖家品牌自建站上购物，往往都会产生距离感和怀疑感，特别是当客户明确地知道自己在跨境购物的时候，这种感觉更明显。这时，如何平衡买家与卖家之间的利益，客服的角色就尤为重要。卖家作为品牌方，提供优良的客服体验能降低退货、退款率；减少卖家差评，增加好评；提高销售转化率；提升复购率；提升客户的购物体验；强化品牌口碑。

【辩证与思考】

跨境电商客服具体有哪些工作岗位呢？主要负责什么工作呢？

1.1 跨境电商客服岗位分工与工作目标

跨境电子商务环境下的客户服务同传统实体店的导购服务人员一样，承担着迎接客户、销售商品、解决客户疑难问题等责任。不同的跨境电商公司会根据自身公司的发展规模，设置不同客服岗位，招聘数量不等的客户服务人员。规模较大的跨境电商公司都设有专门的客服部门，一般由2～6名客户服务人员组成专业的团队；规模小一些的跨境电商公司在分工上则不如此细致，可能在运营部门设置1～2名客户服务专员，兼顾售前、售中和售后各阶段的客户服务工作。

1.1.1 跨境电商客服岗位的设置

1. 客服经理

客服经理统筹管理整个客服部门的运作，其岗位的主要职责内容如表1-1所示。

表1-1 客服经理岗位的主要职责内容

岗 位 职 责	主要职责内容
制度流程建立	规范客户服务标准、标准话术及工作流程
团队管理	负责培训和管理客服团队，监督、评估客服人员的各项日常工作，建立服务质量指标体系，对客服人员进行激励、评价和考核
客户维护	全方位优化客户服务质量，降低投诉率，跟踪物流信息反馈，及时反馈异常情况
应急处理	处理客户的重大投诉意见，各种突发事件、应急事件，并跟踪处理情况，提升客户满意度
市场调研	充分掌握市场情况，了解竞争对手，分析客户需求，并定期提交分析报告
其他	配合协调其他部门工作，完成上级指派的其他事务等

2. 客服主管

客服主管的主要工作是管理各类客服人员，其岗位主要职责内容如表1-2所示。

表1-2 客服主管岗位的主要职责内容

岗 位 职 责	主要职责内容
综合管理	全面把控公司跨境电商平台售前、售中和售后整个过程的处理和维护
监督管理	监督、管理、培训客服人员的各项日常工作，建立客服考评机制和培训方案
客户维护	制定客户服务规范、流程和制度，完善客户常见问题反馈及解决流程，建立相关客服术语、常见问答及知识库

续表

岗 位 职 责	主要职责内容
客户维护	有效建立客服体系和相关客服工具，实现高效、智能客服，提高客服效率，提升客户满意度
应急处理	及时处理各种投诉和突发事件，保障店铺安全，带领团队做好售后服务
其他	负责上级领导交代的其他工作

3. 客服专员

客服专员主要处理一些售前询盘、售后纠纷等问题，其岗位主要职责内容如表 1-3 所示。

表 1-3　客服专员岗位的主要职责内容

岗 位 职 责	主要职责内容
辅助销售	负责公司跨境电商平台店铺客户的在线答疑与商品选购帮助，促成订单的成交，提供良好的购物体验
日常维护客户	售后邮件的处理，包括商品使用帮助、质量投诉、内部反馈、日常维护与客户邮件，维护与客户的关系
处理差评	跟进异常订单，处理售前、售后问题和差评，收集总结客户遇到的问题和商品需求，及时进行反馈
竞品跟踪	定期关注、整理竞争对手商品和客户评价动态，反馈给内部团队以寻求应对方案等

1.1.2　跨境电商客服的工作目标

1. 保障账号安全

由于面向多国经营，且各国法律要求和标准制定不一，所以跨境零售电商平台对卖家的信誉和服务能力的要求要高于国内电商。以阿里巴巴速卖通平台为例，为了清楚地衡量每一个卖家的服务水平和信誉水平，速卖通平台设置了"卖家服务等级"。"卖家服务等级"本质上属于一套针对卖家服务水平的评级机制，共有 4 个层级，分别是优秀、良好、及格和不及格。在此机制中，评级越高的卖家得到的商品曝光机会越多；平台在对其推广资源进行配置时，也会更多地向高等级卖家倾斜。反之，当某个卖家的"卖家服务等级"处于低位水平，特别是"不及格"层级时，卖家商品的曝光机会和参加平台活动的资格都会受到极大的负面影响。

卖家需要做的是通过提高商品的质量和服务水平，不断提升"卖家服务等级"，以便在平台销售过程中，获得更多的资源优势与曝光机会。想要在其他因素相对稳定的前提下，达到更高的"卖家服务等级"，就需要客服人员通过各种工作方法与沟通技巧，维持以上提到的各项指标。指标越好，账号的安全度就越高，这就是跨境电商客服人员的保障账号安全的目标。

2. 降低售后成本

相对于国内电商，跨境电商店铺的售后成本较高。由于运输距离远、时间长，国外退货成本高，跨境电商的卖家会比国内电商的卖家更多地使用"免费重发"或者"买家不退货、卖家退款"的高成本处理方式。但如果一个富有经验且精于沟通的客服人员，在处理国外卖家投诉时，能够使用多元化的解决方案，通过合理、巧妙地搭配各种售后服务方式，针对不同的情况因地制宜地进行处理，最终就能够达到将售后服务的成本指标控制在合理范围内的目的。

例如，一些消费类电子商品或近年来比较热门的智能家居商品，往往由于国产商品缺少详细的英文说明书，且客户缺乏相关商品的操作经验，导致客户使用困难。该类商品的投诉会比较集中在使用方法的不明确上，某些缺乏耐心的客户可能就会提起纠纷，甚至要求退款。而这时如果客服人员能够通过巧妙的方式，用简单易懂的语言向客户说明商品的使用方法，解答一切关于商品本身的技术性问题，使客户清楚地理解整个使用过程，并接受商品，则会达到降低售后成本的效果。

3. 促进再次交易

跨境电商的客服人员可以通过交流与沟通，一方面促成潜在批发客户的批发订单成交；另一方面，也可以有效地帮助零散客户再次与店铺进行交易，成为具有"黏性"的老客户。这个目标可以通过以下途径解决，首先，卖家客服应帮助客户完美地解决各类问题，这样，客户往往对卖家的信任会显著增强，逐渐转变成忠实客户。其次，在跨境零售电商行业中，有大量的国外批发买家搜寻我国合适的供应商，无论是售前还是售后的咨询，这种客户更关注的是卖家在商品种类的丰富度上、商品线的开发拓展速度、物流与清关的服务水平和批发订单的折扣力度与供货能力等。一旦发现这种客户，如果客服人员能够积极跟进，不断地解决客户的所有疑惑与顾虑，最终将会促成批发订单的成交。最后，客服人员应与营销业务人员配合，巧妙使用即时通信软件建立群聊、群及邮件群发工具，形成"客户俱乐部"，以增强客户的黏性，还可以通过优惠券的发放促使客户参与店铺的各种促销活动，促成他们回店再次下单。

4. 监控管理

跨境电商由于其跨国交易、订单零碎的属性，在日常的团队管理中，往往容易出现混乱的情况。在商品开发、采购、包装、仓储、物流或海关清关等环节，出现问题的概率都会比国内的电商高。一旦在某个环节出现问题，由于环节非常多，责任无法确认到位，还会导致问题进一步扩大与恶化。如果整个团队工作流程中的缺陷在导致几次问题后，仍然不能被有效地发现和解决，那么对团队而言无疑是一个长期的隐患。环节上的缺陷随时可能爆发，并引起更加严重的损失。

因此，任何团队的管理者都必须建立一套完整的问题发现与问责机制，在问题出现后，及时弥补导致问题的流程性缺陷。而在跨境电商行业中，有一个岗位先天就适合充当这一角色，这就是客服岗位。客服人员作为广大客户的直接接触人，是团队中最先意识到所有问题的吹哨人。跨境电商企业应利用好客服人员进行管理监控，让客服人员定期将客户遇到的所有问题进行分类归纳,并及时反馈给销售主管、采购主管、仓储主管、物流主管以及总经理等,为这些决策者对部门岗位的调整和工作流程的优化提供第一手重要的参考信息。

1.2 跨境电商客服岗位的业务能力要求

跨境电商客服岗位主要提供售前支持、售中的订单跟进、售后支持等日常维护客户的工作。根据岗位职责内容,企业在招聘此类工作人员时,对应聘者的知识、技能和综合素质等方面都提出了具体的要求。

1.2.1 跨境电商客服岗位的知识能力要求

从对招聘广告发布的跨境电商客服岗位要求进行分析可知,跨境电商客服必须具备的知识包括商务知识和外语知识。大部分的招聘要求都会明确列出对英语能力的级别要求,尤其是对客服人员在英语阅读和写作能力等方面会有较高的要求。跨境电商的客服人员还需要具有物流、电子商务、国际贸易和计算机操作等方面的知识。对应于跨境电商客服岗位的相关大学专业分布情况如图 1-1 所示。

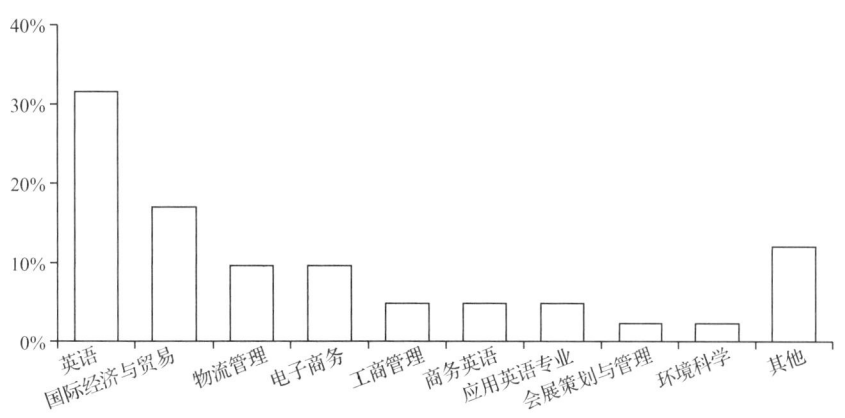

图 1-1 对应于跨境电商客服岗位的相关大学专业分布情况

(数据来源:智联招聘)

1.2.2 跨境电商客服岗位的实操技能要求

跨境电商客户服务人员应能适应市场的快速发展,需要具备的核心实操技能包括以下几个方面。

1. 丰富的外贸专业知识和平台运营等业务操作技能

作为跨境电子商务的客户服务人员,必须熟悉外贸规则,对跨境电子商务的整套流程(如支付、物流、缴税、退税等)都要了然于心。

2. 良好的语言沟通能力

在跨境电子商务的客户服务工作中，最常用的语言是英语。岗位招聘通常都会要求客户服务人员的英语水平至少达到大学英语四级，并掌握一些必要的商务英语知识，以应对日常的商业活动。当然，跨境电子商务平台面向全球客户，使用的语言不止英语一门。在不精通其他语言的情况下，客户服务人员应该会使用翻译工具和翻译软件进行工作。

3. 熟练运用网络信息技术和通信软件的能力

客户服务人员只有善于运用网络信息技术和相关通信软件，才能与客户进行及时、有效的沟通和交流；只有产生了良性互动，才可以提升店铺的形象，让客户享受到优质的服务。

1.2.3 跨境电商客服岗位的素质能力要求

1. 心理素质

客服人员承受的工作压力非常大。在客户遇到问题时，第一时间接手处理问题的就是客服人员，可以想象两者之间的沟通气氛有时会非常激烈，所以，客服人员首先要具有强大的心理素质和抗压能力，还需要有足够的耐心，才能帮助客户满意地解决问题。

2. 职业素质

合作沟通与组织协调能力是企业最看重的职业素养。作为企业迫切需求的热门岗位之一，客户服务工作需要从业人员与客户在线沟通，并建立良好的互动关系，这就要求从业人员要具备电子商务、外语、国际物流、跨境营销、国际贸易实务和计算机技术等相关知识。

3. 学习能力和创新能力

从业人员要具备很强的学习能力，能够结合平台销售特点和市场发展趋势，灵活运用所学的专业知识，不断创新，以满足工作需求。

4. 负责的工作态度

在跨境电子商务市场迅速发展的大环境下，要想胜任客户服务的工作，从业人员必须能够吃苦耐劳，并能以认真负责的态度从事本职工作。

1.3 跨境电商客服的业务范围

按照跨境电商客服工作业务内容划分，可以把跨境电商客服工作分为售前、售中和售后3个阶段。每个阶段客服业务范围既有区别又有联系，下面分别进行详细的阐述。

1.3.1 售前客服的业务范围

1. 处理客户咨询

客户在下单前,大多会通过各种交流方式对商品进行相关的咨询,客户咨询的内容主要是关于商品和服务。有一些平台提供聊天工具、站内信或留言的形式,而有一些平台提供的则是电子邮件的形式。目前,大多数平台采用即时通信软件,为客户提供更加及时的交流方式。客户服务人员要做的工作就是针对客户提出的各种问题进行处理,并且进行分类汇总。

1)商品方面

在商品方面,跨境电商客服的工作难度主要体现在商品的种类多、专业信息量大,且多国商品规格差异大两个方面。首先,与国内电商不同的是,由于国外客户对店铺的概念非常薄弱,所以,跨境电商的卖家并非只销售1~2个专业品类的商品,而是涉及多个行业、不同种类,这就使得客服的工作变得更加复杂。客服人员需要掌握多类商品的专业信息。其次,商品规格上存在巨大的国内外差异。例如,令许多卖家头疼的服装尺码问题,欧洲、美国的尺码标准与国内商品总是存在差异,女装上衣尺码对照表如表1-4所示。又如,电器设备的标规问题,欧洲、日本、美国电器商品的电压标规都与国内不同,即使诸如电源插头这样一个小问题,各国也存在着巨大的差异,如我国卖家卖出的电器能适合澳大利亚的电源插座,但是到了英国可能就完全不能用了。这就要求客服人员一方面要充分掌握各种商品信息;另一方面还要把握不同国家的商品规格要求,这样才能为客户商品方面的咨询做出完整的解答,提出切实可行的解决方案。

表1-4 女装上衣尺码对照表

国际(码标)	欧洲(码标)	美国(码标)	中国(尺码)	胸围(cm)	腰围(cm)	肩宽(cm)	适合身高(cm)
XXXS	30~32	00	145/73A	74~76	58~60	34	147~150
XXS	32~34	0	150/76A	76~78	60~62	35	150~153
XS	34	2	155/80A	78~81	62~66	36	153~157
S	34~36	4~6	160/84A	82~85	67~70	38	158~162
M	38~40	8~10	165/88A	86~89	71~74	40	163~167
L	42	12~14	170/92A	90~93	75~79	42	168~172
XL	44	16~18	175/96A	94~97	80~84	44	173~177
XXL	46	20~22	180/100A	98~102	85~89	46	177~180

2)服务方面

在服务方面,跨境电商客服主要处理客户对于商品运输方式、海关申报清关、运输时间、关税以及商品是否符合其他国家的安全性标准等问题。这就要求客服专员熟练掌握跨境电商的各个流程,包括商品开发、上架、交易处理、海关、跨境物流配送等各步骤具体是如何运作的。只有很好地熟悉这些流程和知识,才能及时有效地解答客户的问题,从而促进销售签单。

针对客户常见的咨询,客服人员应该建立一个完整全面的常用话术文档,以便在日常回复消息时,提高客服的回复效率,节省编辑时间。

2. 持续追踪客户动态

在客户咨询过后,客服人员需要实时关注客户的订单情况、是否下单或存在其他疑问。如果客户下单了,则需要通知仓库准备发货;如果回复客户2~3天后,客户没有任何反馈,那么就需要客服人员及时与客户沟通,询问是否需要提供其他咨询,并引导客户购买商品。

3. 促进销售

销售与促销往往被认为只是商品销售人员的工作,但实际上,在跨境电商领域中,客服如果能够充分发挥主观能动性,也能够为企业和团队创造巨大的销售业绩。例如,在客户拍下了商品但还没有付款时,建议客服在沟通时应提到两个方面,首先,用一两句话概述商品最大的卖点,以强化客户对商品的信心。在描述商品时可以使用"high quality",并且是"with competitive price",也可以说商品是"most popular"或者"cheap surprise in eye price"。其次,可以提及"instant payment"来确保更早地安排以避免缺货,不过不建议过分强调,以免让客户感到不愉快。沟通模板如下。

Dear ×××,

Thanks for your order.

The item you selected is a high quality one with competitive price. I think you would like it very much.

Instant payment can ensure earlier arrangement to avoid out of stock.

Thank you and wait for your payment.

Best wishes.

Yours sincerely,

Seller name or ID

(参考译文:

亲爱的×××:

  感谢您的订单。

  您选择的是具有竞争价格的高品质商品。我相信您会非常喜欢它的。

  如果立即付款我们可以确保尽早安排,以避免缺货。

  谢谢您,等待您的付款。

  最好的祝愿。

  此致

  卖方姓名或账号)

4. 管理买家客户资料

客户服务需要对所有客户（包括潜在客户）信息进行登记，并与之前已记录的客户信息进行对比。例如，查看客户的信誉度、客户对别的卖家的评价以及别的卖家对客户的评价，再综合分析各类客户的不同特点并进行区别对待；汇总登记客户的购物信息，判断是否为重复购买客户；对重复购买商品的客户进行分级，按不同的购买频次或购买金额，将客户分成多个等级，以利于进行有针对性的营销工作和客户服务。

1.3.2 售中客服的业务范围

客户付款下单后，收到货物之前属于售中阶段。这个阶段有发货、物流、收货和评价等诸多流程，客服在这一阶段需要主动联系客户，确认订单信息和收货地址等细节，发货后告知客户运输方式和运输时间，提醒客户注意收货等工作。例如，发货后卖家需要给客户发送一份发货通知。

Dear ×××,

I'd like to inform you that we have sent out the items you ordered (Order ID: ×××) on April 24th by EMS. And it will take 5-7 workdays to reach your destination.

Tracking number: ×××

Tracking website: ×××

You can view its update information online which will be shown in 1-2 workdays. Besides, our after-sale customer service will keep tracking and send messages to you if there is any delay on delivery.

We warmly welcome your feedback.

Best wishes.

Yours sincerely,

Seller name or ID

（参考译文：

亲爱的×××：

谨此通知您，我们已于4月24日通过EMS发货了您订的货物（订单ID：×××）。大约需要5～7个工作日才能到达目的地。

跟踪号码：×××

跟踪查询网址：×××

您可以在线查看其更新的信息，这些信息将在1～2个工作日内显示出来。此外，如果运送有任何延迟，我们的售后服务将持续跟踪并向您发送消息。

我们热忱欢迎您的反馈。

最好的祝愿。

此致

卖方姓名或账号）

一旦出现售中问题，客户服务人员应主动及时地与客户沟通交流并努力消除误会，有效地妥善处理各类客户投诉问题，主动化解纠纷，争取给出令客户满意的答案，如客户催促发货或者没有收到货的情况，客服应该先安抚客户，然后向物流商核对发货状态和运输状态，找出问题所在并及时向客户反馈。客户服务人员应该提供专业、高效、优质的服务，既能够让客户及时掌握交易动向，又能够让客户感受到卖家的重视，促进买卖双方的信任与合作，从而进一步提高客户的购物满意度。

1.3.3 售后客服的业务范围

售后客服的工作是在商品出售后提供一些服务，如退换货，处理客户纠纷、差评等。

1. 订单问题

客户在下单后可能对订单提出各种各样的问题，如修改收货地址、取消订单、退换货等。针对这些问题，客服需要分情况进行处理。

1）客户要求修改收货地址

（1）客户已下单还没发货，但因收货地址填写错误或其他原因要求修改收货地址。客服这时可以联系客户，让其将正确的收货地址发送过来，友好地和客户沟通，并进行再次确认，保证收货地址无误。

（2）客户订单已发货，但客户因某些原因需要修改收货地址，并把新收货地址发送给卖家，要求卖家把商品发到新的收货地址。这时客服要分情况处理，如果商品价格不是很高，可以考虑重发一个到客户的新收货地址，一般而言，为避免后续的客户纠纷，这是一种无可奈何的做法。如果商品的价格过高，就不建议重发货了。如果物流公司不允许改地址，建议客服可以给客户发消息，委婉地说明订单已发货，不便于修改收货地址，并请求客户谅解。但如果物流公司允许发货后修改收货地址，那么客服应尽快让物流公司更改收货地址，以便货物可以送达新的收货地址。

2）客户要求取消订单

（1）订单未发货。如果卖家收到订单取消要求（Order Cancellation Request，OCR）的信息，客户要取消订单。这种情况客服人员首先应看看客户取消订单的原因，根据客户的要求取消订单即可。

（2）订单已发货。建议客服先联系客户，询问取消订单原因；告知客户订单已发货，无法追回货物；友好地和客户沟通，询问客户是否愿意接受此商品；但若客户不要此商品，客服可以建议客户到货后拒签，再给客户办理退款手续；若客户签收了此商品，对于海外仓的订单，可退货到卖家海外仓。若卖家不是海外仓发货，可在网上找代理或自己有途径的找一个海外当地地址进行处理，卖家需要支付相应的邮费和退货费；这个方式比较麻烦，相对退货成本也比较高。总之，客服如果能和客户协商好退款最好。

3）退货问题

收到货物后，如果客户对货物不满意，要求退货。因为退货成本太高，客服可以先联系客户尝试询问是否愿意接受此商品，让对方不退货再给他办理退款手续。

2. 及时处理客户投诉和纠纷

客户购买商品后，对交易会有一个满意或者不满意的评价。如果有商品破损、发错货或颜色有误、长时间未收到货等问题，客户对不满意的交易可能发起投诉。客服人员收到客户纠纷之后首先应向客户道歉，请求对方谅解；然后可以具体地跟客户说明原因，如出现商品外观上的问题，一般可能是物流刮痕或者运输损坏等；对于发错货和客户长时间未收到货的这种情况，可以和客户协商退货或者退款；客服在和客户沟通时表达要委婉，让对方提供到货的商品图片，以便后续进行改进，给客户带去更好的购物体验。

客服能否妥善解决这些售后问题，直接关系到客户的购物体验，进而影响客户对卖家店铺的评价，也影响着卖家账号的评级。

【示例】当买家收到货后，发觉质量有问题。

买家：

Hello, Seller, I have received the goods you sent to me, but I found that it had a bad quality.

（参考译文：您好，卖家，我已经收到您寄给我的货物，但是我发现它的质量很差。）

客服可以做如下的回复。

Dear ×××,

I am very sorry to hear about that. I checked the order and the package carefully to make sure everything was in good condition before they were sent out. Thus, I suppose that the damage might happen during the transportation. But I'm still very sorry for the inconvenience this brought to you. I guarantee that I will give you more discounts to make this differences up next time you buy from us. Thanks for your understanding.

Yours sincerely,

Seller name or ID

（参考译文：

亲爱的×××：

得知此消息我感到非常遗憾。由于我在运输之前仔细检查了订单和包装，以确保一切都完好，因此我推测在运输过程中可能发生了损坏。但对于给您带来的不便，我仍然感到非常抱歉。我保证下次您从我们这里购买商品时，我会给您更多折扣，以弥补这一差额。谢谢您的理解。

此致

卖方姓名或账号）

3. 管理客户评价

客户评价对一个店铺和企业非常重要，它影响着卖家账号的评级。一个差评不仅会拉低商品和店铺的评级，还会影响后续客户的购买，甚至会给企业的形象带来负面的影响。所以，在商品交易后，客服人员要对客户评价进行管理。

对于没有留评的客户，客服人员可以发送消息请求客户给予评价；而对于留下中差评的客户，应进行中差评营销。出现差评的原因一般有商品质量问题、物流问题，或者客户对商品不熟悉、不会使用，等等。客服在收到中差评的反馈后，首先应该分析客户留下这种评价的原因。如果是卖家或者物流的原因，客服应该主动道歉，及时给予客户赔偿或者免费更换货物；若是客户的原因，如不会使用产品或者规格选错等问题，客服应先安抚客户情绪，之后再向其进行耐心解释，并请求对方删除或者修改差评。如果遇到恶意差评，客服可以向跨境电商平台提出申诉，让平台调解部门进行调解。目前，各大跨境电商平台支持客户对商品的评价进行修改和删除，但是各个平台具体要求和操作有所不同，建议客服人员在引导客户修改评价时，应先熟悉平台的相关规定。

4. 客户维护与二次营销

交易完成后，客服专员要使用 Excel 对客户订单进行归类整理。根据每个买家的购买金额、采购周期长短、评价情况、买家所在的国家等维度为后续二次营销做准备。通过客户的分类管理，既能抓住客户，又能减少维系客户的成本。有一些成功的大卖家会在与客户联系的过程中，主动了解客户的背景、特点和喜好，并从中识别出具有购买潜力的大客户，为后期获取大订单打下基础。

1.4 跨境电商客服的基本流程

跨境电商要求客户服务人员能够为客户提供最人性化的服务，从客户最初的询盘到最后的下单，客服的工作几乎贯穿整个交易流程。订单各环节客户服务的工作内容如表 1-5 所示。

表 1-5 订单各环节客户服务的工作内容

订单所处环节	客户服务内容	目的
平台验款与资金未到账	发送消息，解释平台验款与客户付款之间可能存在延时及其原因	防止资金审核时间较长引起的客户误会
发货前的准备	确认收货地址、联系方式、个人税号或公司税号，进行海关收税商品提醒与确认等	减少货物丢失和被扣关的可能
货物在途	主动告知包裹状态，定期发送包裹物流更新状态	避免客户因没有看到服务信息而引发纠纷
包裹运输可能超时	主动为客户延长收货时间	避免客户因临近最后收货确认日期而发起纠纷
包裹成功投递	让客户确认收货，建议客户留好评	缩短回款周期

1.4.1 售前客服的工作流程

售前客服是从客户咨询到客户下单前这一阶段的服务，主要是围绕商品和服务方面的咨询，如商品尺寸、价格、物流等方面。售前客服的工作流程如图 1-2 所示。

1.4.2 售中客服的工作流程

售中指从客户下单后到客户签收货物这个阶段。这一阶段的客户服务与沟通也是体现卖家服务质量的重要环节，售中客服与沟通主要负责物流订单工作的处理。售中客服的工作流程如图 1-3 所示。

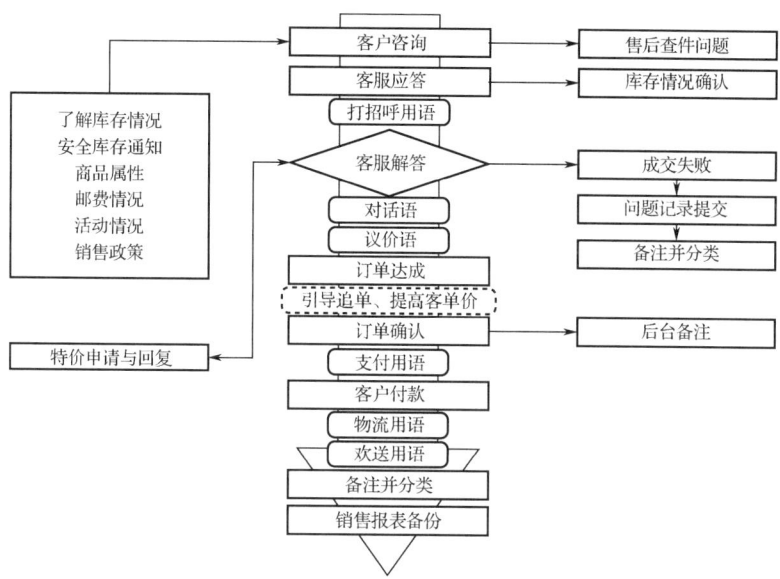

图 1-2 售前客服的工作流程

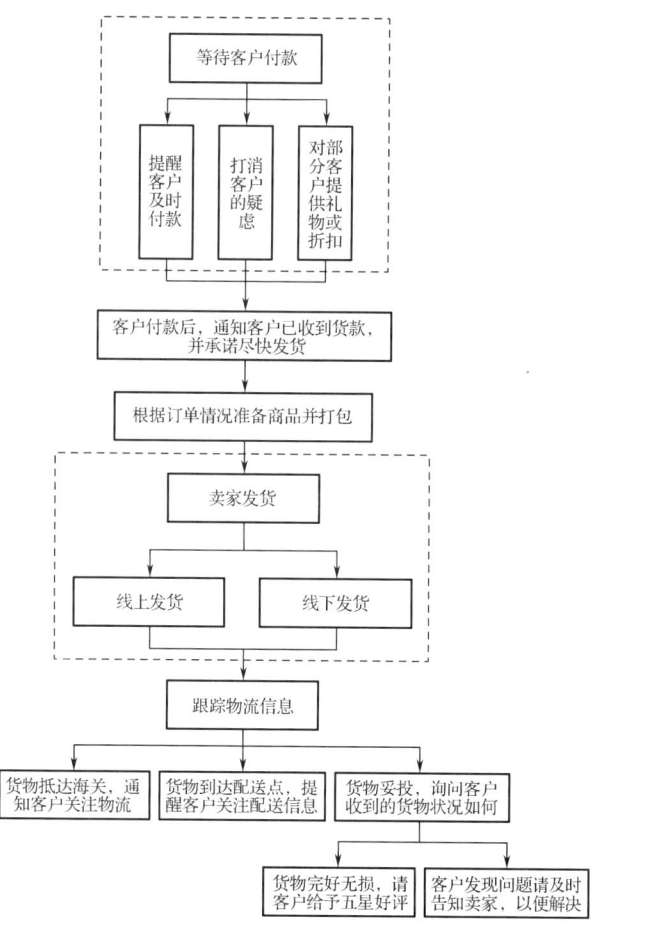

图 1-3 售中客服的工作流程

（资料来源：跨境电子商务客户服务）

1.4.3 售后客服的工作流程

根据售后客服业务范围可知，跨境电商售后客服人员工作包括处理客户投诉及客户信息维护等不同的内容。下面分情况描述各类售后客服的工作流程。

1. 修改评价

跨境电商售后客服人员引导客户修改评价的基本步骤分为了解原因和恳请客户修改两步。售后客服修改评价的工作流程如图1-4所示。

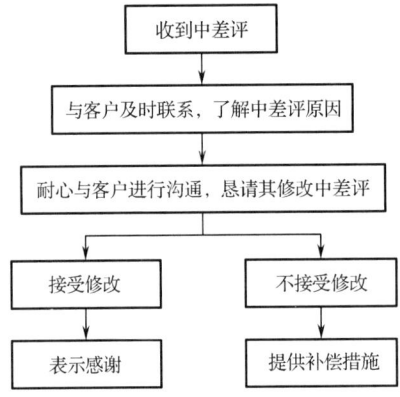

图1-4 售后客服修改评价的工作流程

2. 处理纠纷

售后客服的大部分工作就是处理纠纷。售后客服处理纠纷的工作流程如图1-5所示。

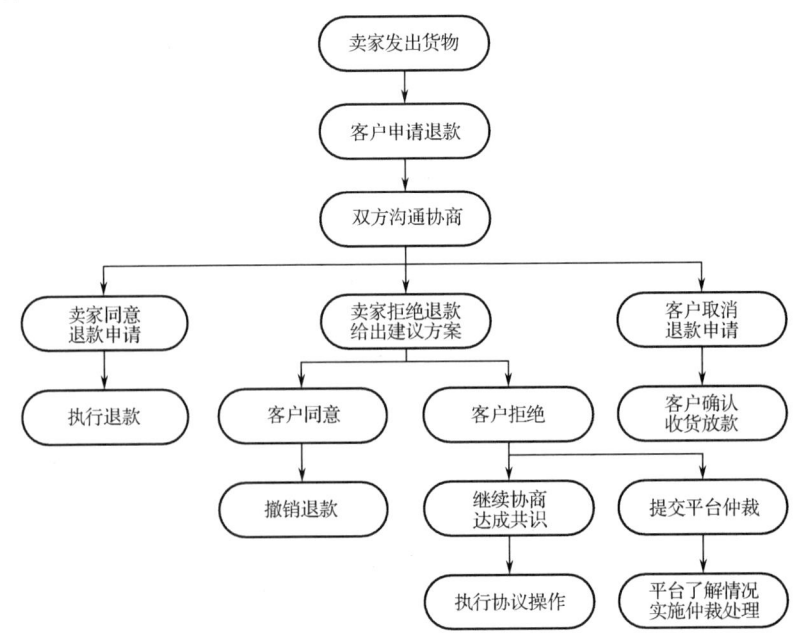

图1-5 售后客服处理纠纷的工作流程

本章小结

跨境电子商务环境下的客户服务同传统实体店的导购服务人员一样,承担着迎接客户、销售商品、解决客户疑难问题等责任,一般规模的跨境电商公司都会配备专门的客服人员,大型的跨境电商公司还会成立专门的客服部门。客服工作看似简单,但是它从售前到售后一直贯穿整个交易过程,涉及售前的咨询到售后的纠纷处理等工作,所以,客服在跨境电商运营过程中起着举足轻重的作用。跨境电商对客服人员的能力、素质等方面也都有较高的要求。

 ## 课后练习

一、判断题

请仔细阅读下列表述,判断正误,正确的打"√",错误的打"×"。

(　　)1. 跨境电商客户服务人员只需要了解客户的购物需求,有针对性地回复客户对商品的咨询,不需要了解客户当地的风俗习惯与禁忌。

(　　)2. 与传统贸易一样,跨境电商的客服工作也是贯穿在整个交易过程中。

(　　)3. 做好客服工作必须要有良好的心理素质。

(　　)4. 客户下单后就不需要再追踪客户了。

(　　)5. 由于时差的缘故,客户服务人员应该尽量在晚上时间联系境外客户。因为这个时候客户在线的可能性最大,沟通效果最好。

(　　)6. 速卖通平台设置了"卖家服务等级"的评级机制,共有4个层级,分别是优秀、良好、及格和不及格。

(　　)7. 由于运输距离远、时间长,国外退货成本高,跨境电商的卖家会比国内电商的卖家更多地使用"免费重发"或者"买家不退货、卖家退款"的高成本处理方式。

(　　)8. 跨境电商客服可以划分为售前客服、售中客服、售后客服3个阶段。

(　　)9. 跨境电商客服工作与销售和促销没有关系。

(　　)10. 客户评价对于店铺和企业非常重要,影响着卖家账号的评级。

二、选择题

1. 跨境电商客服的工作目标不包含(　　)。
   A. 保障账号安全　　　　　　　B. 降低售后成本
   C. 监控管理　　　　　　　　　D. 打包发货
2. 跨境电商客服岗位的技能能力需求不包括(　　)。
   A. 丰富的外贸专业知识和平台运营等业务操作技能
   B. 良好的语言沟通能力
   C. 熟练运用网络信息技术和通信软件等能力
   D. 良好的心理素质

3. 售前客服的业务包括（　　）。
   A. 价格咨询　　　　　　　　　B. 处理货不对版纠纷投诉
   C. 物流追踪　　　　　　　　　D. 处理差评
4. 售后客服的业务包括（　　）。
   A. 衣服尺寸的咨询　　　　　　B. 和买家确认订单信息和收货地址
   C. 处理客户的价格咨询　　　　D. 处理差评
5. 跨境电商客户服务必备的基本技能不包括（　　）。
   A. 法语　　　　B. 英语　　　　C. 网络信息技术　　　D. 商务技能

三、简答题

1. 简述跨境电商客户岗位能力要求有哪些。
2. 简述跨境电子商务客户服务的业务范围。

四、实操题

创设情景，让学生分别应聘不同跨境电商客服的不同岗位，以便深度了解各岗位工作内容及能力要求。

第 2 章 主流跨境电商平台客服的规则

学习目标

（1）掌握主流跨境电商平台客户服务的主要规则；
（2）了解主流跨境电商平台对卖家客服水平的评估标准及等级划分；
（3）学会主流跨境电商平台处理客服工作中常见问题的方法。

学习重点与难点

学习重点：
主流跨境电商平台关于客户服务的主要规则。
学习难点：
如何灵活处理客服工作中的问题。

导入案例

小李是亚马逊平台上一家服装店的客服，他在网上操作处理店铺自发货订单的流程有如下几个步骤。首先，他迅速筛选出未发货订单，整理好订单配送信息，生成发货标签，如图 2-1 所示。

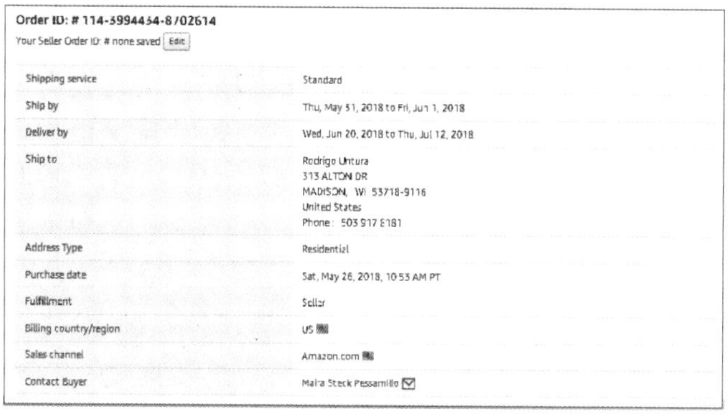
Order ID: # 114-3994434-8702614
Your Seller Order ID: # none saved Edit

Shipping service	Standard
Ship by	Thu, May 31, 2018 to Fri, Jun 1, 2018
Deliver by	Wed, Jun 20, 2018 to Thu, Jul 12, 2018
Ship to	Rodrigo Untura 313 ALTON DR MADISON, WI 53718-9116 United States Phone: 503 917 8181
Address Type	Residential
Purchase date	Sat, May 26, 2018, 10:53 AM PT
Fulfillment	Seller
Billing country/region	US
Sales channel	Amazon.com
Contact Buyer	Maira Steck Pessamillo

图 2-1 亚马逊卖家生成发货标签

接下来，小李单击"Carrier"菜单选项选择快递承运商，如图 2-2 所示。然后填写"Tracking ID"（运单号），如图 2-3 所示。最后单击"Confirm shipment"按钮，就完成了亚马逊订单发货网上录入流程。

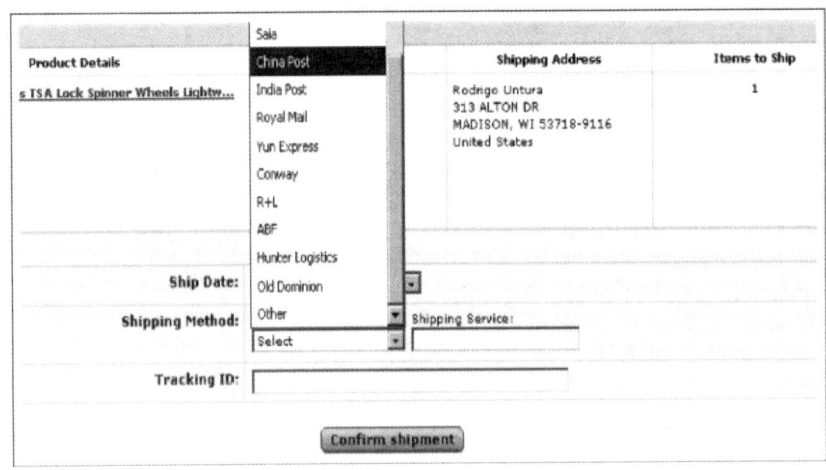

图 2-2 "Carrier"菜单选项

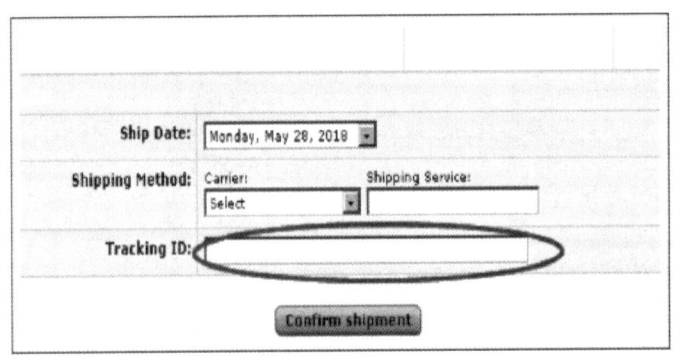

图 2-3 填写"Tracking ID"（运单号）

【辩证与思考】

在整个跨境电商团队中，客服岗位的人员每天在电脑前要处理一系列复杂、棘手的问题，为来自不同国家和地区的客户提供服务。客服人员的价值有着巨大的潜力可以挖掘。客服以建立良好的服务口碑、赢得客户为目标，通过提高客服人员的岗位服务水平，有助于减少差评率，树立优质企业形象；有助于减少退货率，降低企业的运营成本；有助于为业务员提供有价值的信息，帮助挖掘新订单，不断发展新客户，维护老客户。那么，不同跨境电商平台的服务规则有哪些相同点和不同点呢？

2.1 Amazon 客户服务规则

亚马逊公司（Amazon.com，简称亚马逊，NASDAQ：AMZN），是美国最大的一家互联网电子商务公司，位于华盛顿州的西雅图，是最早开始经营电子商务的公司之一。亚马逊成立于 1995 年，一开始只经营网上书籍销售业务，现在则扩展到品类范围相当广的产品，包括 DVD、音乐光碟、电脑、软件、电子游戏、电子产品、衣服、家具等。2001 年，亚马逊开始推广第三方开放平台 Marketplace，2002 年推出专业的云计算服务，2005 年推出 Prime 会员服务，2007 年开始向第三方卖家提供外包物流服务——亚马逊物流配送服务（Fulfillment by Amazon，FBA），2010 年推出自助数字出版平台（Digital Text Platform，DTP）。亚马逊逐步推出的这些服务，使其不断超越网络零售商的范围，已经成为一家综合服务提供商。

2.1.1 订单管理方面

1. 订单管理

单击"ORDERS"下拉菜单中的"Manage Orders"选项，可以看到所有订单的信息。在"Manage Orders"页面左上方单击"Date Range"（日期范围）右侧的下拉箭头，可以看到各种搜索条件，可用来对订单进行搜索。亚马逊卖家后台订单管理页面如图 2-4 所示。

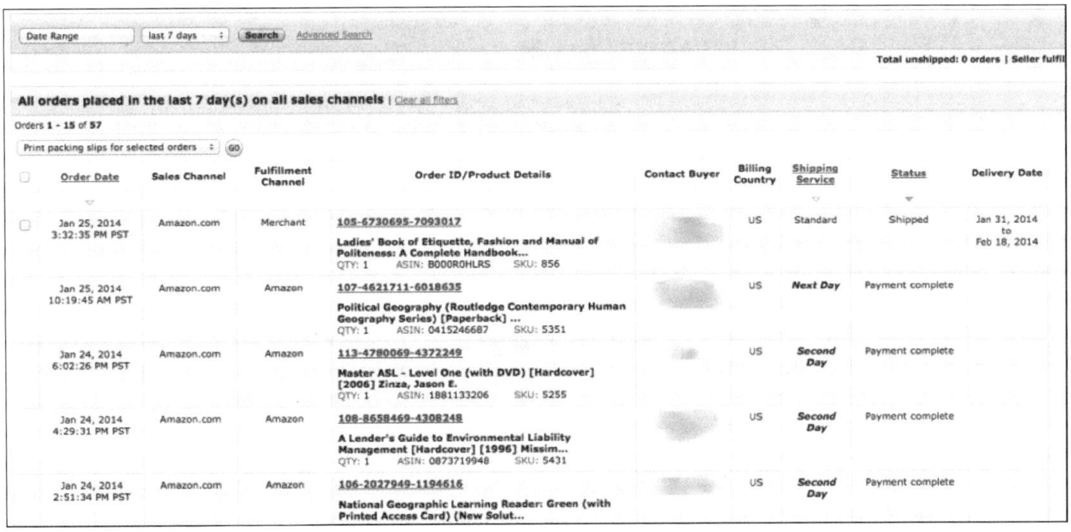

图 2-4 亚马逊卖家后台订单管理页面

订单搜索条件除"Date Range"外，还包括"ASIN"（亚马逊标准标识号）、"Buyer E-mail"（买家邮箱）、"Listing ID"（商品列表号）、"SKU"（库存量单位）、"Order ID"（订单号）、"Product Name"（产品名称）、"Shipping Service"（运输服务）、"Tracking ID"

（快递号）、"Fulfilled By"（出货方）、"Order Status"（订单状态）、"Expected Ship Date"（预计发货时间）、"Sales Channel"（销售渠道）。亚马逊卖家后台的订单搜索条件如图 2-5 所示。

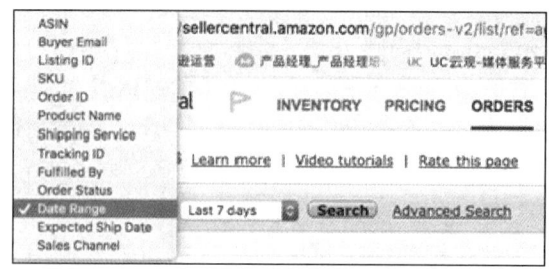

图 2-5　亚马逊卖家后台的订单搜索条件

如果前面的搜索条件不能满足，那么可以单击同一行的"Advanced Search"（高级搜索）选项，根据订单发货的"Order ID"（订单号）、"Date"（日期）、"Order Status"（订单状态）、"Fulfilled By"（出货方）、"Sales Channel"（销售渠道）选择订单。亚马逊订单的高级搜索设置如图 2-6 所示。

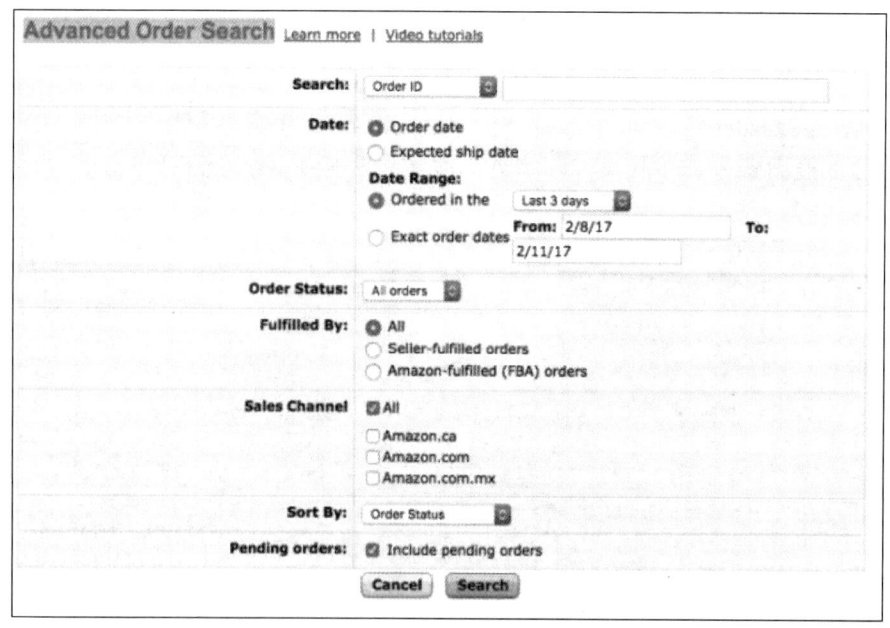

图 2-6　亚马逊订单的高级搜索设置

在订单信息页面，对未发货订单可执行的操作包括"Print Packing Slip"（打印装箱单）、"Confirm Shipment"（确认发货）、"Buy Shipping"（购买配送）、"Cancel Order"（取消订单）；对已发货订单可执行的操作包括"Print Packing Slip"（打印装箱单）、"Edit Shipment"（编辑发货信息）、"Refund Order"（订单退款）。其中，发货订单不一定要打印，也可以根据客户要求或者卖家意愿进行处理；"购买配送"只适用于美国本土卖家，他们可以预约第三方快递公司上门提货配送。

亚马逊平台系统默认发货期限是 2 天，这个发货时间可以在后台设置，如果超过设定的发货时间，将会影响及时发货率。同时，必须在订单日期 30 天内向亚马逊确认订单发货。否则，亚马逊将自动取消订单，而且既使卖家已配送订单，也不会获得付款。在第 30 日截止日期前一周，卖家可以在"管理订单"页面中看到"请在×××日前确认发货，以避免订单被取消"的警告，接着会收到电子邮件通知。

2. 订单报告

单击"ORDERS"（订单）下拉菜单中的"Order Reports"（订单报告）选项，如图 2-7 所示。

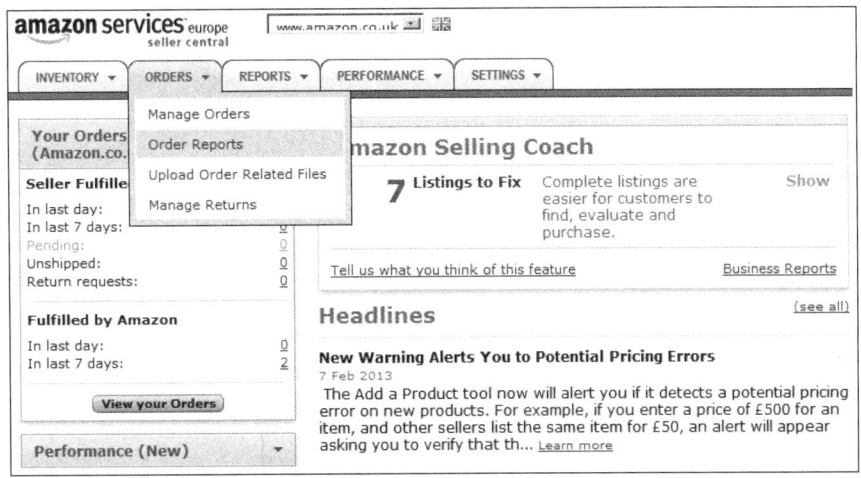

图 2-7　单击"Order Reports"选项

进入"Request an Order Report"（请求订单报告）页面，在"Select Days"下拉菜单中，选择需要生成订单的天数，然后单击"Request Report"（请求订单）按钮，页面中的订单报告会包括卖家所收到的（所选天数内的）所有自配送订单的订单报告，其中包括那些已经取消的订单或已发货的订单报告，如图 2-8 所示。

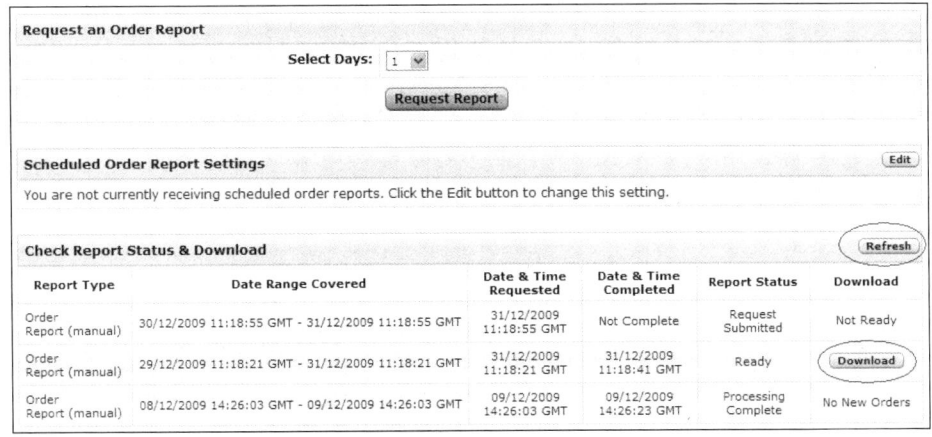

图 2-8　订单报告

3. 批量处理订单

在亚马逊卖家中心页面顶部"ORDERS"（订单）下拉菜单中，选择"Upload Order Related Files"（批量处理订单）菜单命令，如图 2-9 所示。

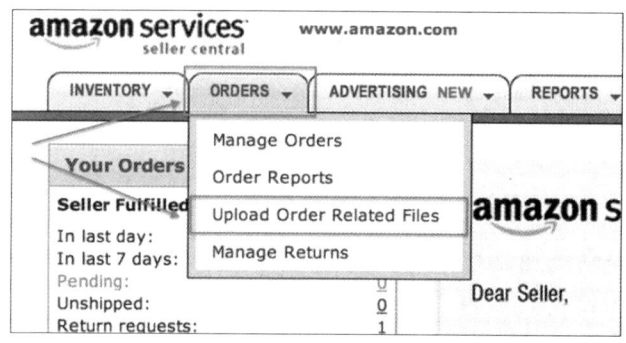

图 2-9　批量处理订单入口

单击"Download Template"（下载模板）按钮，如图 2-10 所示。在弹出的订单模板确认下载页面，再单击"Shipping Confirmation"（确认发货）按钮进行下载。

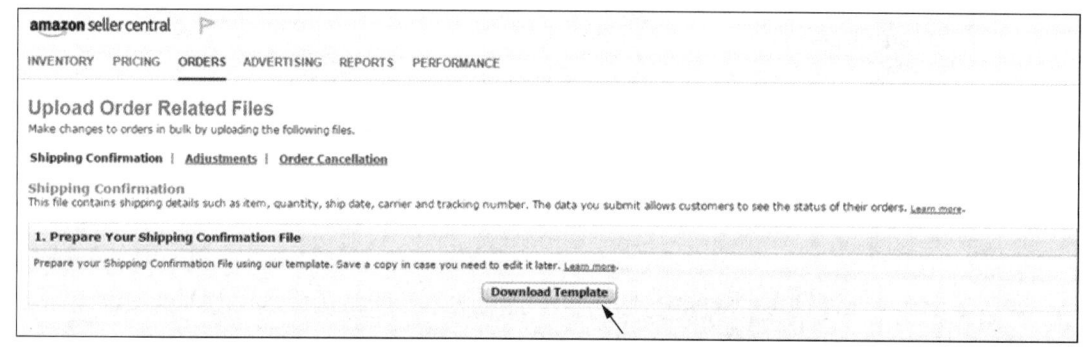

图 2-10　下载模板页面

在下载的 Excel 表格里的"Shipping Confirmation"（确认发货）工作表中填写所需要的信息，建议使用 Excel 软件打开该表格填写，否则可能导致上传失败。

填写好表格后，将此 Excel 表格另存为制表符分隔的 txt 文档，然后把此文件上传至亚马逊平台即可。如果上传失败，平台会有提示，需要按照提示修改后重新上传。对新手而言，为了避免订单较多时容易操作出错，在不熟悉流程时可以先用 3～5 个订单号熟悉流程，熟练后再进行批量操作。

2.1.2　客户服务能力评估方面

亚马逊是一个非常注重客户体验的跨境电子商务平台。在亚马逊平台上，卖家的客户服务能力可以从卖家账户的卖家状态[见图 2-11（a）]、健康状态评定[见图 2-11（b）]和各项账户指标进行判断。

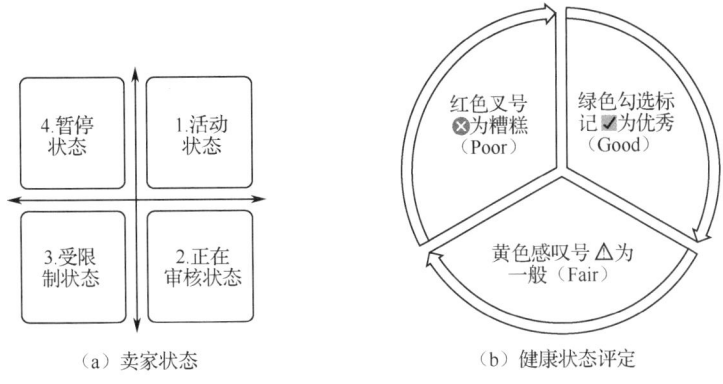

图 2-11 亚马逊卖家账户的卖家状态和健康状态评定

1. 卖家状态

亚马逊平台卖家状态分为如下 4 种。

（1）活动状态，表示卖家账户处于正常状态，可以在亚马逊上销售商品，按照正常进度支付款项。

（2）正在审核状态，表示卖家账户可以在亚马逊上销售商品，但当前正在接受亚马逊的审核。在完成审核前，卖家账户只能接收资金，但无法转出资金。

（3）受限制状态，表示卖家账户已受限制，可能无法销售某些类别的商品，或只能销售自行配送的商品。

（4）暂停状态，表示卖家账户不能在亚马逊上销售商品，资金会被暂时冻结。

2. 健康状态评定

亚马逊卖家账户健康（Account Health）状态主要用 3 种不同颜色的符号标记。

（1）绿色勾选标记✓为优秀（Good），表示卖家为客户提供了良好的购物体验，达到了亚马逊要求的账户整体目标或者在此指标方面的目标。

（2）黄色感叹号⚠为一般（Fair），表示卖家向客户提供的体验未达到亚马逊要求的账户整体目标或者在此指标方面的目标，此时卖家应提升商品和服务的质量，以避免出现负面反馈或索赔。

（3）红色叉号✗为糟糕（Poor），表示卖家向客户提供的体验远未达到亚马逊要求的账户整体目标或者在此指标方面的目标。卖家应立即提升商品和服务的质量，以避免出现负面反馈或索赔。

2.1.3 商品售后方面

亚马逊卖家应及时关注和处理订单售后问题，这样才能减少差评的出现。

1. 关于商品评论

在亚马逊平台上，Review（评论）是客户对商品做出的评价。评论分为 5 个星级：1、2 星为差评，3 星为中评，4、5 星为好评。评论的形式多种多样，客户可以在 Review 里留下文字、图片、视频等。评论只针对商品本身，与卖家的服务水平和发货时效等无关。任何亚马逊的用户（曾经在亚马逊平台上至少有一次购买经历的用户）都可以对自己感兴趣的商品介绍页面（Listing）发表评论。评论的好坏虽然并不会直接影响卖家店铺绩效，但是可以直接影响该条商品介绍页面的曝光和排名。

由于并非所有的买家都喜欢对商品留评，因此卖家若想得到买家对商品的评论，可以参考以下两种方式引导买家对商品留评，但在操作过程中要注意风险防范。

（1）E-mail 邀请评论。买家通常不会主动发表评论，卖家可以发送 E-mail 关心买家的售后使用情况，询问买家对商品是否满意，同时询问买家是否可以提供建议，并邀请买家发表评论。

（2）随商品附上服务卡。在商品的包装里面放上一张贴心、别致的售后服务卡，写上感谢的话语，引导买家对商品做出客观的评价。

2. 关于退货

客服人员在亚马逊平台上需要按流程处理退货问题。亚马逊平台退货流程如图 2-12 所示，此流程需要不停地优化和管理。

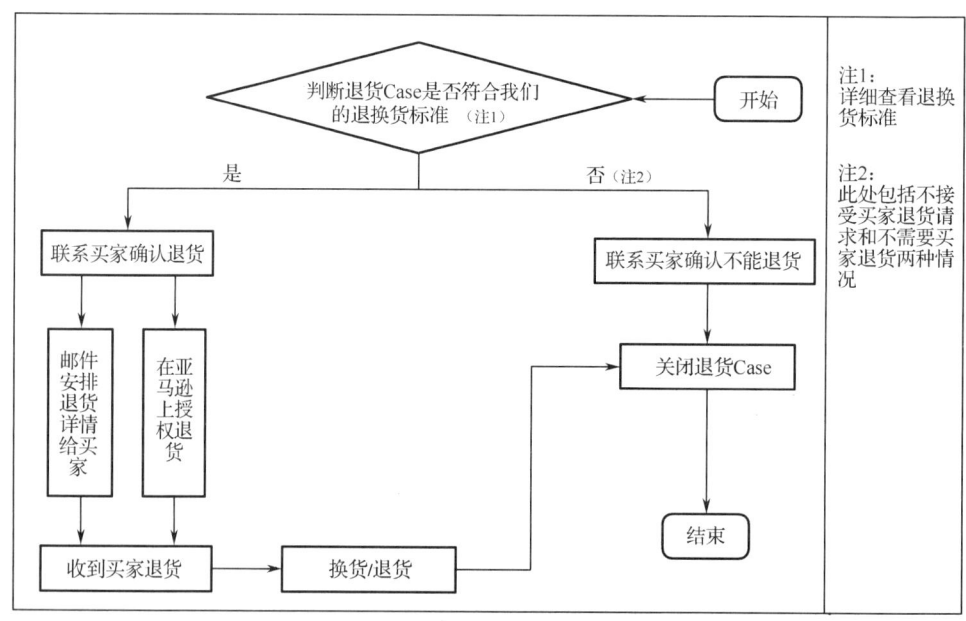

图 2-12 亚马逊平台退货流程

2.2　eBay 客户服务规则

作为国际零售跨境电子商务平台，eBay 的国际地位就如同国内的淘宝。与亚马逊相比，eBay 的店铺操作也不复杂，开店免费、门槛低，其平台规则也倾向于维护客户权益。eBay 的核心市场主要在欧洲和美国，如果选择该平台的话，需要结合自身的商品对市场进行深入的分析，针对市场状况，选择比较有潜力的商品深入挖掘。

eBay 诚信和安全部门会尽力发现并阻止客户滥用 eBay 政策规则，同时，eBay 也对卖家的客户服务及沟通情况进行严格的管理，以保障客户的权益。由此可见，eBay 的评价体系对卖家和客户都提出了要求，担任着维护平台稳定运营的重要角色。

2.2.1 订单管理方面

本节以 eBay 美国站上的订单管理操作为例，阐述客户服务相关操作。

eBay 的订单管理操作主要包括合并运费（Offering Combined Shipping）、成交费返还（Final Value Free Credit）、第二次购买机会（Second Chance Offer）、解决未付款纠纷（Unpaid Item Case）、发送账单（Send Invoice）、取消拍卖（Cancel Bids）、设置客户常见问题（Manage Your Q&A for Buyers）。

1. 合并运费

买家或者卖家为了节省物流费用，会提出合并相同账号、相同送货地址订单的需求。针对这样的需求，有些情况下是可以合并的。对于合并操作有一个前提，就是需要先设置好合并的规则。卖家设置规则的操作步骤如下。

（1）在卖家账户设置中开启合并运费的功能。

① 通过"My eBay→My Account→Preferences→Combined Payments and Shipping Discounts"（我的 eBay→账户→优先权→合并结账和运费折扣）路径进入"Combined Payments and Shipping Discounts"（合并结账和运费折扣）页面，如图 2-13 所示。在"Combined payments"（合并结账）选项下选择"Create"（新建）或"Edit"（编辑）选项，如图 2-14 所示。

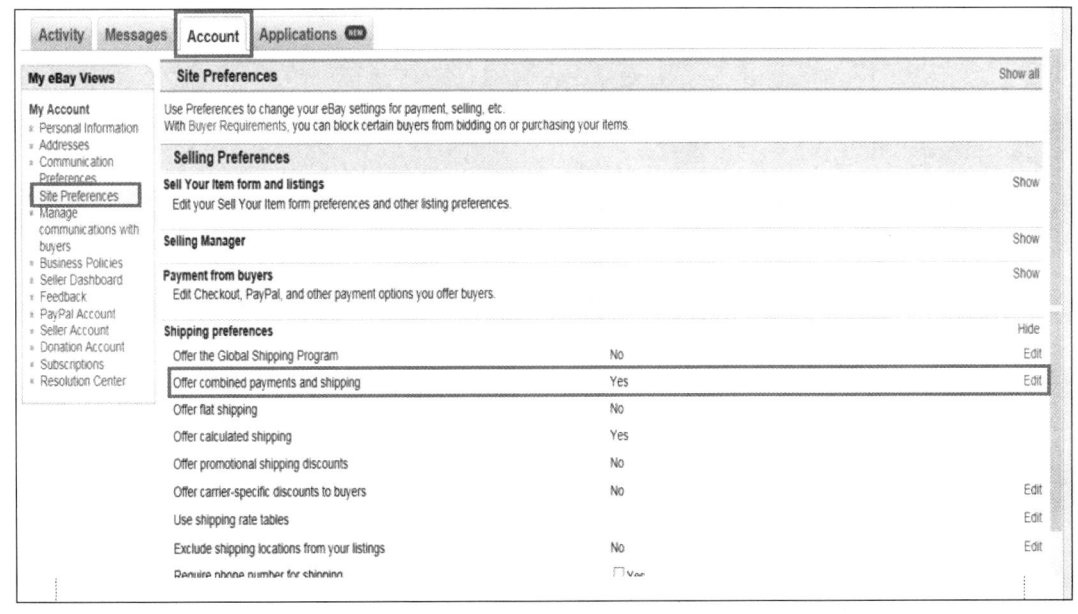

图 2-13 合并结账和运费折扣页面

图 2-14　合并结账编辑页面

② 选中"Allow buyers to send one combined payment for all items purchased"（允许客户对所有选购商品进行合并结账）选项，然后选择合并运费的时间段，最后单击"Save"（保存）按钮，如图 2-15 所示。时间的选择指在多少天内买家提出合并付款的要求是可以接受的，最长可以选择 30 天。需要提醒卖家注意的是，这里一旦有了具体时间的选择，则会影响到卖家对 UPI 小助手的时间设置。

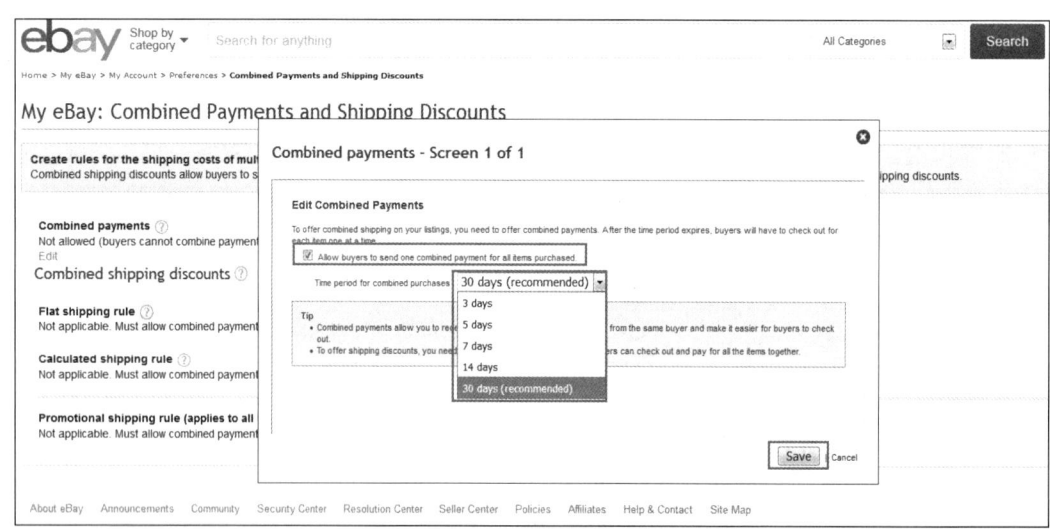

图 2-15　同意合并运费并选择时间段

（2）在"Combined Payments and Shipping Discounts"页面设置提供给客户的相应物流费用折扣。

（3）开启"接受合并运费"选项后，可以在"Seller Hub"（数据分析工具）中将需要合并的商品合并至同一张"Invoice"（账单）中。

（4）添加新的物流费用，最后单击"Send Invoice"（发送账单）按钮，即完成合并。

2. 成交费返还

无论交易是否最终完成，只要物品被买下，eBay 就会向卖家收取成交费。但是在某些情况下，如果交易中出现了一些问题，卖家可能有资格获得成交费返还，如以下几种情况：卖家和客户双方同意取消交易；客户没有付款，卖家根据要求进入未付款纠纷流程；卖家解决了交易中的问题，并且给客户退了款。但是，还有些情况是无法获得成交费返还的，如卖家为客户部分退款（Partial Refund）；卖家在 eBay 平台外给客户退款；卖家给客户提供了第二次购买的机会。

解决客户提出的退货、退款或者取消交易的请求后，卖家可以获取成交费返还的资格。如果未解决此类请求，卖家也可以通过在 Resolution Center（调解中心）中，按要求开设 Unpaid Item Case（未付款纠纷）后，手动关闭未付款纠纷以获取成交费返还的资格。卖家可以在"Account Summary"（账户概览）查看成交费是否返还。

3. 第二次购买机会

提供第二次购买机会可以帮助卖家有机会和未拍得商品的客户达成交易。如果一个客户参与一次拍卖，但是并未赢得最后的竞拍，此时卖家可以提供第二次购买机会，让客户以其最后一次出价的价格买下这个商品。卖家提供第二次购买机会的期限为拍卖结束后的 60 天内。如果客户接受了第二次购买机会购买了商品，卖家即需要支付相应的成交费。

当遇到以下情况时，卖家可以考虑使用第二次购买机会的功能。如果赢得竞拍的客户没有付款，同时卖家已经与其就此问题达成了解决方案；最终竞拍价未达到卖家的保底价；除参加竞拍的那个商品外，卖家还有一些相同的商品可供销售。

以下是使用第二次购买机会功能的步骤。

（1）进入"Seller Hub"（数据分析工具）页面，单击"Listings"（商品列表）选项，如图 2-16 所示。

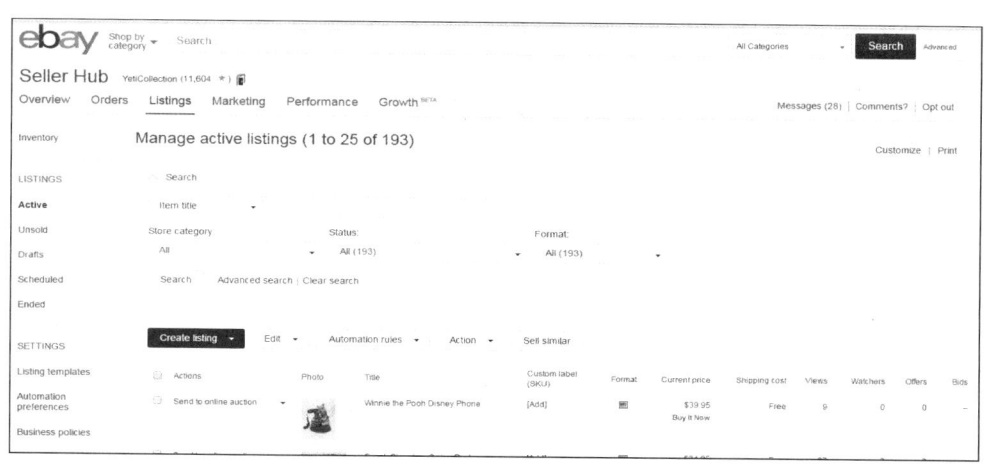

图 2-16　eBay 平台商品列表

（2）在"More actions"（更多操作）中，选择"Second Chance Offer"（第二次购买

机会）选项后，单击"Continue"（继续）按钮，如图2-17所示。

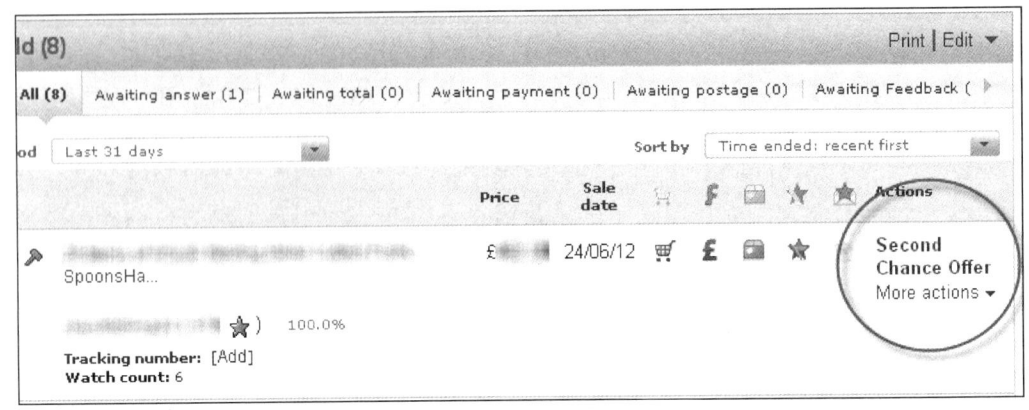

图 2-17　第二次购买机会

（3）选择相应的商品数量、第二次购买机会的持续时间和相应的竞拍人，单击"Continue"（继续）按钮即可完成。

4. 取消拍卖

为了保证潜在客户的购物体验，eBay建议卖家不要随意取消拍卖，否则将严重影响客户的购物体验，除非必要或者有特殊原因，如以下几种情况。

（1）客户出价后，联系卖家需要取消订单，同时卖家同意了要求。

（2）商品无法继续销售。

（3）商品信息有误。

5. 设置客户常见问题

对于正在出售的商品，感兴趣的客户会发信息询问具体事项。卖家可将一系列常见问题与回答事先添加至"向卖家提问"页面，这样一来，客户不需要直接与卖家联络，当客户进入"向卖家提问"页面后，就能看到已设置的问题及回复。可按照下面步骤设置客户常见问题。

（1）进入"My eBay"（我的eBay），在"My eBay"页面中单击"Account"（账户）选项，再单击页面左侧边栏里的"Manage communications with buyers"（管理与客户的沟通）选项，进入"Manage communications with buyers"页面。

（2）单击页面下方的"Manage questions and answers"（管理问题与答案）对应的"Edit"（编辑）选项，如图2-18所示，进入"Manage questions and answers"（管理问题与答案）页面。

（3）如果想让客户在结账时看到说明，可选中"Include a message at checkout when they pay"（客户结账时显示消息）选项；如卖家允许客户在线联系卖家，可选中"Send you messages on eBay while they're shopping"（客户购物时通过eBay向您发送消息）选项。

（4）在"Select a topic to review answers"（选择主题并审查答案）区域，选择需回答的问题，并审查问题的答案。如物品的运费问题，可单击"Select a topic to review answers"

（选择主题并审查答案）区域左侧边栏的"Shipping"（物流）即可。卖家创建问答页面如图2-19所示，单击"Your Q&A"（您的客户常见问答）下方的"Add a question"（新增问题）即可创建问答。

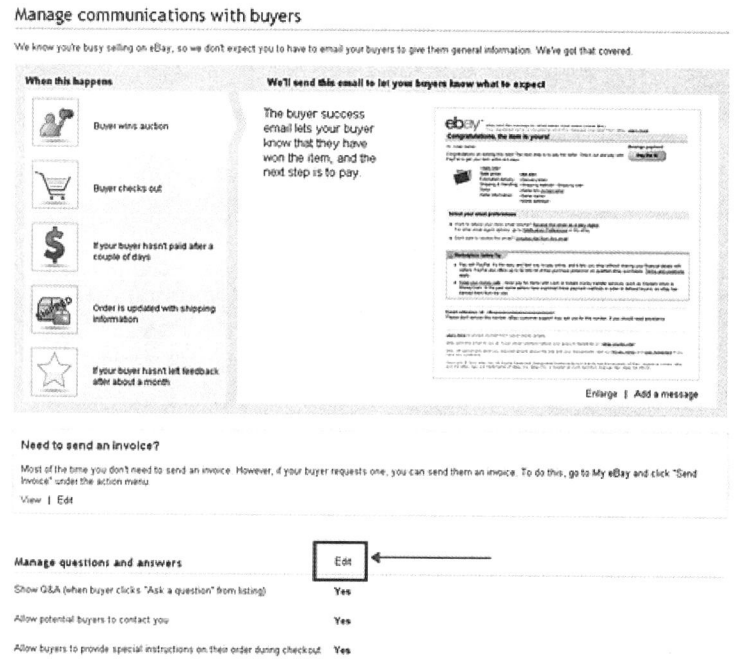

图2-18 管理问题和答案

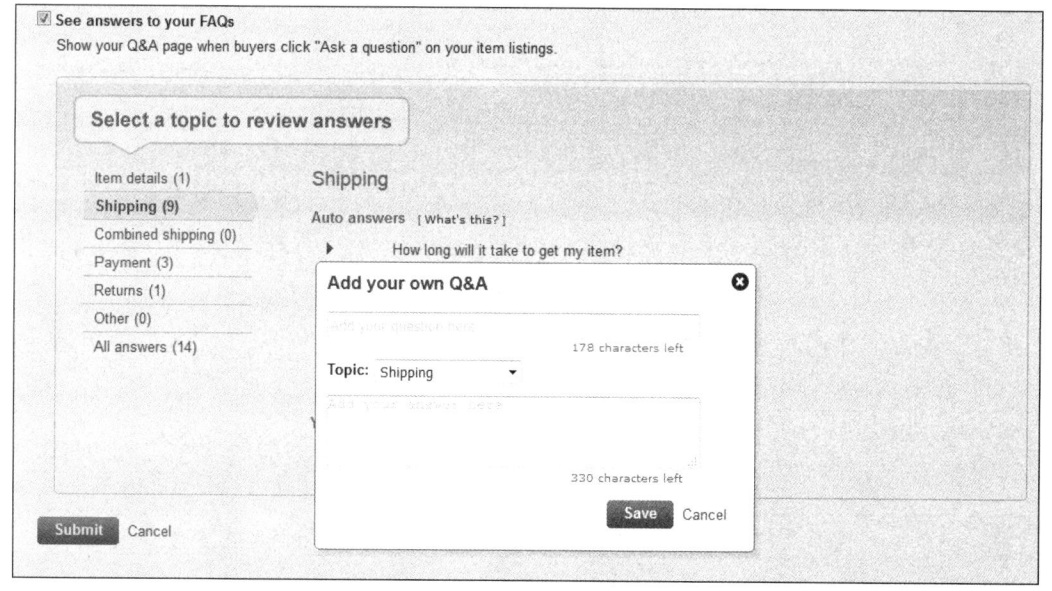

图2-19 卖家创建问答页面

（5）在"Auto answers"（自动应答问题）下方单击"系统自动应答问题"，会出现问题提示，根据需要单击"Don't show to buyers"（不向客户显示）可不向客户显示此问题，在不向客户显示的问题后单击"Show to buyers"(向客户显示)选项,即可重新向客户显示此问题。

(6)当全部问题设置完成并复查后,可单击最下方的"Submit"(提交)按钮,保存此次操作。

2.2.2 客户服务能力评估方面

eBay 通过买家的交易体验衡量卖家的表现,并对卖家表现有一定的评估要求,如图 2-20 所示。

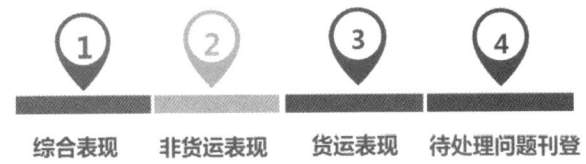

图 2-20 eBay 卖家评估要求

根据 eBay 卖家最低标准的要求,卖家身份等级可分为如下几种(等级由低至高)。
- 低于标准的卖家(Below Standard)。
- 标准卖家(Standard)。
- 高于标准的卖家(Above Standard)。
- 超级卖家(Power Seller)。
- 优秀评级卖家(Top-rated Seller)。

需要注意的是,eBay 各站点分别评估卖家等级,因此,同一卖家在不同站点上的卖家等级可能不一样。

1)低于标准的卖家

所有未能达到 eBay 最低标准的卖家即低于标准的卖家。eBay 会对低于标准的卖家账户实施刊登限制、移除物品刊登、冻结账户等措施。情节严重的,将严禁其在 eBay 上销售。

2)标准卖家和高于标准的卖家

标准卖家指达到 eBay 最低标准的卖家;而高于标准的卖家,除需符合最低标准外,还需满足额外的要求,如表 2-1 所示。

表 2-1 eBay 高于标准的卖家要求

高于标准的卖家(Above Standard)		
美国站(eBay.com)	英国站(eBay.co.uk)	德国站(eBay.de)
过去 12 个月,与美国买家交易所产生的四项 DSR 中最小值不低于 4.60	过去 12 个月,与英国买家交易所产生的四项 DSR 中最小值不低于 4.60	过去 12 个月,与德国买家交易所产生的四项 DSR 中最小值不低于 4.40
过去 12 个月,至少完成 100 笔与美国买家的交易	过去 12 个月,至少完成 100 笔与英国买家的交易	过去 12 个月,至少完成 100 笔与德国买家的交易

3）超级卖家

卖家表现除高于 eBay 最低卖家标准外，还需要满足以下要求，如表 2-2 所示。

表 2-2　eBay 超级卖家的要求

超级卖家（Power Seller）		
美国站（eBay.com）	英国站（eBay.co.uk）	德国站（eBay.de）
已成为高于标准的卖家	已成为高于标准的卖家	已成为高于标准的卖家
在 eBay 注册超过 90 天	在 eBay 注册超过 90 天	在 eBay 注册超过 90 天
好评率最低需达到 98%	好评率最低需达到 98%	信用度为 100，好评达 98%
过去 12 个月，至少完成 100 笔与美国买家的交易，且销售额最低达 3 000 美元	过去 12 个月，至少完成 100 笔与英国买家的交易，且销售额最低达 3 000 美元	过去 12 个月，至少完成 100 笔与德国买家的交易，且销售额最低达 3 000 美元

4）优秀评级卖家

高于 eBay 卖家标准、买家满意度高、提供优质商品与服务的卖家们，有机会成为 eBay 优秀评级卖家，享受 eBay 费用优惠、物品排名提高、曝光度增加等多方面优势。要成为优秀评级卖家，首先必须是一位 eBay 超级卖家，还需满足以下要求，如表 2-3 所示。

表 2-3　eBay 优秀评级卖家的要求

优秀评级卖家（Top-rated Seller）		
美国站（eBay.com）	英国站（eBay.co.uk）	德国站（eBay.de）
发往美国买家的货物中至少 90% 的跟踪信息于指定处理时间内上传至 eBay	暂无	暂无
已成为超级卖家	已成为超级卖家	已成为超级卖家
美国买家给出的卖家服务评级分数中，1~2 分所占比例或数量需要符合： ● 物品描述≤0.5% 或 2 个 ● 沟通≤0.5% 或 2 个 ● 运输时间≤0.5% 或 2 个 ● 运费≤0.5% 或 2 个	英国买家给出的卖家服务评级分数中，1~2 分所占比例或数量需要符合： ● 物品描述≤0.5% 或 2 个 ● 沟通≤0.5% 或 2 个 ● 运输时间≤0.5% 或 2 个 ● 运费≤0.5% 或 2 个	德国买家给出的卖家服务评级分数中，1~2 分所占比例或数量需要符合： ● 物品描述≤0.6% 或 2 个 ● 沟通≤0.6% 或 2 个 ● 运输时间≤0.6% 或 2 个 ● 运费≤0.6% 或 2 个
已开启纠纷（Opened Cases）≤0.5% 或 2 个	已开启纠纷（Opened Cases）≤0.5% 或 2 个	未解决纠纷（Unresolved Cases）≤0.3% 或 2 个

eBay 每月会对卖家的优秀评级卖家身份进行评审，以评判卖家表现是否符合标准，一旦不符合标准，优秀评级卖家身份即会丢失。

eBay 卖家好评率指买家给卖家留好评的比例，是将过去 12 个月的好评除以好评和差评的总数（见图 2-21），其中同一个 ID 在一周内购买的重复评价不会计算在内。

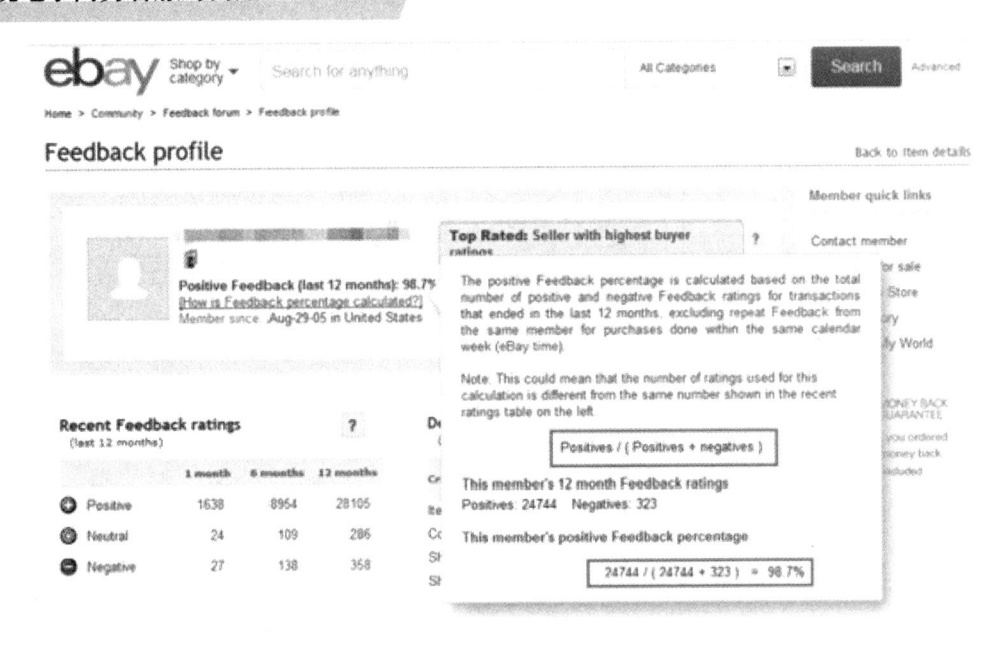

图 2-21　eBay 卖家好评率页面

多数买家购买后会给卖家留下中肯的评价，如果买家留下的是好评，卖家可以通过回复评价对买家表示感谢。如果买家留下的是中差评，卖家可以通过回复评价进行解释，并且提供相应的解决方案，在问题解决后向买家提出修改评价的要求。以下是卖家回复买家评价的步骤。

（1）在"My eBay"页面，单击"Account"菜单命令进入"账户"页面。

（2）在"账户"页面，单击左侧边栏中的"Feedback"模块，进入"反馈"页面，如图 2-22 所示。

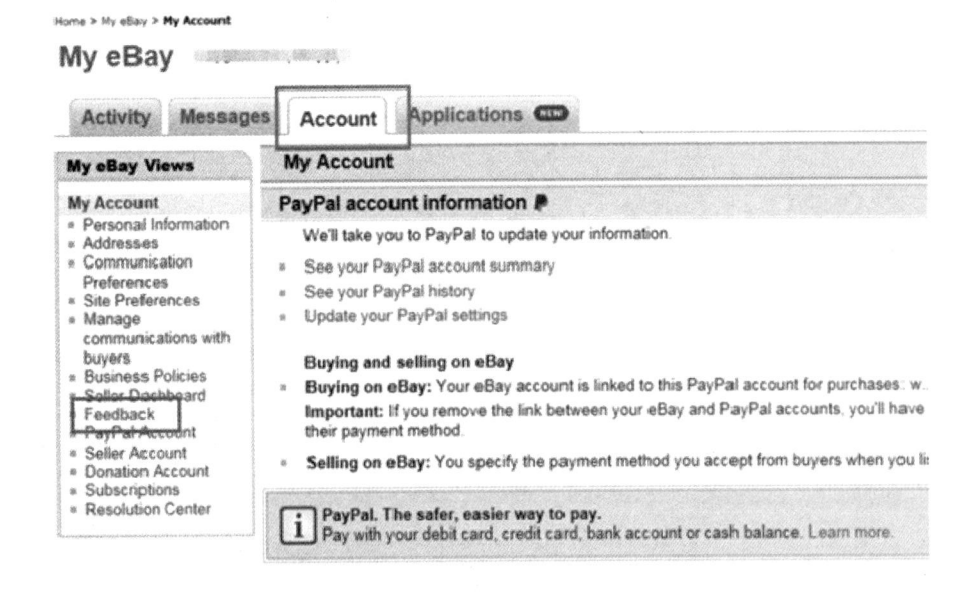

图 2-22　eBay "Feedback" 页面

（3）在"反馈"页面，单击"Go to Feedback Forum"选项，进入"评价反馈论坛"页面，如图 2-23 所示。

图 2-23 "Go to Feedback Forum"页面

（4）在"评价反馈论坛"页面，在"Feedback tools"（反馈工具）选项中，单击"Reply to Feedback received"，进入"回复买家评价"页面，如图 2-24 所示。

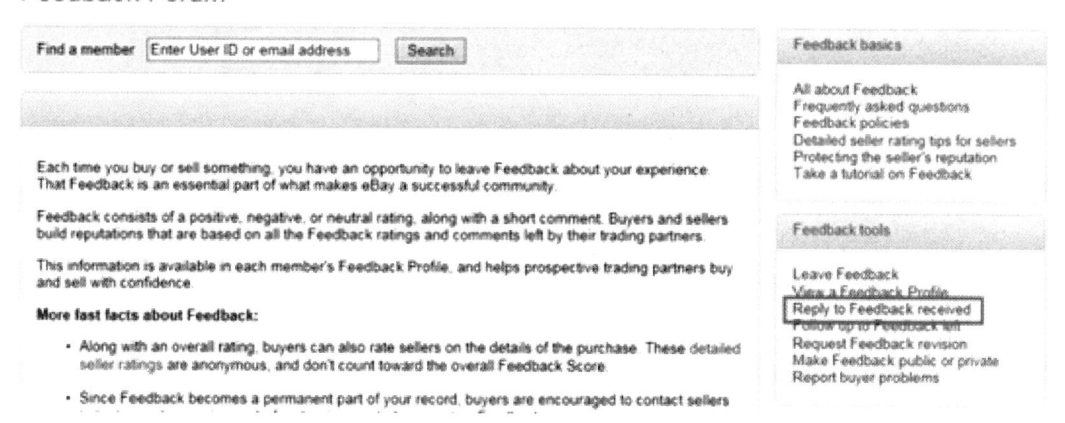

图 2-24 eBay 的"回复买家评价"页面

（5）在"回复买家评价"页面，在"Find Feedback"（寻找反馈）旁的文本框中，填入需要回复评价的买家账号或物品编号，单击"Find Feedback"选项查找需要回复评价的订单，或者在下方评价列表中找出需要回复的买家评价，并单击评价对应的"Reply"选项，即可进入"回复指定评价"页面，如图 2-25 所示。

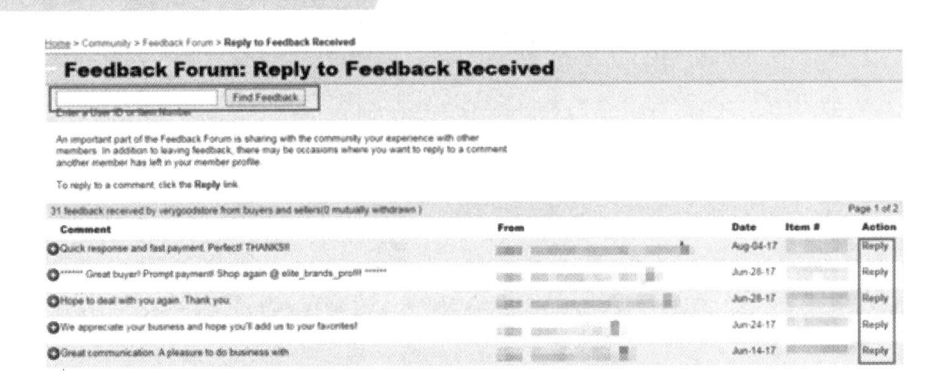

图 2-25 eBay 的"回复指定评价"页面

（6）在"回复指定评价"页面，输入回复，单击"Leave Reply"（留下回复）选项，即可成功回复。

卖家还有一些需要注意的问题，如只能为一个信用评价回复一次，发表的内容不能再次编辑和取消；信用评价的内容必须以事实为依据，同时避免人身攻击；留下回复不会改变卖家的信用指数；如果与买家发生纠纷，不要急着留下回复，应该先试着与对方联络并解决问题。

在某些情况下，卖家可能需要为已留过的信用评价做补充说明。评价补充说明会直接出现在信用评价之后，它的用途是为原本的评价做进一步的说明或解释。补充已留下的信用评价的路径如下。

在"评价反馈论坛"页面，在"Feedback tools"模块（见图 2-26）中，单击"Follow up to Feedback left"选项，进入"补充已留下的信用评价"页面，如图 2-27 所示。

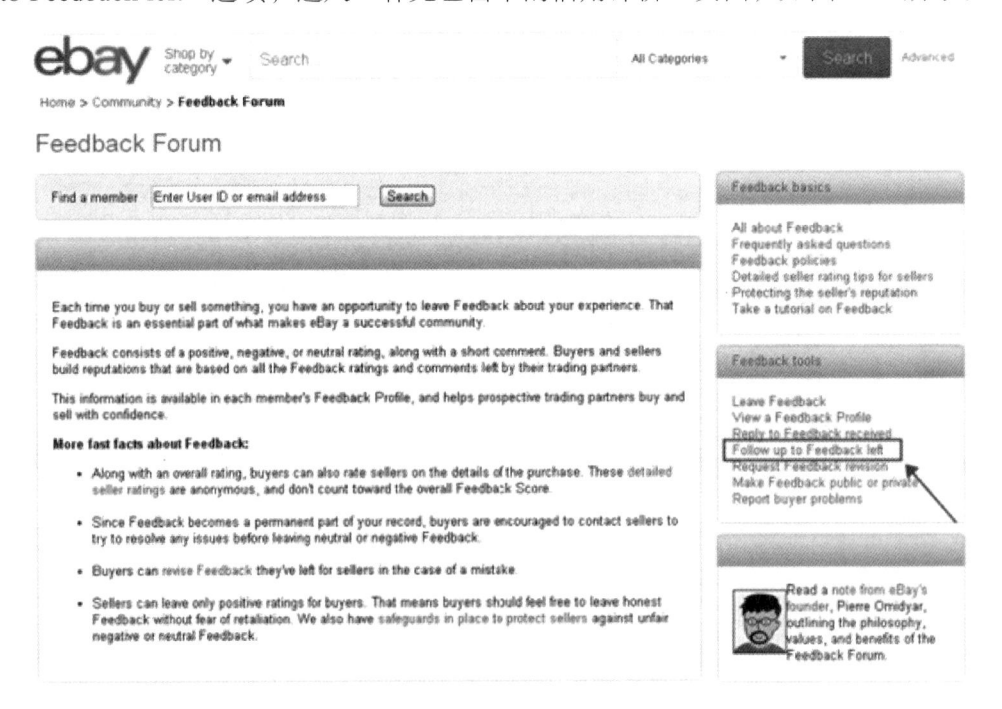

图 2-26 "Feedback tools"模块

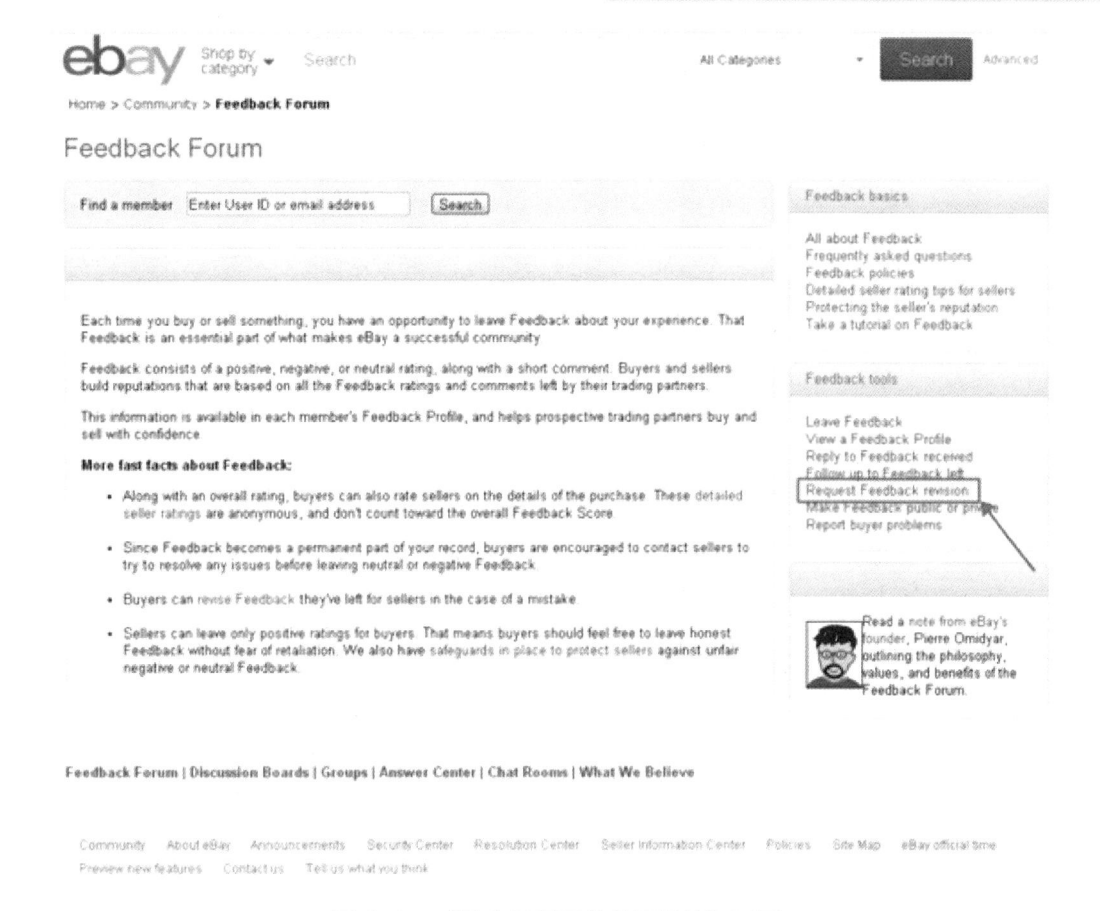

图 2-27 "补充已留下的信用评价"页面

2.2.3 商品售后方面

1. 关于交易取消

卖家有 3 个工作日的时间决定是否接受买家取消交易的请求。如果卖家同意取消交易并且买家已付款，卖家有 10 个工作日的时间操作退款流程。

如果卖家在 3 个工作日内没有回复，该交易取消的请求将会超时，eBay 将默认卖家拒绝了该请求。

如果卖家接受买家取消交易的请求，eBay 将返还卖家的成交费（Final Value Fees）。

如果取消交易的请求是由卖家提出的，则是不需要买家同意的，卖家在成交后最多 30 天内都可以提出取消交易的请求。如果买家使用 PayPal 作为付款方式，卖家只需要直接在流程内单击"Send Refund"（不需要额外登入 PayPal 账户）选项，然后 eBay 将自动返还卖家的成交费。如果买家不是使用 PayPal 作为付款方式，那么需要等待买家确认已收到退款或者 10 个工作日内没有回复，这样才能算作完成交易取消程序。只要交易取消程序完成，eBay 将自动返还卖家的成交费。

如果交易是未付款状态，卖家可以在"My eBay"或"售卖专家"（Selling Manager）

选项中找到想要取消的交易，在下拉菜单中选择取消交易，也可以通过"纠纷调解中心"（Resolution Center）选项发起请求，如图 2-28 所示。

如果交易是已付款状态，卖家就只能在"纠纷调解中心"发起请求。

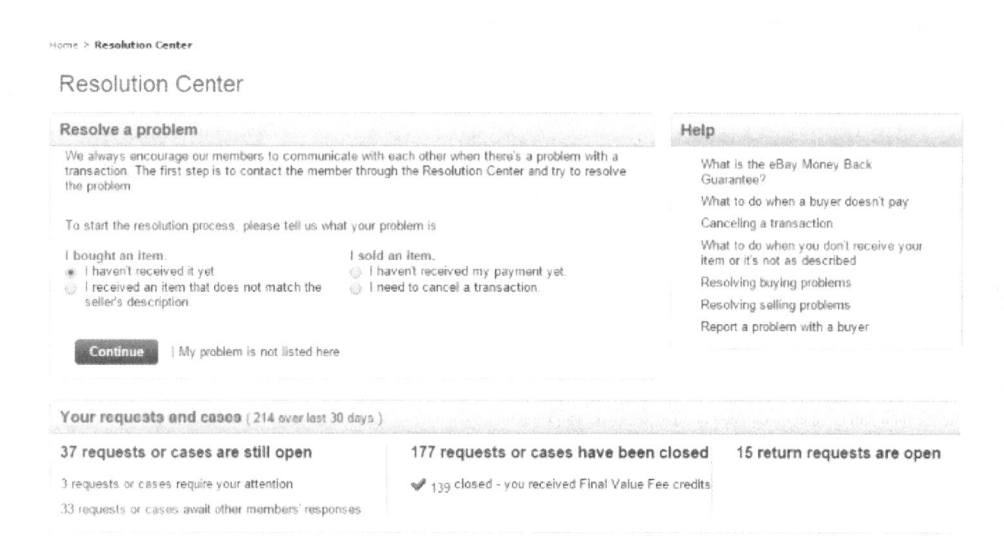

图 2-28　eBay"纠纷调解中心"页面

2. 关于退货

在 eBay 平台，有以下一些关于跨国退货的规则。

（1）卖家务必在 3 个工作日（美国站）/8 个日历日（英国站）内回复买家的退货请求，如图 2-29 所示，回复的定义只包括"接受退货""全额退款，买家保留物品""部分退款，买家保留物品"。

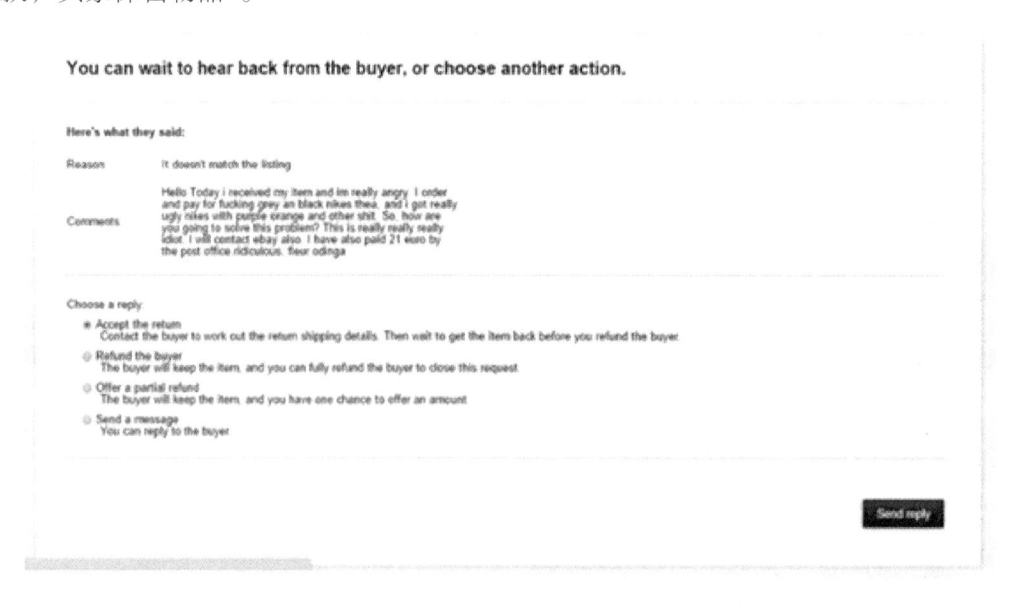

图 2-29　eBay 卖家"回复买家退货请求"页面

（2）卖家需要设置清晰的换货政策，这样换货选项才会显示给买家。

（3）卖家需要主动与买家沟通关于退货的运费事宜。如果退货是由于物品与描述严重不符所导致的，卖家应该承担运费。

（4）卖家务必在退回物品跟踪信息显示已送达后的6个工作日内退款，退款应包括物品价格和原运费（对于物品与描述严重不符的退货，如果需要买家将物品寄回，卖家还需要承担退货运费）。

（5）对于价格较低的物品，eBay建议卖家考虑全额退款，因为这可能是最高效的解决方式。

（6）卖家需要与买家沟通部分退款的金额，再提出一次性的提议。卖家务必通过eBay的渠道（用户间留言系统）沟通，以便在纠纷升级后供eBay平台客服参考。

（7）只要买家请求是在卖家规定的退货期限内，卖家应该尽量满足买家退货的请求。

（8）如果卖家拒绝退货，需要单独与买家沟通，表明拒绝的原因，让买家满意。

（9）卖家需要留意eBay客服代表发出的信息，尤其是涉及已被设置5天暂缓期的个案，如果eBay客服代表需要更多信息，卖家需要尽量提供。

（10）买家发起退货请求时，一共有8个原因可以选择，如图2-30所示，卖家可以看到买家选择的原因。前3个原因都可以归结为买家改变了主意，如果买家选择了这3个原因将不会计为不良交易。其余5个原因是与物品和描述严重不符相关的，如果买家选择了这些原因中的任意一个，将会被计为不良交易。

图2-30 eBay平台"买家发起退货请求"页面

（11）当卖家或者买家的任意一方请求eBay介入退货流程时，该请求（Request）会升级为纠纷（Case）。请求是否会被计入不良交易率取决于请求产生的原因，因物品或者服务缺陷导致的请求一般会被计入不良交易率，例如，买家发起物品未收到纠纷、因物品和描述不符而请求退货、卖家因缺货而取消交易等。一旦买家的请求没有获得卖家的及时响应，或者交易双方将请求升级为纠纷，则会依据eBay的仲裁结果判定是否计入卖家的不良交易率。此外，还会影响卖家的未解决纠纷比率。裁决结果为卖家有过错的纠纷将会被同时计入卖家不良交易率及未解决纠纷比率。未解决纠纷比率的最低标准是0.3%，因此，卖家应尽量避免请求升级为纠纷，否则将很可能影响卖家表现。如果卖家认为买家滥用退货请求，卖家可以举报买家，eBay卖家保护团队将会进行调查。在某些情况下，eBay 平台将介入声明不是卖家的过错。滥用系统的买家可能被冻结账号，甚至从平台中被清除出去。在 eBay 平台为卖家提供了保护，如删除了中评或者差评后，eBay 平台将通知卖家。卖家可以在卖家成绩表（Seller Dashboard）中跟踪哪些退货被计为不良交易，也可以下载平台每周更新的不良交易记录报表。

2.3　速卖通客户服务规则

速卖通客户服务体系主要负责解答客户咨询、解决售后问题、促进销售及管理监控，其工作目标包括保障账号安全、降低售后成本及促进再次交易。

2.3.1　订单管理方面

速卖通平台设置了"卖家服务等级"这一指标。卖家服务等级本质上是一套针对卖家服务水平的评级机制，一共分为 4 级，即优秀、良好、及格和不及格。不同等级的卖家将获得不同的平台资源，包括在橱窗推荐数、搜索排序曝光、提前放款特权、平台活动、店铺活动等方面享有不同的资源。等级越高的卖家享受的资源越多，优秀卖家将获得"Top-rated Seller"（顶级卖家）标志，客户可以在搜索商品时快速发现优秀卖家，并选择优秀卖家的商品下单。指标表现较差的卖家将无法报名平台活动，且在搜索排序上会受到不同程度的影响。服务等级的分级标准及资源对照如表 2-4 所示。

表 2-4　服务等级的分级标准及资源对照

奖励资源	优秀	良好	及格	不及格	不考核
橱窗推荐数	3 个	1 个	无	无	无
搜索排序曝光	曝光优先，顶级卖家标志	曝光优先	正常	曝光靠后	正常
提前放款特权	有机会享受最高放款比例			无法享受最高放款比例	
平台活动	优先参加	允许	允许	不允许	允许
营销邮件数	2 000	1 000	500	0	500

卖家服务等级每月末评定一次，考核过去 90 天卖家的经营能力，包括客户不良体验订单率、卖家责任裁决率、好评率等。

考核的重点是体现卖家交易及服务能力的一项指标——客户不良体验订单率（Order Defect Rate，ODR），即客户不良体验订单占所有考核订单的比例。其计算公式为

客户不良体验订单率=客户不良体验订单数÷所有考核订单数

客户不良体验订单指考核期内客户给予中差评的订单、在卖家服务评价系统（Detail Seller Rating，DSR）中获得中低分（商品描述≤3 星，或卖家沟通≤3 星，或物流服务=1 星）的订单、成交不卖的订单、仲裁提起订单、卖家 5 天不回应纠纷导致纠纷结束的订单。在评定 ODR 时，如果一个订单同时满足 2 个及以上的不良体验描述，只记一次，不会重复计算。

2.3.2 客户服务能力评估方面

速卖通平台的订单处理将在后序章节进行详解,本节将着重解析速卖通的卖家评价规则。速卖通卖家得分页面如图 2-31 所示。

图 2-31 速卖通卖家得分页面

1. 评分分类

速卖通渠道的评估分为信誉评估和卖家分项评分两类。

(1)信誉评估。信誉评估是买卖双方在订单买卖完成后,对对方信誉状况的评估,是双向的评分。信誉评估包含五分制评分和谈论两部分。

(2)卖家分项评分。卖家分项评分是客户在订单买卖完成后,以匿名的方法对卖家在买卖中的商品描绘的准确性、交流质量及回答速度、物品运送时间合理性三方面做出的评估,是客户对卖家的单向评分。

卖家全部发货的一切订单,在买卖完成 30 天内买卖双方均可评估。假如双方都未给出评估,则该订单不会有任何评估记录;如一方在评估期间做出评估,另一方在评估期间未评,则系统不会给评估方默许评估(卖家分项评分也无默许评估)。

2. 评分计算方法

除特殊情况外,速卖通会正常核算商家的各项评分和商家信誉评估积分。不管订单金额高低,统一为:好评+1,中评 0,差评-1。

(1)客户在同 1 个天然旬(每月 1~10 日、11~20 日、21~31 日为每月的 3 个天然旬)内对同一个卖家只做出 1 个评估,该客户订单的评估星级则为当笔评估的星级(天然旬核算的是美国太平洋时间)。

（2）客户在同1个天然旬内对同一个卖家做出多个评估，依照评估类型（好评、中评、差评）汇总核算，即好评、中评、差评数都只各计1次（包含同1个订单里有多个商品的状况）。

（3）在卖家分项评分中，同一客户在1个天然旬内对同一卖家的商品描绘的准确性、交流质量及回答速度、物品运送时间合理性3项中某1项的多次评分只算1个，该客户在该天然旬对某1项的评分核算方法如下。

平均评分=客户对该分项评分总和/评估次数（4舍5入）

以下3种状况不管客户留差评或好评，仅展现留评内容，都不核算好评率及评估积分。

（1）成交金额低于5美元的订单（成交金额为客户支付金额减去售中的退款金额，不包含售后退款状况）。

（2）客户提起未收到货纠纷，或纠纷中包含退货状况，且客户在纠纷上升到裁定前未主动撤销。

（3）对运费补差价、赠品、定金、结账专用链、预售品等特别商品（简称"黑五类"）的评估。

3. 卖家和客户信誉等级

速卖通卖家和客户所得到的信誉评估积分决定了卖家店铺和客户的信誉等级象征，详细等级象征及对应的信誉评估积分如表2-5所示。

表2-5 速卖通卖家店铺和客户的信誉等级象征

等 级	卖家信誉等级象征	客户信誉等级象征	信誉评估积分
L1.1			3～9
L1.2			10～29
L1.3			30～99
L1.4			100～199
L1.5			200～499
L2.1			500～999
L2.2			1 000～1 999
L2.3			2 000～4 999
L2.4			5 000～9 999
L2.5			10 000～19 999
L3.1			20 000～49 999
L3.2			50 000～99 999
L3.3			100 000～199 999
L3.4			200 000～399 999
L3.5			400 000及以上

速卖通卖家信誉等级评定的相关资料都记录在卖家评价档案中。评价档案包含近期评估摘要（会员公司名、近 6 个月好评率、近 6 个月评估数量、信誉评估积分和会员开始日期）、评估前史（最近 1 个月、3 个月、6 个月、12 个月及前史累计的时刻跨度内的好评率、中评率、差评率、评估数量和均匀星级等指标）和评估记载（卖家得到的所有评估记载、给出的所有评估记载以及在指定时间段内的指定评估记载）。

平均星级=所有评估的星级总分÷评估次数
卖家分项评分中各单项平均评分=客户对该分项评分总和÷评估次数

速卖通有权删去评估内容中包含人身攻击或其他不当言论的评估。若客户信誉评估被删去，则对应的卖家分项评分也随之被删去。

2.3.3　商品售后方面

速卖通要求卖家对客户提出的任何关于商品或服务的问题，都尽可能做出完整的解答，提出可行的方案。在与客户沟通时，速卖通要求卖家不仅要充分了解所经营的行业和商品，以及透彻掌握跨境电子商务各个流程，还要努力引导客户情绪，控制损失，敏锐地发现大客户，持续定期与客户沟通，解决客户的顾虑或疑惑，为客户提供最安全、稳妥的物流方案。

2.4　Wish 客户服务规则

Wish 平台是近年来我国跨境 B2C 平台中比较受欢迎的平台之一，创立于 2011 年 12 月。准确地说，Wish 平台不能叫作传统意义上的 PC 端电商平台，而是一个移动电商平台。

2.4.1　订单管理方面

Wish 平台对卖家客户服务能力要求严格，定期进行审核，达标的卖家可以成为诚信店铺。Wish 平台最新发布的诚信店铺要求如下：有效跟踪率≥95%；延迟发货率≤10%；30 天平均评分≥4 分；63～93 天平均退款率≤10%；仿品率≤0.5%。

诚信店铺界面最近一周的数据都将会被用来计算考核指标。有效跟踪率、延迟发货率（最近 14～21 天前的数据）会被用来计算考核。30 天平均评分以及 63～93 天的平均退款率两项指标，上一周的数据也会被用来计算考核。全部数据从每周一开始计算考核一周，其中，有效跟踪率、延迟发货率、30 天平均评分以及 63～93 天平均退款率每日更新，仿品率只有当商户的商品被审核时才会更新。

诚信店铺中的商品如果收到特别好的客户反馈，该商品将被授予 Wish 认证标志，只有诚信店铺的商品才有机会获得该认证。有 Wish 认证标志的商品一般会获得更多的销量，客户在 Wish 平台浏览这些商品时能看到这一特殊标志。有 Wish 认证标志的商品示例如图 2-32 所示。

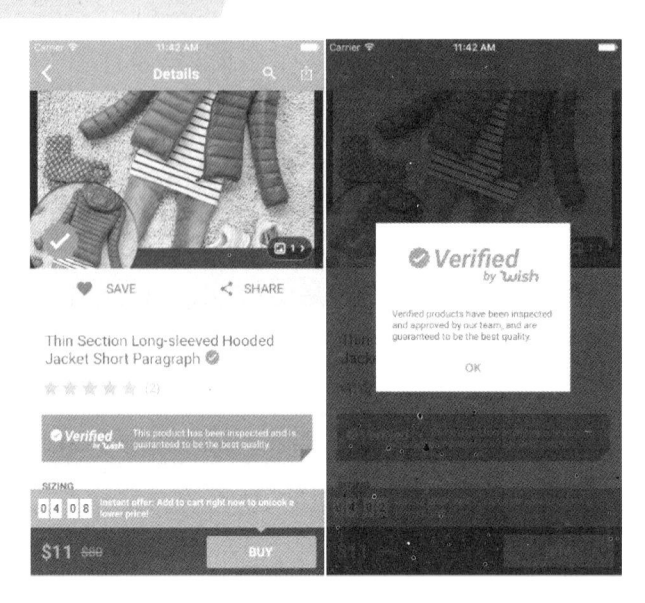

图 2-32　有 Wish 认证标志的商品示例

诚信店铺未被审核的商品可以直接销售，同时审核通过的商品会有更多的浏览量。诚信店铺的商品在搜索端可获得优先展示。此外，诚信店铺将获得更多的客户服务权限，可以处理来自客户的问题，提升客户购物体验，了解客户需求详情以提高客户黏性，还方便协商退货、退款问题。

2.4.2　客户服务能力评估方面

登录 Wish 商户平台，在平台顶端的"Wish 商户平台"标志的下方，可以看到商户平台主菜单，包括"首页""产品""订单""客户问题""业绩""系统信息""ProductBoost"选项卡。在"Wish 商户平台"标志的右侧可以切换平台显示语言。

Wish 商户平台的客户服务主要集中在主菜单中的"客户问题"选项。单击该选项卡，会出现"未处理""已回复""已关闭"3 个选项，如图 2-33 所示。

图 2-33　Wish"客户问题"选项卡

1. 未处理

"未处理"指卖家尚未处理的客户问题。如果有未处理的客户问题，单击"客户问题"选项卡后，在出现的下拉菜单中，"未处理"选项的右侧会显示阿拉伯数字，表示未处理客户问题的数量，没有则不会显示任何数字。单击下拉菜单中的"未处理"选项，会出现未处理客户问题列表。Wish 商户平台系统提示卖家需在 48 小时内回复客户问题，如果超过时间仍未回复，Wish 平台将介入，并以客户利益为先解决问题。

在未处理客户问题列表中，Wish 商户平台会显示客户问题的主要信息，包括"站内信编号""创建日期""最近的更新日期""仅剩的回复时间""用户""标签""状态""操作"，如图 2-34 所示。

图 2-34 未处理客户问题列表

在未处理客户问题列表中的"操作"一栏中，有"查看"按钮。单击"查看"按钮，可以查看客户问题详情，包括"客户问题""交易""地址""受影响的产品""订单详情""项目"。"客户问题"栏中包括客户问题编号、开启日期、最近的更新时间、状态、标签等。"交易"中包括成交 ID、购买日期、自购买开始的时间、是否礼物等信息，如图 2-35 所示。

2. 已回复

"已回复"指 Wish 客户服务人员或者卖家已经回复过的客户问题，如图 2-36 所示。

单击"创建日期"或"最近的更新日期"右侧的"排序"按钮，可以查看最新的客户问题。如图 2-36 所示的订单是按照"最近的更新日期"的倒序排列的，再次单击"最近的更新日期"右侧的"排序"按钮，则可以将订单按"最近的更新日期"的顺序排列。

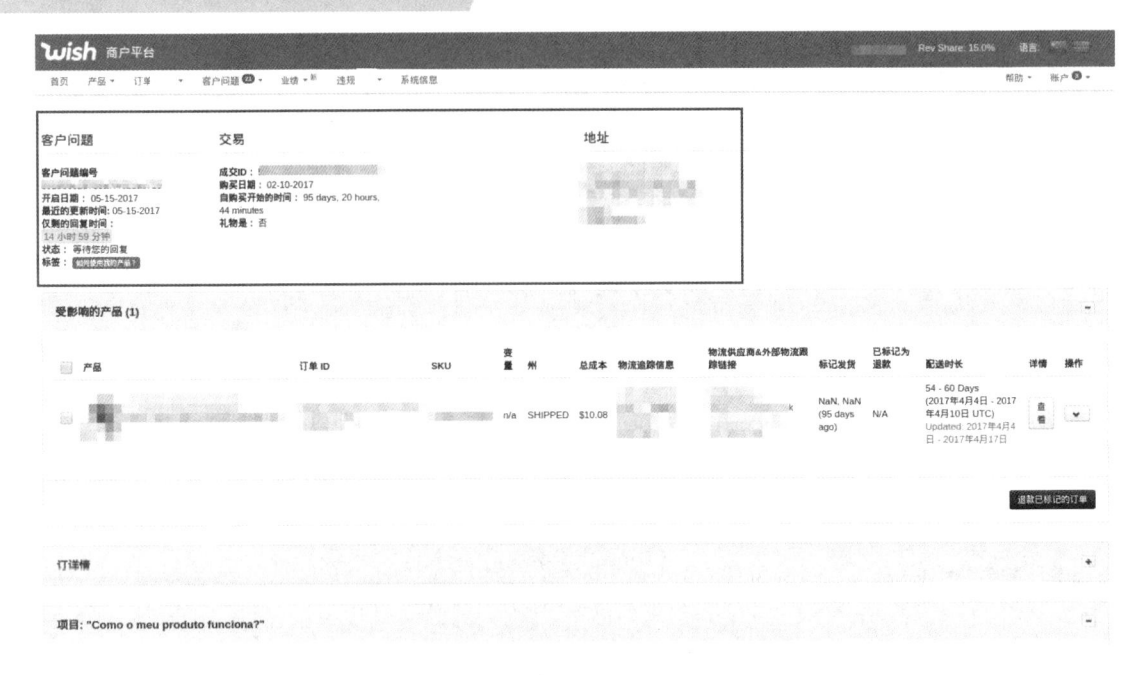

图 2-35 查看客户问题详情页面

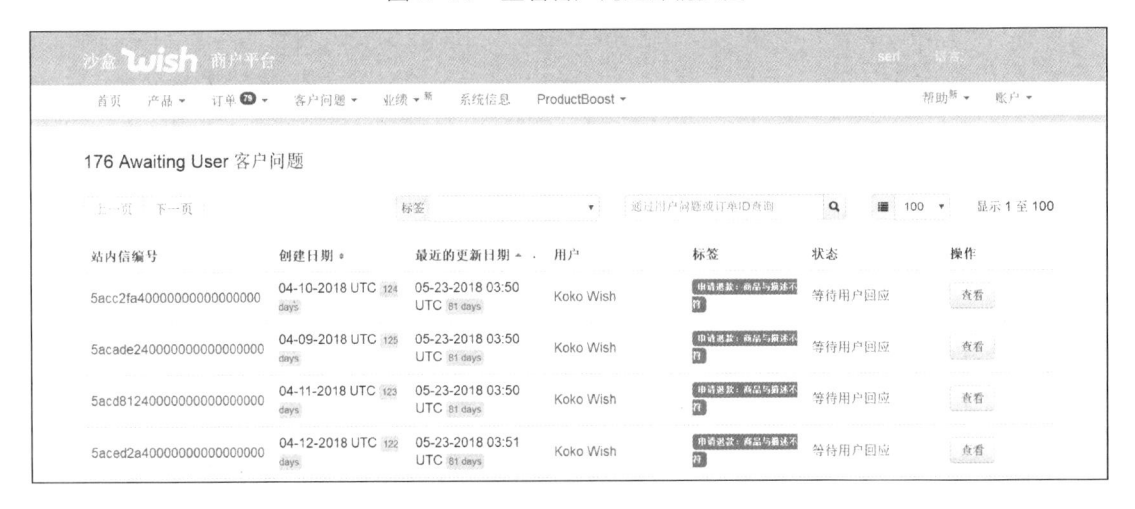

图 2-36 已回复客户问题页面

3. 已关闭

"已关闭"指卖家或者 Wish 平台已经回复过、没有争议、可以关闭的客户问题。"已关闭"状态下的客户问题，仅供查找和查看客户问题详情，不能进行其他操作，其与"已回复"状态的使用方法基本一致，不再赘述。但要注意，"未处理""已回复""已关闭"3 种状态下的客户问题的数目加起来，才是客户问题的总数。

Wish 平台作为移动购物电商平台，其售后指标考核比较复杂，需要卖家认真地根据要求进行调整和处理。

2.4.3 商品售后方面

Wish 平台的理念就是利用智能性的推送技术，采用精准营销的方式，回归用户的喜好，而不用太多的推广方式或关键词等进行营销。Wish 平台的优势在于坚持追求简单直接的风格，不讨好大卖家，也不扶持小卖家，全部通过技术算法将用户与想要购买的物品连接起来。Wish 平台卖家进驻门槛低、平台流量大、成单率高、利润率远高于传统电商平台。Wish 平台与 PC 端电商平台展开差异化竞争，利用移动平台的特点，其卖家不用降低商品价格以取得竞争优势。

Wish 平台规定，客户所销售的商品必须是自己创造、生产的，或者已获得销售权的。为了促进客户和卖家之间的交易，为双方的交流提供便利，Wish 平台不代表卖家进行交易，卖家自己完成所有的交易和服务。当然，卖家自行制定的运输、付款、退款及换货规定不得与 Wish 平台的相关规定冲突，Wish 平台保留要求卖家提供服务和修改相关规定的权力。

在下单后，有的客户需要对订单进行相关的问询或者沟通，他们可以通过客服系统向卖家发出信息，其内容可能包括：改变送货地址或者联系电话；从订单中删除某一项商品；更换尺码或颜色；查询订单状态；询问预计到货时间或者订单追踪链接；告知卖家到货商品有缺陷、损坏或者遗失；要求退货、换货或者退款等。

2.5 Shopee（虾皮购物）客户服务规则

Shopee（虾皮购物）是一家面向新加坡、马来西亚、泰国、中国台湾地区、印度尼西亚、越南和菲律宾市场的知名东南亚电子商务平台,总部设在新加坡,隶属于 Sea Group（以前称为 Garena）。该公司于 2009 年由李小冬创立，2015 年，Shopee 首次在新加坡推出了一个以社交为先、移动为中心的市场，用户可以随时随地浏览、购物以及销售。通过平台与物流、资金流的支持相结合，Shopee 旨在使卖家和买家都能够轻松安全地进行网上购物。这款基于手机应用程序研发的购物平台推出了一个网站，可以与 Lazada、Tokopedia 和 AliExpress 等其他快速发展的电子商务网站相媲美。Shopee 主要致力于为全世界华人地区用户的在线购物和销售商品提供服务，其在售商品超过 1.8 亿种。商家可以方便地在线注册或通过手机应用注册。Shopee 专注移动端市场，顺应东南亚电商移动化趋势，面向东南亚蓝海市场，跨境业务发展迅猛。

2.5.1 订单管理方面

1. 跟进未付款订单

对于未付款的订单，卖家要及时跟买家沟通，以免订单因为没有及时付款或者买家犹豫而取消。客服人员可以通过与客服沟通软件"聊聊"给买家发送付款提醒。

银行转账确认付款一般需要 1~3 个工作日的处理时间，所以有可能买家已经通过银行转账的方式付款，而订单状态仍然显示为未付款。

2. 议价操作

议价操作可以促进店铺订单成交量。当买家因为价格问题而迟迟未付款时，买家可以向卖家提出议价申请，这个时候卖家有机会利用价格上的小优惠促成一笔订单。

卖家要在店铺设置中开启"Allow Negotiations"（允许议价），卖家开启允许议价页面如图 2-37 所示。买家可以通过"聊聊"窗口对商品价格进行商议，当买家提出议价申请，卖家可以在"聊聊"窗口看到买家的申请，单击即可看到买家提出的最新商议价格。卖家可以选择不接受或者接受，对买家提出的价格做出回应。

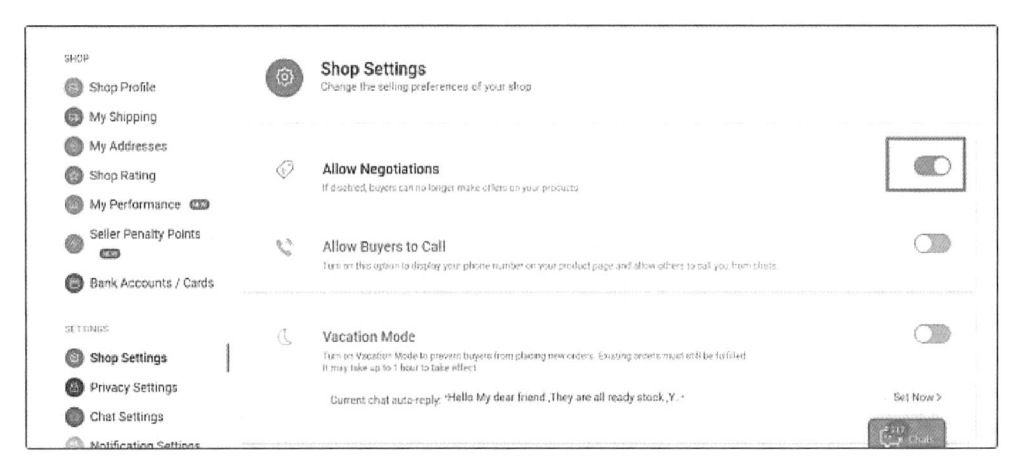

图 2-37 Shopee 卖家开启允许议价页面

客服人员厘清订单状态，高效处理不同状态的订单，可以大大提升店铺的运营效率。运用买家议价操作可以促进订单成交，这些都是提升店铺经济效益的法宝。

3. 取消订单

买家新订单在 1 小时内是可以自行取消订单而不需要卖家同意的，1 小时后买家就需要申请取消，经过卖家同意才可以取消订单。如果货还没发出去，但是已经准备发货了，卖家可以再试探性地询问买家是否购买，买家会告诉卖家其决定。卖家要尽量引导客户不要取消订单，一旦订单取消，之前做的工作也就白干了。Shopee 平台取消订单的规则如表 2-6 所示。

表 2-6 Shopee 平台取消订单的规则

时间	站点	物流状况	说明
付款完成 1 小时内	SG/MY/TH/ID	已发货	进入退货&退款流程
		未发货	系统即时取消订单
付款完成超过 1 小时		已发货	进入退货&退款流程
		未发货	需卖家在规定时间内同意取消*

续表

时 间	站 点	物流状况	说 明
付款完成 24 小时内	TW	已发货	进入退货&退款流程
付款完成超过 24 小时		未发货	顺丰件系统即时取消,圆通件需卖家在规定时间内同意取消*

*对于需卖家同意才可取消的订单,如果卖家未在规定时间内同意取消订单,则系统会按照以下规则自动取消订单

站点	卖家取消订单操作时限	系统自动取消订单时间	举例说明:ID,若买家于 7 月 3 日取消订单,卖家在 1 天之内无任何操作,则系统会在到期日,即 7 月 4 日 23:59 自动取消订单
ID	1 天	到期日 23:59	
SG/MY/TW/TH	2 天	到期日 23:59	

2.5.2　客户服务能力评估方面

1. Shopee 平台店铺分级

Shopee 店铺大体上分为商城卖家、优选卖家、普通卖家这 3 个层次。不同层次的卖家代表着不一样的信誉度。对应国内的淘宝卖家,商城卖家可以理解为天猫卖家,优选卖家可以理解为淘宝企业卖家,普通卖家可以理解为普通的淘宝个人卖家。信誉越高,代表着被平台认可的程度越高,也代表着被平台推荐展示的机会也更多一些。商城卖家的申请难度比较大,对于大部分卖家而言,可以努力争取获评优选卖家。

Shopee 平台的优选卖家是不需要申请的,每月 20 日左右评选上个月达标的卖家。Shopee 平台的店铺评分主要包括商铺/商品评分、"聊聊"回复率、物流评分、晚发货率和订单未完成率等。Shopee 平台部分站点的优选卖家评选指标如表 2-7 所示。成为优选卖家需要达到的指标是:每个月的累积评价 4.8 颗星以上;每个月的订单数在 50 笔以上;每个月的不重复购买的买家数超过 25 人;每个月的"聊聊"回应率在 80%以上;每个月的订单未完成率低于 10%。在各项指标达标的基础上,Shopee 平台还要求店铺没有仿品或者侵权商品,才可以入选优选卖家。Shopee 平台各站点对优选卖家的要求如表 2-8 所示。

符合各项条件的卖家即自动升级为优选卖家,当店铺成为优选卖家后,卖家可以获得店铺头像,店铺所有商品均会有"虾皮优选"的标识,这个标识是平台赋予的,也会增加卖家的信誉度,买家对"虾皮优选"店铺的认可度和信赖度更高,有利于提高商品的点击率和店铺转化率。平台会对优选卖家的店铺进行流量倾斜和扶持,因为优选卖家在各种指标上能够达到平台的要求,说明这部分卖家的服务水平不错,那么平台自然而然地会选择把流量往优选店铺输送,给平台的客户推荐更多优选卖家的商品。Shopee 平台的很多活动也需要达到优选卖家的门槛才能够报名,特别是中国台湾地区站点,免运费的活动及付费的流量包都必须是优选卖家才可以报名。在"虾皮优选"店铺中,买家可以使用购物积累的 Shopee Coin(虾币)抵扣购物金额,虾币类似于天猫积分,在消费的时候可以当现金券使用。

表 2-7　Shopee 平台部分站点的优选卖家评选指标

Public Criteria	SG	MY	ID	TW	TH
Min#net orders the past calendar month	15	50	50	50	30
Min#of unique buyers that contributed to above orders	10	25	25	25	15
Min Cumulative chat response rate	70%	70%	80%	80%	75%
Min Cumulative shop rating	4.6	4.6	4.5	4.8	4.6

表 2-8　Shopee 平台各站点对优选卖家的要求

站点	中国台湾地区	泰国	菲律宾
对卖家的要求	1. 店铺于当季度累计惩罚计分为 0 分 2. 店铺开通信用卡支付方式 3. 店铺月度总销售额在 3 万新台币及以上 4. 卖场品质（不可有以下情况）：刊登盗版或侵权商品、商品数过少、开设过多专属卖场、于审核时卖场被停业、公开泄露他人资源 5. 买家体验（不可有以下情况）："聊聊"回复低、卖场和商品描述不符合规范、商品留言和评论中使用简体、人身攻击、低俗和散播仇恨等信息 6. 卖家资讯：身份证明文件为有行为能力人 7. 刊登贩售之商品符合虾皮上架规范	1. 店铺内无假冒伪劣产品 2. 店铺内所有商品均为正品 3. 店铺于当季度累计惩罚计分为 0 分 4. 店铺无欺诈行为	1. 店铺内所有商品均为正品 2. 店铺于当季度累计惩罚计分为 0 分 3. 店铺无欺诈行为

站点	马来西亚	越南	新加坡
对卖家的要求	1. 店铺内无假冒伪劣产品 2. 店铺内所有商品均为正品 3. 店铺于当季度累计惩罚计分为 0 分	1. 未完成订单率≤5% 2. 迟发货率≤10% 3. 店铺于当季度累计惩罚计分为 0 分 注：因公众假期延迟或者系统原因造成未完成或者迟发货的订单均不会被计算在内	1. 店铺内无虚假商品链接 2. 店铺内所有商品均为正品

站点	印度尼西亚
对卖家的要求	1. 店铺内无假冒伪劣产品 2. 店铺内所有商品均为正品 3. 店铺于当季度累计惩罚计分为 0 分

2. 关于买家评价

Shopee 平台查看订单评价有如下几个步骤。

卖家单击"My Shop"→"Shop Rating"菜单命令，就可以看到所有买家的评价。

单击"Reply"按钮，卖家可以就买家的某个评价做回复，如图 2-38 所示。

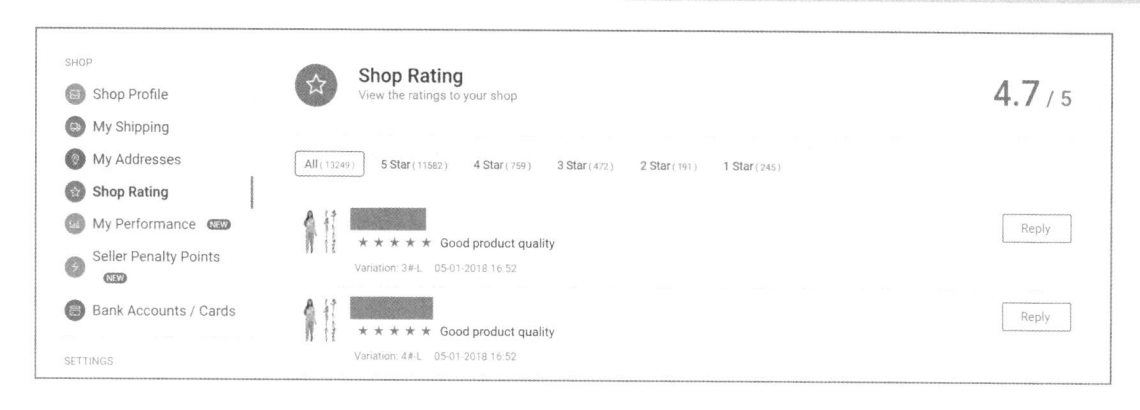

图 2-38　Shopee 平台查看订单评价

在 Shopee 手机端回复买家评价有如下几个步骤。

打开 Shopee App 登录店铺，单击"我的评价"→"My Rating"选项，选择未回复的订单，单击订单右上角的 3 个点，在出现的界面上选择"Reply"（回复）选项，编辑想回复内容，然后单击右上角"SUBMIT"（提交）按钮，如图 2-39 所示。

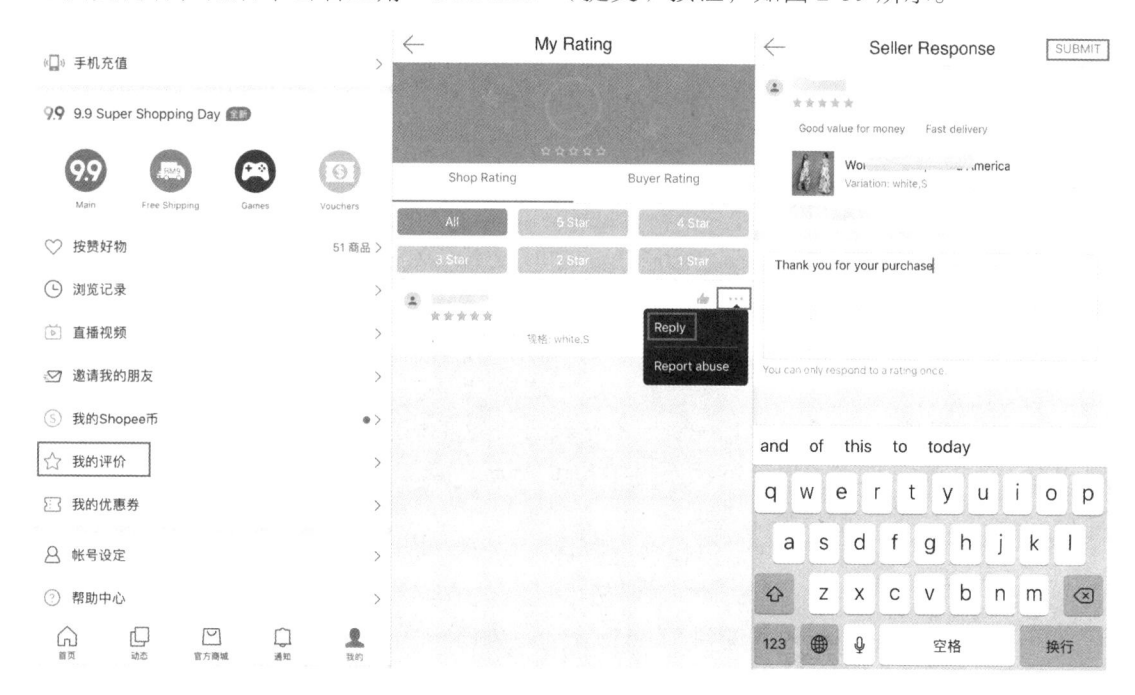

图 2-39　Shopee 手机端回复买家评价

在订单完成后的 15 天内，买家可以进行订单评价。卖家也可以在订单完成后，及时鼓励买家给予好评。如果买家给了差评，卖家应该及时与买家沟通修改评价，在 30 天之内有一次修改的机会，一定要好好珍惜这一次修改的机会，最直接的也是最有效的方法是赠送优惠券，这样不仅促进了客户的二次消费，还可以对客户撤销差评产生积极影响。

买家修改差评的流程有如下几个步骤，如图 2-40 所示。

步骤一，单击"Me"（我的）→"My Purchase"（购买清单）选项。

步骤二，找到想要更改评价的商品，然后单击"Shop Rating"选项查看卖场评价。

步骤三，单击"Change Rating"选项修改评价。

步骤四，修改评价，然后单击"Finish"按钮。

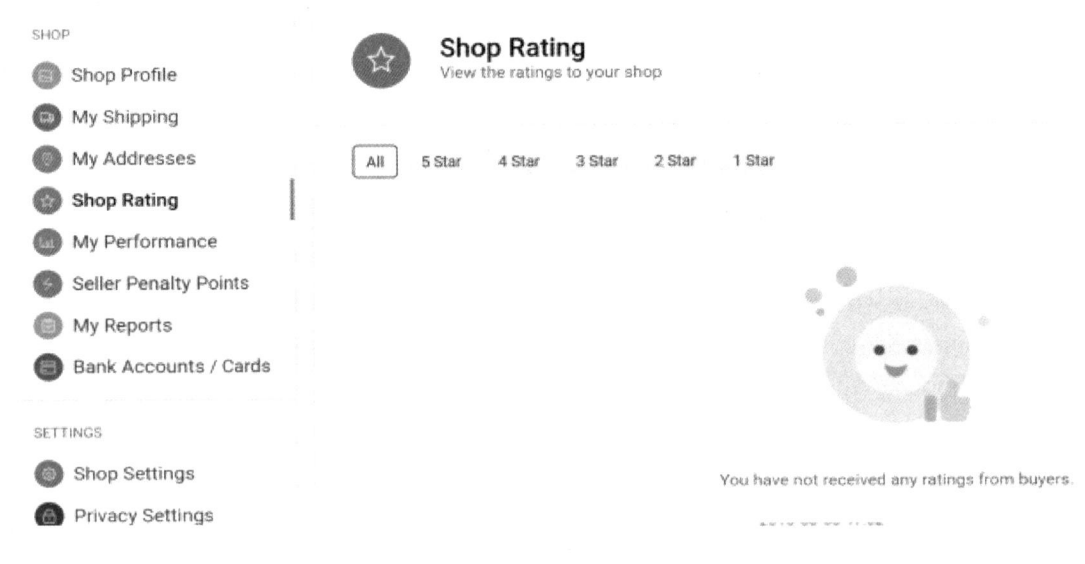

图 2-40　买家修改差评

2.5.3　商品售后方面

商品售后工作处理不好，就会影响店铺的运营。Shopee 平台售后常见问题的售后处理方法阐述如下。

1. 关于物流跟踪

如果物流到达目的地后信息一直没有更新，在这种情况下，卖家可以在店铺后台实时跟踪订单信息。如果不更新的状况持续超过 2 天，卖家需要先通过伙伴云提交问题，等待 Shopee 平台的官方回复。

如果物流第一次派送失败，但是客户没有接到过送货方的电话，除提交问题工单外，卖家还需要把 Shopee 平台的本地平台客服电话发送给客户，让客户联系一下 Shopee 平台方，然后卖家需要把问题发送到 Shopee 平台本地客户团队的邮箱。在这种情况下，卖家需要尽快跟进，并催促 Shopee 平台尽快处理。因为一旦物品二次派送失败，Shopee 平台会默认将货物退回。

如果物流二次派送也失败了，卖家可以利用 Shopee 手机端 App 里面的平台客服联系端口，告知 Shopee 平台，与卖家端的本地平台客服对接沟通。卖家只需要把问题单告知对方，并通知客户拨打本地平台客服电话，备注客户自己的电话和收件人地址。问题单进入处理流程，成功率在 60%，这需要卖家第一时间联系平台方及客户，并且要及时跟踪物流信息。

2. 关于延迟发货

出现延迟发货或者物流速度慢等问题时，卖家可以主动与买家沟通，向买家提供发货截图和物流信息，请求买家延长收货时间。"延长收货"是 Shopee 平台为买家提供的特别服务，其操作简单，买家可以找到订单详情下面的"Extend Shopee Guarantee"选项，单击进入"Order Detail"选项进行操作。

"Shopee Guarantee"（虾皮履约保证）是 Shopee 平台提供的一项与众不同的服务，可以按照使用者的要求协助其处理在交易过程中可能产生的冲突，提供在线购物保障。它向卖家支付款项，直到买家收到订单为止。买家可以在虾皮履约保证期到期之前申请退还所购买的商品或者退款。

Shopee 平台将审核买家的各项申请，并根据平台服务条款全权酌情决定是否通过买家的申请。

当 Shopee 平台收到买家的退货或者退款申请后，Shopee 平台会以书面方式通知卖家。卖家要按照 Shopee 平台在书面通知中所要求的步骤答复买家的申请，确认是否退回商品。卖家必须在书面通知所规定的时间范围内给予答复。Shopee 平台将在审核卖家的各项答复且考虑卖家所述的状况后，单方全权决定是否通过买家的申请。如果 Shopee 平台未在规定期间内收到卖家的消息，则 Shopee 平台推定卖家对买家的申请无答复，并将继续评估买家的申请，而不另外再通知卖家。

对于卖家无法预知的错误，如有损坏、将错误的商品送到买家处，由卖家承担买家退货的运输费；对于买家改变主意的情形，买家在卖家同意退货的情况下退货，则由买家承担运费。

当买家与卖家对于运输费由谁承担出现争议时，Shopee 平台将全权决定由谁承担退货的运费。

3. 关于退货

商品的退货率可以通过前期的发货和商品列表等优化降低。如果碰到买家申请退货的问题，卖家可以通过 App 端口的问题处理窗口积极与买家进行协商，如果商品问题不大，而且买家也同意解决方案的话，可以进行部分退款，或者给予象征性的补贴。

4. 关于退款

在卖家或 Shopee 平台确认已收到的退回商品符合退货条件，且确认商品状况未有损毁的信息后，买家将获得退款。如果 Shopee 平台在指定的时间内收到卖家的消息，将不需要进一步通知卖家，即可单方面决定是否要将适用的金额退还给买家。

买家申请退款必须经由 Shopee 平台提交。如果商品还在运输途中，买家已经发起了退款。卖家需要主动与买家沟通原因，如果买家执意退款，卖家可以在时效内拒绝。由此发起的争议，卖家应向 Shopee 平台说明"商品仍在运输中，属于正常的物流时效"，然后等待 Shopee 平台客服处理。如果卖家没有拒绝而发起争议的话，Shopee 平台会直接退款。

如果卖家发错货，买家申请退货退款，最好的解决方法是卖家与买家沟通协商，争取不退货。卖家可以给买家提供有吸引力的优惠券，或者直接给买家补发商品。

　　Shopee 平台实行 7 天无理由退货政策，买家将商品完整退还后，卖家确认收到退货并及时给买家退款。但是如果买家在 10 天期限内未将商品寄回，卖家可以向 Shopee 平台提意见，说明未收到退货，原因一栏可以填写"等待商品寄回"，最好能够提供与买家的聊天记录，向 Shopee 平台申诉。如果卖家通过"聊聊"的沟通发现恶意买家，例如，买家利用 Shopee 平台退换货政策和时间差购买商品，使用过一段时间后退货，这种情况在服装类目上比较常见，卖家可以向 Shopee 平台提意见，表示不同意退货，并且提供发货截图或者照片，以及聊天记录，等待 Shopee 平台官方裁决。

　　Shopee 平台鼓励卖家和买家在交易发生问题的时候，互相进行友好协商。由于 Shopee 平台只是一个供用户进行交易的平台，如果买家有任何与购买的商品有关的问题，应该直接联络卖家。

本章小结

　　跨境电商服务的对象理论上是全球的客户，碎片化和在线化又让客户的需求和标准变得多层次。海外客户的在线模式大多通过页面描述、站内信、不用语言交流的方式下单，因为价值观、宗教信仰的区别，万一产生客户服务问题，在退货成本、沟通精力、运营风险等方面，对卖家都会有很大的考验。如何做好跨境电商的客服工作是跨境电商急需解决的现实问题。要做好跨境电商，就必须对主流跨境电商平台进行深入分析，重视跨境电商平台的客户服务规则。

　　亚马逊对卖家的管理采用"宽进严出"的方式。它允许个人和企业在其平台上开店，只有某些类目要求卖家具备一定条件，很多类目完全向卖家开放，而且允许卖家销售二手商品。但是，亚马逊对卖家的管理较为严格。所有卖家都必须遵守平台的全方位保障条款，权益受到侵害的客户可以获得亚马逊的全面支持。

　　eBay 的核心市场主要在欧洲和美国，如果选择该平台的话，需要结合自己的商品对市场进行深入的分析，针对市场选择比较有潜力的商品深入挖掘，eBay 的平台规则也倾向于维护客户权益。卖家如果遇到投诉是最麻烦的事情，在 eBay 平台封掉店铺的事情时有发生，所以商品的质量一定要过关。eBay 诚信和安全部门会尽力发现并阻止客户滥用 eBay 政策规则，同时，eBay 也对卖家的客户服务及沟通情况进行严格的管理，以保障客户的权益。由此可见，eBay 的评价体系对卖家和客户都提出了要求，担任着维护平台稳定运营的重要角色。

　　速卖通依靠阿里巴巴庞大的会员基础，成为目前全球商品品类最丰富的平台之一。速卖通的特点是价格比较敏感，低价策略比较明显，这也跟阿里巴巴导入淘宝卖家客户策略有关。速卖通的侧重点在新兴市场，特别是俄罗斯和巴西。速卖通客户服务体系主要负责解答客户咨询、解决售后问题、促进销售及管理监控，其工作目标包括保障账号安全、降低售后成本及促进再次交易。

　　Wish 平台利用智能推送技术，为 App 客户推送他们喜欢的商品，真正做到点对点的推送，所以说客户下单率非常高，而且满意度很高。Wish 平台有一个优点是它一次显示的商品数量比较少，这样对于客户体验而言是非常不错的。为了促进客户和卖家之间的交易，为双方的交流提供便利，Wish 平台不代表卖家进行交易，卖家自己完成所有的交易和服务。卖家自行制定的运输、付款、退款及换货规定不得与 Wish 平台的相关规定冲突，Wish 平台保留要求卖家提供服务和修改相关规定的权力。

Shopee 平台专注移动端市场，顺应东南亚电商移动化趋势，面向东南亚蓝海市场，跨境业务发展迅猛。在 Shopee 平台开店的商家来自不同的国家和地区，同时，购买商品的买家也是来自不同国家和地区。为了给在 Shopee 平台购买商品的买家提供更好的购物体验，平台给站点卖家提供了客服服务。针对不同的站点，都有各自不同的客服服务及规则。

课后练习

一、判断题

请仔细阅读下列表述，判断正误，正确的打"√"，错误的打"×"。

（　　）1. 在 Shopee 平台客户提起协议纠纷后，如卖家在 3 天内未回应，则会被系统认定为"客户不良体验"。

（　　）2. 若卖家未设置默认退货地址，eBay 平台系统会要求卖家在 5 日内提供并确认详细的英文退货地址，如卖家在规定时间内无反馈及回应，系统会全额退款给客户并关闭纠纷。

（　　）3. eBay 卖家有 60 天的时间向客户提出修改评价的要求。

（　　）4. 如果 eBay 卖家为客户部分退款，仍然可以获得成交费返还。

（　　）5. 历史累计结束的已支付订单数≥30 笔的速卖通卖家，在考核期内订单缺陷率≥12%，或者卖家责任裁决率≥0.8%，则其服务等级为不合格。

（　　）6. 速卖通平台上成交不卖订单属于客户不良体验订单。

（　　）7. Shopee 平台不能称为传统意义上的电商平台，而是一个移动电商平台。

（　　）8. Wish 平台对系统跟踪时间的要求是 2 天之内客户能在网上查询到订单号。

（　　）9. 在亚马逊平台，只有 FBA 卖家才有机会接触到亚马逊 Prime 会员。

（　　）10. 亚马逊卖家可以在 60 天内请求客户移除一星或者二星的差评，移除后将不会被记为缺陷率计算的一部分。

二、选择题

1. 亚马逊平台系统默认发货期限是（　　）天。
   A. 3　　　　　　B. 5　　　　　　C. 2　　　　　　D. 7

2. eBay 的订单管理操作主要包括合并运费、成交费返还、第二次购买机会、解决未付款纠纷、发送账单、取消拍卖和（　　）。
   A. 确认订单　　　　　　　　　B. 合并支付
   C. 物流费用计算　　　　　　　D. 设置客户常见问题

3. 速卖通的卖家服务等级每月末评定一次，考核包括客户不良体验订单率、卖家责任裁决率和（　　）。
   A．支付进度　　　　　　　　　B．好评率
   C．坏账率　　　　　　　　　　D．搜索排序
4. Shopee 平台实行（　　）天无理由退货政策。
   A．3　　　　B．5　　　　C．10　　　　D．7
5. Wish 平台要求诚信店铺的有效跟踪率达到（　　）及以上。
   A．95%　　　B．80%　　　C．90%　　　D．85%

三、简答题

1. eBay 平台上的客户评价是否能够更改或者移除？
2. Wish 平台的理念是什么？与传统电商平台相比，它有哪些优势？
3. 速卖通平台设置了哪些客户不良体验指标？
4. 成为 Shopee 平台优选卖家需要满足哪些条件？

四、实操题

两个学生为一组，选择某一平台，分别扮演买家和卖家客服人员。买家因为"平台显示已派送两次，但是没有收到货物"给卖家一个差评。卖家客服人员通过耐心地沟通和协调，顺利地解决了问题，让买家把差评改为好评。

第 3 章　售前客服与沟通

学习目标

（1）了解售前客服的工作职责和业务范围；
（2）学习售前沟通的文案编写；
（3）学会处理售前咨询的常见问题；
（4）掌握与客户进行售前沟通的技巧。

学习重点与难点

学习重点：
售前客服的工作职责和业务范围。

学习难点：
售前沟通的技巧。

导入案例

晓佳是速卖通平台某店铺客服团队刚入职的新人，经过公司培训后，她已经掌握了售前客服的工作技能，也在同事的指导下认真学习了公司销售的鞋类商品的信息和功能。最近，店铺在做促销活动，晓佳作为售前客服负责向公司的新老客户发送促销消息。某天，晓佳在例行工作中看到有位客户下单了一双鞋子，但是还没有付款。于是，晓佳主动联系客户，并且迅速解答了客户的疑问。她细致周到的服务得到了客户的好评。

作为售前客服，晓佳首先向客户发送了问候信息，并简单介绍了客户可能想买的商品。

Customer Service:
Hello, dear friend,
Thanks for your visiting our online store. The casual shoes you have chosen are on sale, you can buy them at a very favorable price. And there are many other styles of shoes for you to

choose in our store... We sincerely hope you can find something you like. If you cannot find anything you like, you can tell us, and we will help you to find the source. Thanks again!

参考译文：

客户服务：

亲爱的朋友，您好，

　　感谢您访问我们的在线商店。您选择的休闲鞋有售，您能够以非常优惠的价格购买。在我们的商店中，还有许多其他款式的鞋子供您选择……我们十分期望您能找到喜欢的东西。如果找不到您喜欢的东西，可以告诉我们，我们将帮助您找到货源。再次感谢！

　　过了一会，客户发来邮件询问商品的相关信息及优惠活动，晓佳马上给客户回复了消息，帮助客户买到了心仪的商品。

Customer:

I want to know the size of the shoes and do you have any promotion activities for the shoes? Please reply to my E-mail.

Customer Service:

Thank you for your inquiry and I would like to answer your question. After checking our item images, we find that we have size 34, size 36 and till to size 40. You could read the detail of the item information in our store and choose the suitable size according to your needs. Recently, we will have promotion activities such as a 5% discount if you are a new customer. Once you decide to buy it, please place an order. Thank you for your support!

参考译文：

客户：

　　我想知道鞋子的尺码，你们是否有什么鞋子的促销活动？请回复我的电子邮件。

客户服务：

　　感谢您的询问，我愿意回答您的问题。检查完商品图片后，我们发现有尺码34、36到40的鞋子。您可以在我们的商店中阅读商品的详细信息，并根据需要选择合适的尺码。最近，如果您是新客户，我们有促销活动，例如 5%的折扣。一旦您决定购买，请下订单。感谢您的支持！

　　在跨境电子商务行业中，要想不断提高商品销量，将店铺发展壮大，把客户服务工作进行分工是非常重要的。跨境电子商务的订单繁多、咨询量大，如果客户服务工作没有一个流程化、系统化的安排，很容易出现订单错误的情况。对于从事跨境电子商务的卖家而言，流水化的客户服务工作模式不仅易于管理、便于考核，还能降低客户对客户服务工作的投诉率，让所有客户服务人员各司其职、有条不紊地工作。把跨境电商客户的争议率控制在非常低的范围也是考核是否做好了在线客户服务工作的重要指标。好的在线客户服务人员，在销售前应该跟客户充分沟通，并且真实理解客户对商品的要求和需求，并且预判可能产生的争议，并在发货、跨境物流环节都要做到万无一失，选择可靠、可信任的物流公司，给客户最好的购物体验就会得到客户的满意评价。售前客户服务的工作尤为重要,直接决定着客户对卖家的第一印象。售前客户服务工作的好坏会极大地影响客户后续的购买行为。

> 【辩证与思考】
>
> 售前客服在客户未接触商品或者对商品不太了解的情况下,需要开展一系列提升客户购买欲望的服务工作。那么,客服人员在开发新客户和向老客户推荐新商品的时候,分别应该如何把握沟通重点和技巧呢?

3.1 售前沟通准备工作

在整个客户服务的工作流程中,售前客户服务的工作内容主要是从事引导性的服务,如迎接客户、推荐商品、回答客户(包括潜在客户)对商品信息方面的咨询、提供客户下单指引等。从客户进店咨询到拍下订单付款的整个工作环节都属于售前客户服务人员的工作范畴。售前客户服务人员需要充分做好售前准备工作,灵活掌握沟通的技巧,了解跨境电子商务平台的规则与注意事项,熟悉商品信息,了解相关的商品推广活动,熟悉沟通工具的使用,并掌握基本的交流、沟通方法,这些都属于售前客户服务人员最基本的工作技能。其中特别要注意的就是店铺上架新商品前,要开展相关的商品培训,以便快速为境外客户答疑解惑。作为商务谈判的一种,跨境电子商务客户服务的工作在开展伊始就需要将"引导客户的情绪"作为一个重要的原则与技巧。售前客户服务人员从第一个环节开始,就要做谈判的主导,控制客户对商品的认知与购物情绪。

3.1.1 了解商品属性

在跨境电子商务中,客户往往不够专业或缺乏对相关商品的了解。跨境电子商务客户服务人员在帮助客户解决问题的过程中,需要从更专业的角度解决问题。

售前客户服务人员在向客户推荐商品时,无论是关于商品涉及的专业术语、行业专用的概念还是购买流程中涉及的税费及物流问题,客户服务人员都需要介绍得简明扼要,并进行适当的简化,用通俗易懂的语言向客户解释和说明。针对客户问题,在提出解决方案时,客户服务人员需要基于问题产生的真实原因,提出负责而有效的解决方案,而不是拿一些搪塞的说法,拖延问题的处理时间。

从长远来看,就客户所提出的咨询问题耐心细致地进行解答,并且能够顺利且彻底地解决这些疑难问题,会十分有效地增强客户对卖家的信任感,进而形成客户黏性。售前客户服务人员应当把每一次客户咨询和反映的问题都当作展示自己专业能力的机会,用专业的方法与态度解决问题,以便将初次询盘和偶然询盘的客户转化为长期客户。

3.1.2 掌握推销话术

虽然跨境电子商务行业中并不是每一岗位都需要具备高超的外语技能,但是对客户服务岗位而言，熟练掌握最主要客户的母语却是必需的。准备推销话术时有以下几点需要注意。

（1）客户服务人员需要不断加强对外语的学习，练就扎实的基本功，特别需要准确并熟练地掌握所售商品的专业词汇，还要注意与客户语言沟通的技巧。要尽量避免低级的拼写与语法错误，正确使用客户的母语，这样做一方面可以展示出卖家对客户的尊重，另一方面也可以有效地提高客户对卖家的信任感。

（2）如果是通过邮件与境外客户进行联系，邮件中不要有成段的大写。某些卖家为了在较多的邮件文字中突出展示重点信息（如促销优惠信息等）而采用成段的大写字母。这样做虽然可以有效地突出重点，让客户一眼就看到卖家所要表达的核心内容，但也会产生一种副作用。例如，有的客户可能投诉："Why do you always yell to me？"（你为什么总对我嚷嚷呢？）这是因为，在英语里，文本中成段的大写往往表达愤怒、暴躁等激动的情绪，是一种缺乏礼貌的书写方式。因此，客户服务人员需要在日常工作中注意这一细节。

（3）在与客户沟通的过程中，为方便绝大部分客户的阅读，售前客户服务人员应当尽量使用结构简单、用词平实的短句。这样可以在最短时间内让客户充分理解客户服务人员所要表达的内容。

当前在跨境电子商务平台上使用最多的语种是英语，但从事跨境电子商务的卖家要面对的是来自全球220多个国家和地区的客户，其中绝大部分客户的母语不是英语。很常见的情况是，许多客户仍需通过谷歌翻译等在线翻译工具阅读商品详情与邮件。针对这种情况，售前客户服务人员更需要为了客户简化书面语言，提高沟通效率。

（4）客户服务人员撰写邮件时，还需要特别注意按照文章的逻辑将整篇邮件进行自然分段，并在段与段之间添加空行，这样做有利于客户简单地浏览非重要的段落，快速跳至重点信息。一方面，可以有效地节省客户的阅读时间，增加客户与卖家的沟通耐心；另一方面，清晰地按逻辑进行分段，可以给客户留下更专业、更有条理的好印象，增加客户对卖家的信任感。

3.1.3 设置自动回复

许多跨境电子商务平台都会在后台系统监控所有站内信或订单留言的平均回复时间。卖家平均回复时间越短，时效越高，也能侧面体现出卖家迅捷的服务响应。

在实际操作中，卖家往往还会遇到这种情况：经过沟通后，卖家顺利帮助客户解决了问题，而客户往往回复一封简单的站内信，如"Thanks"或"OK"。许多卖家在操作时不够精细，看到这种站内信后可能就不做任何回复了。但正如刚才所讲，由于各个跨境电子商务平台的后台系统无法真正识别客户发出的信息内容是否需要回复，这些简短的客户信息如果没有得到及时回复，仍可能影响系统对卖家回复信息时效的判断。长期如此，对卖家是没有好处的。

因此，售前客户服务人员要做到无论在何种情况下，在与客户进行的互动中，都要对客户所有的消息或者站内信进行回复。这既是出于礼貌，也是出于系统评估角度的考虑。

3.2 售前沟通文案打造

文案是跨境电商卖家运营店铺中很重要的一环。由于跨境电商是基于网络信息技术衍生而出的新兴产物，创新性、发展性为其主要特点。以往的电商文案写作已经无法适应跨境电商行业的不断更新与发展，因此，跨境电商行业中的电商文案写作要具有与时俱进的特点，还要保持具有国际化视野的创新性，以适应不断发展与革新的跨境电商事业。同时，还要提高跨境电商文案写作的实用性与应用性，使跨境电商文案的写作更加简洁明了。

售前客服承担着联系、维护客户的职责，从事售前咨询、客户维护、预防客户投诉等工作。客服人员既要以服务客户的心态与客户保持良好的沟通，解决客户异议，又需要负责平台、店铺的文案介绍，商品文案策划、优化及上传、更新和维护的工作，还要进行日常店铺订单管理，及时处理回复消息，力争保持优质店铺好评率及提升信誉评级。

3.2.1 企业文化文案

企业文化的核心在于使命、愿景和价值观 3 个方面。关键要素确定了，无论内容怎么演变都应在设定框架内。在这 3 个方面中，排第一的是使命，使命决定一切。

1. 使命

确定使命指确定企业要为社会解决什么问题。德鲁克说："企业的本质是为社会解决问题。"能为社会解决某个问题，社会就给予它利润，否则社会就淘汰它，某个企业之所以能一直存在，一定是因为它解决了某方面的问题。一个社会问题就是一个商业机会，一个巨大的社会问题就是巨大的商业机会。因此，明确企业使命的前提是找到企业要解决什么社会问题，企业致力于投入时间和精力的领域是什么。

作为跨境电商企业，就需要思考企业能够为社会解决的问题是什么。如果企业要体现的是脚踏实地的文化，企业文化的文案介绍就要符合自身情况，语句不一定要高大上，但一定要根据企业自身的实际情况出发，朴实有力的语言同样可以展现企业的风采。使命决定了企业的战略，在产品的生产和业务的发展方向上展现使命感，反映企业要解决某个社会问题的坚定决心。如何解决社会问题，那就需要企业提供过硬的产品和服务，企业为社会提供的产品和服务就是对社会问题的解决方案。所以，使命最重要的作用是决定企业一整套的经营活动，尤其是决定了公司提供哪些产品和服务。如下为几个体现企业使命的典型例子。

Lenovo: To strive to innovate for the interests of customers.
（联想公司：为客户利益而努力创新。）

HUAWEI: To bring digital to every person, home and organization for a fully connected, intelligent world.
（华为公司：构建万物互联的智能世界。）

Microsoft: To empower every person and every organization on the planet to achieve more success.

（微软公司：给全世界每个人和每个组织自主权以获得更大的成功。）

Walmart: To help customers save every penny.

（沃尔玛公司：帮助客户节省每一分钱。）

3M: To use practical and ingenious solutions to help customers succeed.

（3M公司：用切实可行而巧妙的解决方案帮助客户成功。）

LinkedIn: To connect the world's professionals to make them yield twice the/result with half the effort.

（领英公司：连接全球职场人士以使他们事半功倍。）

2. 愿景

愿景指对于未来的设想，即企业在未来想要成为的样子。愿景是侧重前景和未来景象的，在文案里需要说明企业在一定战略规划期内期望达到的发展目标。愿景的作用是描绘一个美好的蓝图，激励企业的所有员工朝着蓝图的目标努力奋斗。跨境电商的企业文案要通过制定愿景得到员工的认同；鼓舞企业全员激发个人潜能，提高工作效率与质量，以使客户满意，从而实现设定的经营目标。下面列举一些知名公司的愿景文案作为例子。

HUAWEI's vision is to enrich people's communication and life.

（华为的愿景是丰富人们的沟通和生活。）

McDonald's vision is to control the global food service.

（麦当劳公司的愿景是掌控全球食品服务。）

Lenovo's vision is that the future of Lenovo should be high-tech Lenovo, servicing Lenovo and international Lenovo.

（联想集团的愿景是未来的联想应该是高科技的联想、服务的联想、国际化的联想。）

Kodak's vision is "as long as the pictures are our business".

（柯达公司的愿景是"只要是图片都是我们的业务"。）

The vision of the Sony Corp is to provide opportunities for all of our shareholders, customers, employees, and even business partners to create and realize their dreams.

（索尼公司的愿景是为包括我们的股东、客户、员工乃至商业伙伴在内的所有人提供创造和实现他们美好梦想的机会。）

Vanke's vision is to become China's real estate industry leader.

（万科公司的愿景是成为中国房地产行业领跑者。）

3. 价值观

价值观是人们对事物是非、美丑、善恶、好坏的判断标准，也就是对"德行"的要求，是企业作为一个组织对所有员工的行事原则的要求，其作用是通过领导人做表率、反复地强调和浸润，让所有员工的行为尽量趋于一致，并且符合企业整个组织的期望。通常一个企业初期的文化是老板文化，老板是源头，所以制定价值观的时候，老板要起主导作用，同时也要倾听组织内员工的声音。编辑文案的时候可以根据对老板的个人风格、人格品行的观察进行编写，或者参考老板平时经常提及的一些言行准则，梳理出来价值观，跟老板沟通交流一下再写。最重要的是，客服人员在拟订文案前需要告知老板，一旦确定下来，老板和领导层要率先垂范，做到"上行下效"，否则文案就成了一纸空文。

正如我国儒家文化中的核心思想"修身齐家治国平天下"所阐述的道理，由内而外，由己及人，由近及远，对周围的人和事乃至对全天下产生影响。法国社会学家塔尔德在《模仿律》里也讲解过类似的原理，他认为模仿是"基本的社会现象"，并且提出了几个模仿定律：下降律，社会下层人士具有模仿社会上层人士的倾向；几何级数率，在没有干扰的情况下，模仿一旦开始，便以几何级数增长，迅速蔓延。

综上所述，撰写企业文化文案要思考清楚"使命、愿景、价值观"这3个核心问题。使命界定的是企业要为社会解决什么社会问题；愿景勾勒的是企业在未来的规划蓝图；价值观体现的是企业所有人"德行"的标准，需要高层率先垂范。

最后，附上腾讯的 about us 英文文案作为参考。
Tencent core values（腾讯公司的核心价值观）

1）Vision（前景）
To be the most respected Internet enterprise.
（我们的愿景是）成为最受尊重的互联网企业。

＊Earn the respect of users by listening to them, satisfying and exceeding their needs and expectations.
通过倾听用户的声音、满足并超越他们的需求和期望而赢得客户的尊重。

＊Earn the respect of employees by continuously improving our corporate reputation so that Tencent can become a company employees are proud to work for.
通过持续地提高企业的荣誉而赢得员工的尊重，以使腾讯成为一个让员工因为其工作而感到自豪的企业。

＊Earn respect within the industry by promoting healthy development of the Internet industry and get win-win collaborations with partners.
通过推动互联网行业的健康发展而在行业内赢得尊重，并与合伙人双赢合作。

＊Earn the respect of socie by being responsible for corporate citizenship and contributing to community development.
通过对公司的公民权益负责和对社群的发展做出贡献而赢得社会的尊重。

2）Mission（使命）
To enhance the quality of life through Internet services.
通过互联网服务提高生活质量。

＊To treat the Internet like electricity: a fundamental service that is reliable and makes life easier and more enjoyable.
像对待电一样对待互联网：是一个可靠的基础服务，使人们的生活变的更容易和愉悦。

＊Address the diverse needs of different regions and consumers by offering differentiated products and services.

通过提供差异化的产品和服务，处理不同地区、不同客户的多样化需求。

*Build a healthy, win-win Internet ecosystem based on open collaborations with partners.

在与合作者们进行开放合作的基础上，建立一个健康、双赢的互联网生态系统。

3）Management Philosophy（管理哲学或管理理念）

Invest in the development of employees.

对员工的发展进行投资。

*Provide employees with a healthy work environment and attractive incentives.

给员工提供一个健康的工作环境和有吸引力的激励。

*Enable employees to enjoy professional and personal growth in a thriving environment.

让员工在蓬勃发展的环境中享受职业和个人的成长。

*Coach and encourage employees to achieve success in work based on an attitude of trust and respect.

基于信任和尊重的态度，培训和鼓励员工在工作上取得成功。

4）Business Philosophy（经营理念）

Users' needs are our first priority. 客户的需求是我们首要事务。

Integrity+proactiveness+Collaboration+Innovation

正直+积极+合作+创新

3.2.2 品牌形象文案

自从跨境电商行业开始兴起，全球市场格局便发生了天翻地覆的变化，人们的购买行为逐渐由线下转到线上，"买全球、卖全球"成为如今的大势所趋，跨境电商行业也因其"链接全球"的特性，成为企业全球化的必争之地。

然而，在跨境电商发展一片叫好的同时，由于卖家数量激增，平台商品的品种和数量也空前暴涨，导致商品同质化问题越来越严重，卖家之间的商品区别越来越小，甚至货源都可能出自同一代工厂。这不仅让人们在选购时难以抉择，商家之间的竞争也越来越激烈，各大跨境电商企业为了争夺流量大打价格战，两败俱伤的局面也时有发生。

面对激烈的价格战和同质化竞争，跨境电商企业的出海之路受到了前所未有的严峻考验，如何才能正确提高消费转化率成为跨境电商企业的共同课题。

当然，影响消费转化率的因素有很多，店铺页面装修、营销推广活动等都能在一定程度上对转化率造成影响，但这些并非核心因素，真正能够提升消费转化率的核心因素应该是品牌化升级与差异化定位。

1. 打造自有品牌，建立与消费者沟通的"识别符号"

以往很多跨境电商企业都是"挂牌"销售，也就是打着别人品牌的旗号，去卖别人的商品，用户自然买谁家的都一样。而自有品牌的打造，不仅能够与同行对手进行有效区分，还可以增加人们对企业品牌的依赖度和用户黏性，从而扩大利润空间。

2. 塑造品牌差异化，做到"人无我有，人有我优"

人们的需求是复杂且多样的，具有无限性、多样性、易变性等特点。人们不再只关注商品的功能本身，而是随着购买力和消费观念的升级，他们在商品功能外，还要求商品能够满足自己更加多元的"欲望"。举个简单的例子，从前，人们在购买打火机时只关注"点火"的功能性，一块钱的打火机就能满足他们的需求。但如今 Zippo 打火机大行其道就是因为客户不再只满足于功能本身，而更加倾向于它的格调、品质、可收藏等特点。

跨境电商企业也同样如此，不仅要建立自己的品牌，还要打造具有差异化的独有属性，增强客户对品牌的记忆，这样才能在白热化的市场竞争中成功立足。而许多企业在建立自有品牌和塑造差异化的问题上若想具备足够的实力和专业性，首先就要对消费者的心理特征、行为特征进行深度剖析，再借助大数据对市场趋势、消费者需求和消费者反馈等指标进行分析，才能精准定位并改进出符合市场需求的高质量商品。那么，企业该如何才能做到这些呢？

目前，多数跨境电商会选择与第三方跨境电商平台进行合作，借力其优势增强自身实力，从而在众多竞争者中脱颖而出。以浩方集团举例，浩方集团以深耕亚马逊精细化运营 16 年的资深经验，成为更多出海企业的最佳选择。卖家们选择这个平台并不仅仅因为其经验丰富，更是因为浩方集团在帮助企业品牌化升级和差异化打造上具有更大的优势。

为了推动企业品牌化升级，浩方可以提供包含市场定位、商品定位、商标注册、形象设计、系统规划、战略咨询、当地财税法咨询等服务在内的全套海外解决方案，实现企业品牌从无到有的建立，为企业打造独有的品牌形象。而在扩大品牌差异化竞争层面，浩方能够进行多维度的电商数据获取，采集市场、客户、竞品、行业变化等相关数据，更精准、更高效地了解企业对细分市场的匹配性和终端反馈，从而帮助企业正确制定差异化战略。

未来，随着跨境电商市场规模的扩大，行业竞争必然会越来越激烈，面对同行竞品的围追堵截，跨境电商企业只有建立品牌属性和差异化属性，才能在重重困局中成功突围，而在这个过程中，对第三方合作机构的选择也变得尤为重要。

3.2.3 商品详情文案

商品详情描述要说明清楚商品是什么以及为什么值得购买。可以参考以下 7 种撰写文案的方法，说服潜在客户购买商品。

1. 专注于理想买家

如果站在普通大众的角度思考，那么商品描述会变得无法解决买家的问题。最好的商品说明，应该专注于理解购买商品的理想买家。卖家可以提出问题并自己回答，就好像与理想买家进行对话一样。可以多使用"你"这个词。例如，电商 Think Geek 关于 LED 手电筒的文案描述是这样的。

"你知道比常规手电筒更有趣的玩法吗？在篝火周围讲述僵尸故事的同时，使用多色 LED 手电筒在脸上投射出绿色的光芒。没有篝火？用橙色光制作一个！"

文案编辑可以想象自己在店内以面对面的方式销售商品，自己将如何与买家交谈。现在尝试将对话语言结合到文案中，这样就可以写出亲近客户的文案，从而更深入地产生共鸣。

2. 写好商品的用处

卖家销售自己的商品时，容易对功能和规格比较敏感。但是潜在买家对普通的功能和规格不感兴趣，他们想知道商品还有什么其他用处，这就是为什么需要强调最佳功能的好处。下面的例子是 Method Home 描述他们的一种洗手液的文案，如图 3-1 所示。

图 3-1　Method Home 的洗手液文案

"有时候我们需要季节性洗手液的气味唤醒假日情感。我们的天然衍生凝胶洗手液有各种节日香氛可供选择，让您的双手柔软，干净……"

Method Home 的文案主要是说明他们的洗手液不仅仅能让手变得柔软干净，还能唤醒假日情感，使得假期更有节日的氛围，使人更愉快。商品如何才能让客户感到更快乐、健康或更高效？商品如何才能有效地帮助客户解决某些问题或麻烦？文案编辑需要仔细考虑最佳功能的好处，并体现在文案里。

3. 避免使用空泛的夸赞文案

有时文案编辑不知道还有什么写时，会经常添加一些空泛的文案，如"优秀的商品质量"。一旦潜在买家看到这样的句子，他就会想：每个卖家都是这么说的。所以，表明商品的优点时，不能用"我的商品很好"这样泛泛而谈的描述。文案编辑可以简单用 1、2、3、4 排序描述每个技术优点，注意要简短。

4. 谨慎使用最高级

除非卖家能够清楚地证明为什么自己的商品是最好的，否则用最高级形容商品会让人觉得不够真诚。亚马逊解释了为什么 Kindle Paperwhite 是世界上最先进的电子阅读器。亚马逊的文案介绍采用了"专利"一词，以给读者一种深刻的印象。亚马逊还引用了几个百分比，说明为什么 Paperwhite 具有更好的对比度和出色的分辨率，表明即使在明亮的阳光下，Paperwhite 也能提供清晰的文字和图像，而且没有眩光。

5. 激发读者的想象力

有一种文案技巧可以增加购买欲望，让读者想象拥有商品会是什么样子。下面的文案是 Think Geek 通过描述他们的烧烤多功能工具激发客户的想象力。

"我们总是抬头仰望正在烧烤的父母，期待着我们也可以负责烤肉类或新鲜菠萝片的那一天。现在终于轮到长大的我们做烧烤大师了，多功能烧烤工具会给我们一个注定要留下深刻印象的聚会。"

要练习这种文案技巧，要先帮助客户想象使用场景，并通过解释买家在拥有和使用您的商品时的感受完成文案。

6. 巧妙运用品牌小故事，引发共鸣

在商品描述中，采用讲故事的手法，可以增加用户好感。例如，英国葡萄酒销售商 Laithwaites 通常会写一篇引人入胜的葡萄酒酿造故事。

"一个美好的圣诞夜，拥有鲁西永顶级酒店 ChâteaudeJau 的 Dauré 家族成员，正在智利科尔查瓜阿帕尔塔山谷里酿造着香甜的葡萄酒。"

在讲述品牌故事时，创作时应该考虑一下几个维度："谁在制作产品？是什么激发了产品的创造灵感？"

7. 擅用感官词语

感官性的词语可以调动人的本能欲望，从而增加销售额。下面是巧克力制造商 Green and Black 的产品文案，如图 3-2 所示。

图 3-2　巧克力制造商 Green and Black 的产品文案

"松脆的太妃糖搭配丝滑的黑巧克力,甜蜜可口,令人回味,一眼看到,就会爱上。"感官形容词不仅仅有味道,还包括声音和触觉:松脆和丝滑,这些感官形容词的有效使用,可以丰富并加深人们对产品的品牌记忆。

3.3 售前咨询的响应与处理

售前客户服务的工作要注意多方面的细节,这样一方面可以从源头上避免纠纷,另一方面还可以提高客户的购物满意度。售前客户服务人员必须掌握足够的商品信息及相关知识,这涵盖商品专业知识、商品周边知识、同类商品信息和商品促销方案等。其中,商品专业知识包括商品质量、性能、寿命、安全性、尺寸规格、使用注意事项等内容;而商品周边知识则包括商品附加值和附加信息等内容。售前客户服务人员要保证及时应对不同国家及地区的客户所提出的各种问题,切忌含糊其词、答非所问。

以下将以售前客户服务工作过程中客户最关心的典型问题,举例说明售前客户服务的主要工作内容。

3.3.1 关于询价与样品咨询的回复

1. 关于询价

当有客户询价时,售前客户服务人员在回复内容中要感谢对方的询问,表达出想与对方建立业务往来的希望,告知对方订单的达成条件并报价。下面以客户的大量订单询价为例。

Q: Hello, I want to order ××× pieces of this item, what is the price?

A:

Dear buyer,

Thanks for your inquiry. We greatly cherish this chance very much to do business with you. The order of a single sample product costs $ ××× with shipping fees included. If you order ××× pieces at a time, we can offer you the bulk price of $ ×××/piece with free shipping. I look forward to your reply.

Regards.

(Your name)

(参考译文:

问:你好,我想订购此产品×××件,价格是多少呢?

答:

亲爱的客户:

感谢您的询价。我们非常珍惜这次与您做生意的机会。单件产品样本的订单成本为×××美元,含运费。如果您一次订购×××件,我们可以向您提供×××美元/件的批发价,并免费发货。期待您的答复。

祝好!

你的名字）

2. 关于商品细节

售前客户服务人员与客户的对话内容大部分是围绕商品本身进行的，所以，在沟通交流的过程中，客户很可能会问及关于商品的专业问题。一个清晰明了的商品描述意味着能够让客户快速获取所需要的信息，并且没有多余的疑问。售前客户服务人员熟悉商品知识是与客户交流谈判的基础，售前客户服务人员对商品细节问题越熟悉，客户对售前客户服务人员的信赖度就越高。

例如，服装的尺寸没有统一标准的尺码，目前最为常用的有 4 种型号，分别是国际码、中国码、欧洲码和美国码，这 4 种尺码是可以互相转换的。售前客户服务人员不仅要清楚地知道尺码的大小差异，还要知道它们之间的转换方法，以便给客户提供明确的尺码推荐，必要时可以向客户提供尺寸图。

Q: Hello, seller, I usually wear US size 8, could you give me some advice on which size I should buy from you?
A: Hello, dear customer, size M of this dress will fit you pretty well. Please feel free to contact us if you have any other questions. Thanks!
（参考译文：

　　问：你好，卖家，我平时穿美国码 8 号，你可以建议我应该从你这儿买什么尺寸的吗？

　　答：您好，亲爱的客户，M 号的连衣裙对您会很合适。如果您有任何其他问题，请随时与我们联系。谢谢！）

在回答客户关于商品的咨询时，售前客户服务人员也可以预先制作简明清晰的流程说明图解，这样需要撰写的文字部分就可以变得非常简单。虽然制作图解会花费一些时间，但是以后应对很多类似的提问时，售前客户服务人员都可以使用已经制作好的图解，进行方便快捷的解答。例如：

Dear friend,
Thanks for your letter.
We took some photos and made an illustration for you to show how to assemble this product.
Please look at the illustration in the attachment.
If you have any further questions, please feel free to contact us again.
Yours sincerely,
(Your name)
（参考译文：

亲爱的客户朋友：

　　感谢您的来信。

　　我们拍了一些照片，并为您制作了一个图解，演示如何组装这个产品。

　　请看附件中的图解。

　　如果您还有任何问题，请随时与我们联系。

　　此致

你的名字）

3.3.2 关于跨境支付与结算的解析

针对没有 PayPal 账号的客户关于支付方式的咨询，客户服务人员通常可以参考下面的例子回复问题，并推荐客户使用 PayPal 进行付款。

Q: Do you accept check or bank transfer? I do not have a PayPal account.

A:

Dear friend,

Thank you for your inquiry.

For the sake of simplifying the process, I suggest that you pay through PayPal. As you know, it always takes at least 2-3 months to cash an international check, so it will take too much time for the dealing and shipping.

PayPal is a faster, easier and safer payment method, and it is widely used in online international business. Even if you do not want to register a PayPal account, you can still use your credit card to go through checkout process without any extra steps.

Hope my answer is helpful to you.

Yours sincerely,

(Your name)

(参考译文：

问：你们接受支票或银行转账吗？我没有贝宝账户。

答：

亲爱的客户朋友，

感谢您的咨询。

为了简化流程，我建议您通过贝宝支付。正如您所知，兑现一张国际支票至少需要 2~3 个月，那么交易和运输上势必花费太多的时间。

贝宝是一种更快、更便捷、更安全的支付方式，它广泛应用于国际在线业务。即使您不想注册贝宝账户，您仍然可以使用信用卡进行结账，无须任何额外的步骤。

希望我的回答对您有所帮助。

此致

你的名字）

如果客户选择第三方托管方式（Escrow），也可以参考如下邮件提醒客户折扣快结束了。

Dear buyer,

Thank you for the message. Please note that there are only 3 days left to get 10% off by making payments with Escrow (CreditCard, Visa, MasterCard, Moneybookers or Western Union). Please make the payment as soon as possible. I will also send you an additional gift to show our appreciation.

Please let me know if you have any further questions. Thanks.

Best regards.

(Your name)

(参考译文：

亲爱的客户：

谢谢您的留言。请您注意，通过第三方托管支付货款（如信用卡、维萨卡、万事达卡、MB 电子银行或西联汇款）获得 10%折扣的优惠时间仅剩 3 天。请尽快付款。我还会额外送您一份礼物，以表示我们的谢意。

如果有任何问题，请告诉我。谢谢！

祝好！

你的名字）

当客户购买多件商品时，客户服务人员可以在邮件中告诉客户关于修改价格以及合并支付的操作。例如：

Dear buyer,

If you would like to place one order for many items, please first click "Add to Cart", then "Buy Now", and check your address and order details carefully before clicking "Submit". After that, please inform me, and I will cut down the price to $×××. You can refresh the page to continue your payment. Thank you very much!

If you have any further questions, please feel free to contact me.

Best regards.

(Your name)

（参考译文：

亲爱的客户：

如欲订购多件商品，请先选择"添加到购物车"，接着选择"立即购买"，然后仔细检查您的地址及订单详情后再按"提交"按钮即可。完成这些步骤后请通知我，我将在后台把您的商品价格改低为 ××× 美元。您可以刷新页面继续完成付款。非常感谢！

如果您还有任何其他问题，请随时与我联系。

祝好！

你的名字）

3.3.3 关于跨境物流及运费的应答

当客户一次性购买多件商品时，可能提出合并运费的要求。这个时候，客户服务人员可以通过修改并发送发货单（Invoice）的形式，对客户购买的多件商品只收取一次运费。在发货单发送成功后，可及时告知客户运费已合并，让客户直接通过电子发票进行支付。

Q: Hello, seller. Can the shipping fee be paid together as I've bought several items from you? Please send me just in one package, thanks!

A: Hello, dear customer. Thanks for your business! We have combined the shipping already and only charge you the shipping fee once. Pleace check the invoice I've just sent to you and please make the payment through the invoice directly. Please feel free to contact us if you have any other questions. Thanks!

（参考译文：

问：你好，卖家，我从你们那儿买了好几样东西，能一起付运费吗？麻烦打包成一个包裹，谢谢！

答：您好，亲爱的客户，谢谢惠顾！

我们已经合并发货，只收取一次费用。请检查一下我刚发给您的发货单。请直接依发货单付款。如果您有任何其他问题，请随时与我们联系。谢谢！）

关税问题也是客户在购物时必然会关注的。在下面例子里，客户服务人员就客户所担心的税费问题给予了耐心、细致的解答，明确告知客户一般情况下，购买小额的货品不会产生额外费用，如遇特殊情况，需要向当地海关部门咨询。

Q: Are there any import taxes or customs charges that I need to pay if I purchase this item and have it shipped to Louisiana in the United States?

A: Dear buyer,

Thank you for your inquiry. I am happy to contact you.

I fully understand that you are worried about any possible extra costs in this shopping. Based on my past experience, import taxes falls into two situations.

Firstly, in most regions, it does not involve any customs charges on the buyer side for similar small or low-cost items.

Secondly, in some special cases, buyer might pay some import taxes or customs charges even when their purchase is small. As for the specific tax rates, please consult your local customs office.

I appreciate for your understanding!

Sincerely,

(Your name)

（参考译文：

问：如果我购买了这个商品，要运往美国的路易斯安那州，是否需要缴纳进口税或关税？

答：亲爱的客户：

感谢您垂询本店，我很荣幸联系您。

我非常理解您关于本次购物可能产生其他费用的担忧。根据我以往的经验，海关的进口关税分为两种情况。

第一种情况，在大部分地区，像您所购买的类似小件或低价商品不会给您带来任何关税费用。

第二种情况，在某些特殊情况下，客户还是要为自己所购买的哪怕是小件商品缴纳进口关税或消费税。至于具体的税率，请您去咨询您所在地区的海关部门。

非常感谢您的理解！

你的名字）

3.4 跨境电商主流平台售前客服与沟通案例分析

境外客户在下单前及付款前遇到一些麻烦或问题时，客户服务人员要在短时间内解决客户的问题，加强客户付款的意愿。以下选取不同平台的案例作为参考，各个案例展示的是日常售前客户服务的工作流程的不同环节设置，建议在实际操作中做个性化改动。

3.4.1 Amazon 售前客服与沟通案例

亚马逊是全球最大的 B2C 跨境电商平台，亚马逊对商品的质量要求很高，所以，想采购高质量商品的个人卖家或企业常常会选择浏览亚马逊网站寻找满意的货源。当这些客户在亚马逊网站找到感兴趣的某些商品时，会给客户服务邮箱发送询盘邮件。收到该类询盘后，售前客户服务人员需要先感谢对方浏览店铺，再询问对方需要的商品的库存保有单位（SKU）和数量，在对方回复后再就具体价格进行交谈，售前客户服务人员回复询盘邮件如图 3-3 所示。售前客户服务人员回复批发价格邮件如图 3-4 所示。

图 3-3　售前客户服务人员回复询盘邮件

在跨境电子商务行业中，要想不断提高商品销量，将店铺发展壮大，客户服务工作分工是非常重要的。跨境电子商务的订单繁多、咨询量大，如果客户服务工作没有一个流程化、系统化的安排，很容易出现订单错误的情况。对于从事跨境电子商务的卖家而言，流水化的客户服务工作模式不仅易于管理、便于考核客户服务工作，还能降低客户对客户服务工作的投诉率，让所有客户服务人员各司其职、有条不紊地工作。

图 3-4　售前客户服务人员回复批发价格邮件

3.4.2　eBay 售前客服与沟通案例

eBay 拥有庞大的用户和卖家数量，活跃用户大约有 1.55 亿人，在 eBay 的年均花费达 830 亿美元。平台界面易于使用，便于销售、刊登和管理库存。为保持平台竞争力，eBay 已经利用人工智能和结构数据提高搜索体验，通过提高商品相关性，为用户提供个性化购物体验。平台还帮助卖家定制商品清单，为合适的用户提供价格适当的商品。与亚马逊类似，eBay 平台似乎也更加注重买家。随着国内许多综合类网站的崛起，eBay 平台也面临着激烈的竞争。在这种情况下，客服人员工作的重要性就更加凸显了。

在 eBay 平台店铺工作的售前客服人员，要注重通过与客户的交流，让客户可以逐步地了解店铺的商品和服务，在客户心目中逐步树立起店铺的良好形象。通过客服人员良好的引导与服务，客户可以更加顺利地完成订单操作。对于店铺而言，售前客服人员为客户提供高效而细致的服务可以极大地提高订单的成交率。

当客户光顾店铺并询问商品信息时，售前客户服务人员与客户初次打招呼要亲切、自然，表示出热情的服务态度，尽量在初步沟通时把商品情况介绍清楚，可参考下面两个例子。

Customer Service:
Hello, my dear friend. Thank you for your visiting to my store. You can find the products you need in my store. If there is nothing you need, you can tell us, and we can help you find the source. Please feel free to buy anything! Thanks again for your patronage!
（参考译文：

客服人员：

您好，亲爱的朋友。感谢光临，您可以在我店找到您需要的产品。如果没有找到您所需要的，您可以告诉我们，我们会帮您找到货源，请随意购买！再次感谢您的惠顾！)

在客户浏览产品还没有下单时，售前客户服务人员可以用礼貌、婉转的方式表示库存不多，以此催促客户尽快下单。

Customer Service:

Dear buyer,

Thank you for your inquiry.

Yes, we have this item in stock. How many do you want? Right now, we only have ××× pieces of the ××× color left. Since it is very popular, the product has a high risk of selling out soon. Please place order as soon as possible. Thank you!

Best regards,

(Your name)

(参考译文：

客户服务人员：

亲爱的客户：

谢谢您的咨询。

我们有这个产品的库存。您想要多少？现在，我们还剩下×××件×××颜色的。由于这种产品很受欢迎，很快就会销售一空。请尽快下单。谢谢！

此致！

你的名字）

3.4.3 速卖通售前客服与沟通案例

速卖通作为阿里巴巴未来国际化的重要战略产品，已成为全球最活跃的跨境电商平台之一，并依靠阿里巴巴庞大的会员基础，成为目前全球产品品类最丰富的平台之一。速卖通平台整个页面操作中英文版简单整洁，适合初级卖家上手，尤其是其产品特点符合新兴市场的卖家，产品性价比较高，有供应链优势，寻求价格优势的卖家，最好是供应商直接拿货销售。速卖通的特点是价格比较敏感，低价策略比较明显，这也跟阿里巴巴导入淘宝卖家客户策略有关，很多人现在做速卖通的策略就类似于前几年的淘宝店铺。速卖通的侧重点在新兴市场，主要面向发展中国家和欠发达国家，如俄罗斯、巴西等。对于俄罗斯市场，每月登录全球速卖通服务器的俄罗斯人近1 600万人。因为平台准入门槛低，导致很多创业者涌入，同质化竞争相对比较激烈，很多卖家通过低价格才能有优势（其中不乏用技巧获取高额利润的卖家）。下面展示的沟通信息是格林贸易有限公司（Green Trading Co., Ltd.）的售前客服人员引导客户下单的案例，该公司的热销商品是手机壳。

1. 咨询的处理

（1）如果是未指明的商品，可以参考以下沟通模板。

Dear,

Thanks for your inquiry.

Would you please provide the links for your favourite products? You are welcome to add our Skype ××× or MSN ××× for further discussion. We are expecting to establish a long term partnership with you.

（参考译文：

亲：

  感谢您的咨询。

  您能否提供您喜欢的产品的链接？欢迎您添加我们的 Skype ××× 或 MSN ××× 以进行进一步的讨论。我们期望与您建立长期的合作关系。）

Dear,

Thanks for your inquiry.

We specialize in all kinds of mobile phone cases which have enjoyed great popularity worldwide. For details, please review our shop: http://www.aliexpress.com/store/×××

In addition, we'd also like to enclose several popular products for your reference firstly. Please contact us through the following channels if any item is of interest to you: Aliexpress Trademanager ×××/ Skype ×××/ MSN ×××.

Looking forward to hearing from you soon.

（参考译文：

亲：

  感谢您的咨询。

  我们专注于在全球范围内广受欢迎的各种手机外壳。有关详细信息，请查看我们的商店：http://www.aliexpress.com/store/×××

  此外，我们还想先附上几款热门产品供您参考。如果您有任何感兴趣的产品，请通过以下渠道与我们联系：Aliexpress Trademanager ×××/ Skype ×××/ MSN ×××。

  期待很快可以收到您的来信。）

（2）如果客户咨询产品的颜色、款式、图片等问题，可以参考以下沟通模板。

Dear,

Thanks for your inquiry.

Yes, this one has other color(s)/ style(s)/ picture(s) as attached. Which one is your favourite?

Looking forward to your further contact.

（参考译文：

亲：

  感谢您的咨询。

  是的，该产品还有其他颜色/样式/图片。请问您最喜欢哪一个？

  期待您的进一步联系。）

Dear,

Thanks for your inquiry.

Sorry that we have not any other color(s)/ style(s)/ picture(s) for it. Please feel free to browse other products in our stores. We'd like to offer you our latest discount.

Looking forward to your further contact.

（参考译文：

亲：

　　感谢您的咨询。

　　抱歉，我们没有其他颜色/样式/图片。请随意浏览我们商店中的其他产品。我们愿为您提供最新折扣。

　　期待您的进一步联系。）

　　（3）如果客户咨询产品是否有货的问题，可以参考以下沟通模板。

Dear,

Thanks for your inquiry.

Yes, we have plenty of such cases in stock. Could you please advise how many pcs you want?

Looking forward to your prompt reply.

（参考译文：

亲：

　　感谢您的咨询。

　　是的，我们有足够的库存。请问您想要多少件？

　　期待您的及时答复。）

Dear,

Thanks for your inquiry.

Sorry, the item you mentioned is just out of stock and it will be available in two weeks. Could you please check whether the following similar ones are also suitable for you?

×××．×××．××× (link)

Looking forward to your prompt reply.

（参考译文：

亲：

　　感谢您的咨询。

　　抱歉，您提到的商品目前无货，将在两周内到货。您可以浏览以下类似产品看是否也适合您的需求？

×××、×××、×××（链接）

　　期待您的及时答复。）

　　（4）如果客户咨询物流时间的相关问题，可以参考以下沟通模板。

Dear,

Thanks for your inquiry.

We will arrange your shipment within 2-3 business days upon receipt of your payment.

Normally international shipping would be slower than domestic. It usually takes 7-21 business days by China Post and 3-15 business days by EMS/ Fedex to your country. And sometimes if some uncontrollable situations occur, such as bad weather, holiday, etc., it would slower than that.

Thank you for your understanding. Welcome your order.

(参考译文：

亲：

　　感谢您的咨询。

　　我们大概会在收到您的付款后的 2~3 个工作日内安排发货。

　　通常情况下，国际运输要比国内运输慢。中国邮政通常需要 7~21 个工作日，而 EMS/Fedex 则需要 3~15 个工作日才能到达您的国家。如果有时发生一些不可控的情况，如恶劣天气、假期等，物流会更慢一些。

　　谢谢您的理解。欢迎您订购。）

（5）如果客户咨询物流时间的相关问题，可以参考以下沟通模板。

Dear,
Thanks for your inquiry.
The cheapest express way for 10 pcs of the mentioned cases shipping to Brazil needs about extra $20 (0.65kg) by UPS Expedited, which only takes 4-8 days to arrive. Kindly advise whether it is acceptable for you.
We welcome you to contact us via Trademanager ××× or Skype ××× or MSN ××× for further discussion.

（参考译文：

亲：

　　感谢您的咨询。

　　对于之前沟通的运到巴西的 10 件货物，最便宜的快递方式是用 UPS 加急，需支付大约 20 美元（0.65kg）的额外费用，仅需 4~8 天即可到达。请告知您是否可以接受。

　　我们欢迎您通过 Trademanager××× 或 Skype××× 或 MSN××× 与我们联系，以进行进一步商讨。）

（6）在客户咨询价格，而卖家不准备让价的情况下，客服人员可以参考以下沟通模板。

Dear,
Thanks for your inquiry.
From the product feedback, you would agree that our price is very competitive for such good quality. Discount can not be provided for 1 pcs as we only have minimum profit. However, we can provide a 5% discount for bulk if buying is no less than 50 pcs.
Thank you for your consideration and understanding. Looking forward to your response.

（参考译文：

亲：

　　感谢您的咨询。

　　从产品反馈中，您会同意我们的价格相对于如此优质的产品是非常有竞争力的。我们仅能赚取最低利润，因此无法为 1 件产品提供折扣。但是，如果批量购买不少于 50 件的话，我们可以提供 5% 的折扣。

　　感谢您的体谅与理解。期待您的回复。）

（7）在客户咨询价格，而卖家同意让价的情况下，客服人员可以参考以下沟通模板。

Dear,

Thanks for your inquiry.

As you are a new client for us, you are our most welcomed friend, we decide to accept your suggested price, offer a 10% discount for the product(s) above. You would find the price has reached the bottom in consideration of its quality.

Wishing you have a happy shopping with us.

（参考译文：

亲：

　　感谢您的咨询。

　　由于您是我们的新客户，您是我们最受欢迎的朋友，我们决定接受您的建议价格，为上述产品提供10%的折扣。考虑到其质量，您会发现价格已经触及底价。

　　祝您购物愉快。）

（8）如果客户询问大量订购的折扣问题，客服人员可以参考以下沟通模板。

Dear,

Thanks for your inquiry and we are glad you are interested in our products.

Product: PC Girl Case for iPhone 12 (SKU: 72123)

Price: $4/ pcs

Packing: PP package

Shipping: 2-3 business days upon receipt of payment

Shipped by: China Post

We provide such a favorable offer to try to become your reliable business partner. Looking forward to your prompt decision.

（参考译文：

亲：

　　感谢您的咨询，我们很高兴您对我们的产品感兴趣。

　　产品：适用于iPhone 12的PC女孩款手机保护套（SKU：72123）

　　价格：$4/个

　　包装：PP包装

　　运输：收到付款后的2～3个工作日

　　运货方：中国邮政

　　我们提供如此优惠的报价，是试图成为您可靠的业务合作伙伴。期待您尽快决定。）

2. 还盘的处理

（1）如果卖家同意还价，客服人员可以参考以下沟通模板。

Dear,

Thanks for your message.

In consideration of the situation you mentioned, in order to assist you to compete with other dealers and show our sincerity, we have decided to accept your counter-offer as an exceptional case.

Looking forward to your order and you may be assured that you will receive our prompt attention.

（参考译文：

亲：

　　感谢您的留言。

　　考虑到您提到的情况，为了协助您与其他经销商竞争以及表示我们的诚意，我们决定作为特殊情况接受您的还价。

　　期待您的订单，您可以放心，我们会及时关注您。）

　　（2）如果卖家不同意还价，客服人员可以参考以下沟通模板。

Dear,

Thanks for your message.

Much to our regret, we can not even slightly cut down the price. To cope with tough competition in the market, we have offered you the lowest price.

Please also consider its quality and our service.

Thank you for kind understanding and look forward to establishing a long term partnership with you.

（参考译文：

亲：

　　感谢您的留言。

　　非常遗憾，我们无法再降低价格。为了应对激烈的市场竞争，我们为您提供的已经是最低价格了。

　　还请多多考虑产品的质量和我们的服务。

　　多谢您的谅解，并期待与您建立长期合作关系。）

3. 发盘的跟进

　　（1）在发盘的3～7天内，客服人员可以参考以下沟通模板进行第一次跟催。

Dear,

We are writing to check whether you have received our last quotation on our PC Girl Case for iPhone 12 (SKU: 72123) dated 20 Dec, 2021.

You may rest assured the quality for the goods you selected is quite good. Should you have any concern, please feel free to communicate with us online.

Awaiting your immediate response.

（参考译文：

亲：

　　我们来信是想和您确定您是否已收到2021年12月20日我们对于iPhone 12的PC女孩款手机保护套（SKU：72123）的最新报价。

　　您可以放心，您所选择的商品质量相当不错。如果您有任何疑问，请随时在线与我们联系。

　　等待您的立即回复。）

（2）在发盘的 20 天左右，客服人员可以参考以下沟通模板进行第二次跟催。

Dear,

We are sorry to disturb you again for our last quotation regarding our PC Girl Case for iPhone 12 (SKU: 72123) dated 20 Dec, 2021.

In the past several years, we have established a good partnership with many other dealers worldwide. You can rest assured that your price will be profitable.

We are expecting your comment no matter what it is.

With kind regards to you and your family.

（参考译文：

亲：

很抱歉再次打扰您，我们已于 2021 年 12 月 20 日向您发送了 PC 女孩款 iPhone 12 手机保护套（SKU：72123）的最新报价。

在过去的几年中，我们与世界各地的许多经销商建立了良好的合作关系。您可以放心，我们报给您的价格是划算的。

无论如何我们都期待您的回复。

在此向您和您的家人致以衷心的问候。）

从以上案例，我们可以看出售前客服人员必须清楚地掌握商品各方面的信息，这样才能够解答客户关于商品和商品服务的疑问，并且促进商品的销售。合格的售前客服人员应具备的技能包括：专业的行业和商品知识；充分了解跨境电商平台的相关交易规则；透彻掌握跨境电商交易各个环节的运作流程；处理问题时妥善控制损失的能力；发现潜在大客户的敏锐性；了解商品交易的成本预算；了解各种付款、物流方式及流程；及时发现问题并向上反映的能力；与其他部门协调沟通的能力。

3.4.4 Wish 售前客服与沟通案例

Wish 是一家高科技独角兽公司，也是北美和欧洲最大的移动电商平台，有 90%的卖家来自我国。与亚马逊、速卖通不一样，Wish 平台的产品是根据客户习惯推送的。因此，Wish 不同于亚马逊、速卖通根据提升产品的检索权重值提升产品的流量和曝光量的方法，Wish 提升流量的方式是制作好产品的描述，并且不断上架产品。

在下面的案例中，客户就是因为被 Happy Socks 店铺的产品描述和图片（见图 3-5）所吸引，继而联系售前客服，咨询产品的相关信息及索要试用品。

Customer：

The socks attract my attention. Would you please send me your latest catalog and price (FOB Liverpool)? I'm a dealer in Britain. I'd like to know your terms of payment and discount that you would allow on purchase of 100 dozen of different items. Could you send me samples of each category by airmail?

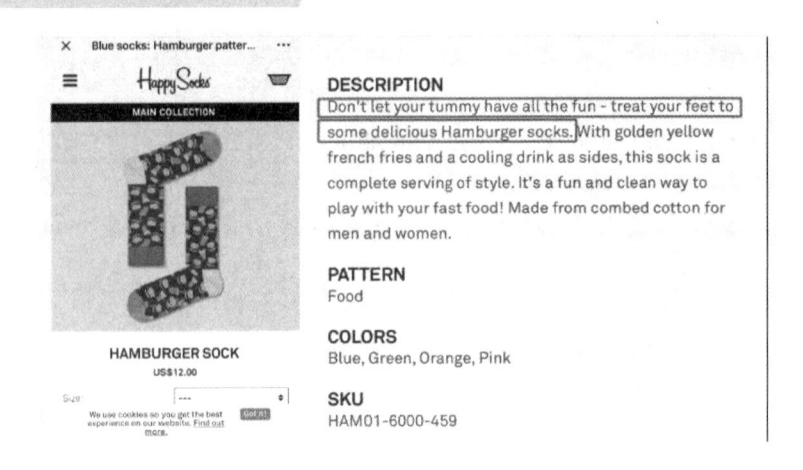

图 3-5　Happy Socks 产品描述页面

　　Customer Service:
Dear buyer,
Thank you for your inquiry. I am very happy to contact you.
Regarding your request, I am very sorry to inform you that we are not able to offer free samples. To check out our products, we recommend ordering just one unit of the product (the price may be a little bit higher than bulk purchase). of course, you can order the quantity of items you need, and we can assure the quality of every piece of our product is carefully examined by our working staff. We believe trustworthiness is the key to a successful business. If you have any further questions, please feel free to contact me.
Best regards.
(Your name)
(参考译文：
　　客户：
　　这些袜子吸引了我的注意。您能寄给我最新的目录和价格（利物浦离岸价）吗？ 我是英国的经销商。我想知道购买 100 打不同商品的付款方式和折扣条件。您能通过航空寄给我每个类别的样品吗？
　　客服人员：
亲爱的客户：
　　非常感谢您的垂询，我很荣幸与您联系。
　　关于您的要求，我很遗憾地通知您，本店不提供免费的样品。如果您需要验证我们的产品，那么我们建议您购买一个单件商品（单件购买的价格也许略高于大量购买的价格）。当然，您可以购买所需数量的商品，我们保证我们的工作人员会对我们的每一件商品质量进行细致的检查。因为我们相信诚信是做生意获得成功的要诀。
　　如果您有任何其他问题，欢迎随时联系我。
　　此致！
你的名字）
　　产品描述采用讲故事的写法会令客户印象更加深刻，描述展示的关键在于"改变"

和"用户体验"。袜子是每个人必不可少的日常用品，甚至我们有时候都不会注意到袜子的存在。但是 Happy Socks 店铺把袜子做出了时尚感和高级感。客户穿的不是袜子，而是一种"生活方式"。

这个案例讲解了如何回复买家索要样品的要求。在可以顺利发货的情况下，客户了解了产品特性、价格、物流、关税等情况后，往往会要求提供样品。在无法提供样品的时候，售前客户服务人员需要礼貌地向客户说明情况，也可以建议客户先购买单件商品试用。

3.4.5 Shopee 售前客服与沟通案例

Shopee 是基于手机应用程序研发的移动电商平台，备受女性用户的青睐，其主要品类是服装服饰、美妆、母婴用品、家居装饰、流行鞋包等，随着男性用户及不同消费需求的增加，已向 3C 数码、男装、户外用品等全品类拓展。Shopee 平台覆盖东南亚市场的 7 大站点，东南亚各地区具有不同的文化背景与节日，平台全年处于大促之中。Shopee 平台区别于其他跨境电商平台最大的特点在于丰富的移动端体验引流，包括 Shopee Shake 摇金币游戏、Shopee Quiz 虾皮名人问答、Shopee Live 直播购物等，增加了购物过程中的娱乐互动体验，此外，还以名人网红开店，选择明星、网红代言等方式吸引更多的商家入驻及用户购物。

下面展示的是售前客服在 Shopee 平台上与客户进行议价的案例。

小李是 Shopee 平台上某家服装店的售前客服人员，有客户通过"聊聊"窗口发送了议价申请，并向她咨询商品的优惠价格问题。客户想购买两条连衣裙，希望小李能给个优惠折扣。

Customer:

Hello, I can give 100 dollars for the two dresses. Is it OK?

Customer Service:

Thank you for your interest in our item.

We are sorry for that we can't offer you that low price you bargained. In fact, the price listed is very reasonable and has been carefully calculated, and our profit margin is already very limited.

However, we'd like to offer you some discount if you purchase more than 5 pieces in one order, a 10% discount will be given to you. Please let me know if you have any further questions. Thanks!

Yours sincerely,

(Your name)

(参考译文：

客户：

你好，我买 2 条连衣裙付 100 美元，可以吗？

客服：

谢谢您对我们的商品感兴趣。

很抱歉，我们不能给您商讨的那么低的价格。事实上，此列出的价格经过仔细计算，是非常合理的。我们的利润幅度已经很有限了。

不过，如果您1个订单订购超过5件，我们很愿意给您一些折扣，可以打9折。如果您还有什么问题，请告诉我。谢谢！

此致

你的名字）

这位客户向小李发送议价申请，是因为售前客服依照公司的指示在店铺设置中开启了"允许议价"功能，如图3-6所示。这样，买家就可以通过"聊聊"窗口与店铺客服人员对商品价格进行商议。当买家提出议价申请，卖家可以在"聊聊"窗口看到买家的申请，单击即可看到买家提出的最新价格，卖家可以选择不接受或者接受，以对买家提出的价格做出回应。

图 3-6　Shopee卖家开启"允许议价"功能

当客户表现出购买意图，并询问价格和折扣问题的时候，售前客户服务人员接着就要回应客户的议价要求。通常情况下，卖家对于多件同类商品的销售会给出一定的折扣。所以，如果有客户提出了还价要求，售前客户服务人员可以参考以上的例子回复问题。议价操作可以促进店铺订单成交量，如当买家因为价格问题而迟迟未付款时，买家可以向卖家提出议价申请，这个时候售前客服人员要抓住机会利用价格上的小优惠促成客户下单。在Shopee平台上，运用买家议价操作可以促进订单成交，这样一来，可以大大提升店铺的运营效率，提高店铺经济效益。

本章小结

在跨境电商行业中，售前客服的工作职责是主动向客户提供有关商品知识、引导客户选购最适合自己需要的商品，并掌握其使用、保养方法。通过售前服务，可以使客户在购买到有形商品的同时，还能得到额外的无形服务，并且能够有效地帮助店铺提高销售量。售前客服的耐心往往能避免售后的许多麻烦。有的企业比较重视售中和售后服务，而对售前服务却重视不够，忽略了售前客服。还有的企业认为售前只要注意搞好商品验收、保管就可以了，这些看法都有一定的局限性。美国、日本的商店在新品销售前，常常通过新闻媒介大力宣传、展示和介绍商品，举办商品演示和组织商品知识讲座等，非常富有成效。售前客服是商家重要的竞争之举，不可忽视，如搞好市场调研，及时掌握信息，介绍商品知识，组织新产品展销，进行广告宣传等，都可以激发人们的购买欲望。

课后练习

一、判断题

请仔细阅读下列表述，判断正误，正确的打"√"，错误的打"×"。

（　　）1. Shopee 是基于手机应用程序研发的移动电商平台。

（　　）2. 亚马逊、速卖通和 Wish 都是根据提升商品的检索权重值提升商品的流量和曝光量。

（　　）3. 售前客户服务的工作要注意多方面的细节，这样一方面可以从源头避免纠纷，另一方面可以提高客户的购物满意度。

（　　）4. 速卖通的侧重点在新兴市场，主要面向发展中国家和欠发达国家，如俄罗斯、巴西等。

（　　）5. 商品详情描述文案中要谨慎使用最高级。

（　　）6. 一般情况下，跨境电子商务的客户大多进行静默式下单。

（　　）7. 对于从事跨境电子商务的卖家而言，流水化的客户服务工作模式不仅易于管理、便于考核客户服务工作，还能降低客户对客户服务工作的投诉率。

（　　）8. 售前客户服务人员的工作内容主要是从事引导性的服务，如推荐产品、回复客户咨询、处理客户投诉等。

（　　）9. 售前客户服务人员应对客户咨询的最佳回复时间是 48 小时。

（　　）10. 亚马逊和 eBay 都非常注重客户体验，其客服人员工作的重要性就更加凸显了。

二、选择题

1. 以下哪一项不是售前客服常用的沟通工具（　　）。
   A. 淘宝旺旺　　B. 即时通信软件　　C. 电子邮件　　D. 电话
2. 跨境电子商务平台的 FAQ 的含义是（　　）。
   A. 良好平均品质　　　　　　　　B. 常见问题解答
   C. 检索系统　　　　　　　　　　D. 客户的问题
3. （　　）是跨境电子商务营销和销售之间的纽带，其作用非常重要。
   A. 客户关系　　　　　　　　　　B. 售前客户服务
   C. 售中客户服务　　　　　　　　D. 售后客户服务
4. 以下属于售前客户服务工作内容的是（　　）。
   A. 查询快递单号　　　　　　　　B. 处理客户纠纷
   C. 回答客户咨询并进行导购　　　D. 进行退换货操作
5. 跨境电子商务售前客户服务的准备工作不包括（　　）。

A. 熟悉产品信息 B. 准备公司简介
C. 进行客户分析 D. 协助客户下单

6. 常用来形容衣服尺码的是（　　）。
A. S、M、L B. ML、L C. G、KG D. PX

三、简答题

1. 简要说明应对客户的售前咨询要从哪些方面做好准备工作。
2. 一名合格的跨境电商售前客服人员应该具备哪些技能？
3. 假设客户在进行售前咨询的过程中，了解到客户所在的地区超出了物流的服务范围，请写一封英文邮件向客户做出解释说明。

四、实操题

两名学生分别从售前客服和客户的角度，模拟往来站内信。

第 4 章 售中客服与沟通

学习目标

（1）了解售中客服的定义；
（2）了解售中客服的目的；
（3）掌握与客户进行售中沟通的技巧。

学习重点与难点

学习重点：
售中客服的工作职责和业务范围。

学习难点：
售中沟通的技巧。

导入案例

图 4-1 亚马逊卖家商品信息

某买家在亚马逊上订购了一个"植物大战僵尸"玩具套装（见图4-1），未收货前查看物流信息时，发现卖家发的是另一个套装，于是对卖家提出"发错款式"的投诉。

Return request for order ×××
发件人：Amazon Service
已发送：20**年**月**日 星期二 14:00
收件人：Lee
订单编号：×××

Dear Customer,

This E-mail is sent to you by Amazon to notify and confirm that a return authorization is requested for the item(s) listed below.

Dear Lee, please review this request in the Manage Returns tool in your seller account. Using the Manage Returns tool, please take one of the following actions within the next business day.

1. Authorize the customer's request to return the item.
2. Close the request.
3. Contact the consumer for additional information (through Manage Returns tool or the Buyer-Seller Communication tool).

Order ID: ×××

Item: ×××

Qty: 1

Return reason: Wrong item was sent.

Customer comments:

Oh my god! My son is waiting for the "Plants vs. Zombies" 11 plants plus 4 new zombies set for the upcoming Christmas. But you are shipping the 10 plants plus 2 zombies set to me. I want my money back.

Request received: December 18, 2018

Sincerely,

Amazon Service

卖家通过仓库查货发现，在和买家沟通的时候因为粗心弄错了套装编号，导致发错玩具。亚马逊客服人员第一时间向买家道歉，主动提供多种解决方案，供买家选择，邮件详情如下。

关于：Return requested for order ×××
发件人：Amazon Service
已发送：20**年**月**日 星期二 21:38
收件人：Lee

订单编号：×××
Dear Lee,
Sorry for the trouble.
Here is how we possibly make up for your loss.
1. No returning the item, and 1 more plant and 4 new zombies for free.
2. No returning the item, and refunding 40% of your payment.
3. Returning the item and refunding all your payment.
Tell me your satisfactory choice please. If you find none, please tell us your suggestion.
Thanks.
Amazon Service

看到卖家的真诚态度，买家接受了第一种方案，请卖家尽快补发1款植物和4个新款僵尸。

Re：关于：Return Requested for order ×××
发件人：Lee
已发送：20**年**月**日 星期三 11:25
收件人：Amazon Service
订单编号：×××

Service,
I would like to choose the first solution, since the new zombies are my son's favorite. Please send the plant and zombies to me as soon as possible. I do hope to receive them before Christmas.
Thank you very much.
Lee

卖家立即补发，并将快递单号告诉买家，以便买家能实时了解物流情况。客服人员发送如下邮件。

关于：Return requested for order ×××
发件人：Amazon Service
已发送：20**年**月**日 星期三 13:01
收件人：Lee
订单编号：×××

Dear Lee,
We just shipped 1 more plant and 4 new zombies as you required. Here is the shipping code (×××). We will keep a close eye on the package with the hope that you could receive it as soon as possible.
Thanks again for your kind understanding.
Merry Christmas and Happy New Year!
Amazon Service

> 【辩证与思考】
>
> 售中服务的目标是为客户提供性能价格比最优的解决方案。优秀的售中服务能为客户提供好的享受，从而增强客户的购买决策，并在买卖双方间形成相互信任。如果在处理订单的过程中出现问题，应该如何解决纠纷，赢得客户的认可和信任呢？

4.1 售中客服的常规工作

售中指从买家下单后到买家签收货物这个阶段。这一阶段的客服与沟通也是体现卖家服务质量的重要环节。

售中客服与沟通的日常主要工作包括订单处理、物流跟踪、关联商品定向推荐、特殊订单处理与交流。售中服务既是满足买家购买商品欲望的服务行为，又是不断满足买家心理需要的服务行为。在售中阶段，卖家的服务质量是决定买家是否购买货物的重要因素，所以，提高服务质量对售中客服而言至关重要，卖家应该实行售中客服规范化，对具体的内容和要求分别制定规则。

售中客服与沟通主要负责物流订单的处理工作。售中客服与沟通的主要形式包括邮件交流、在线即时交流以及部分口语交流等。交流时卖家应该主动热情、耐心周到，为买家提供最优质的服务解决方案，把买家的潜在需求变为现实需求，以达到销售商品的目的。

4.1.1 等待客户付款阶段

对于买家已经拍下但还未付款的订单，卖家不可以直接关闭订单。以速卖通为例，卖家未付款订单如图4-2所示，买家下单后并未付款。卖家在速卖通卖家端（AliExpress Seller）查看订单时，除"Price（价格）""Quantity（数量）""Buyer（买家）"外，还可以看到"Status(订单状态)"和"Action(操作)"。图中"Status"一栏显示"Awaiting Payment（等待付款）"字样，可以单击下方的"View detail(查看详情)"进一步了解情况。"Action（操作）"一栏显示，可进行的操作为"Adjust price（调整价格）"。在调整完价格后，可以单击"Adjust price"下方的"Report this to buyer"告知买家。还可以通过单击"Buyer（买家）"栏买家姓名下方的"Contact(联系)"与买家进行沟通。图中买家姓名下方的"New message（新消息）"的左侧显示为"0"，说明没有未读消息，如果有未读消息，左侧的数字会发生变化，显示未读消息的数量，直接单击数字即可查看。

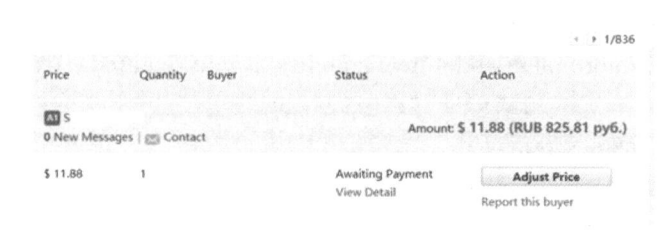

图4-2 买家未付款订单

未付款情况的处理方式主要有以下几种。

1. 提醒买家及时付款

通常情况下，如客户下单后未及时付款，可以询问客户是否有一些关于产品价格、尺寸等方面的问题，使用这种委婉的办法以便提醒客户付款，并承诺付款后会尽快发货。以下是提醒买家及时付款的沟通模板。

Dear customer,

We have got your order of ×××. But it seems that the order is still unpaid. If there's anything needs my help on the price, size, etc., please feel free to contact me.

Once the payment is confirmed, I will process the order and ship it out as soon as possible.

Thanks!

Best regards.

(Your name)

（参考译文：

亲爱的客户：

我们已经收到了您的订单×××。但是订单似乎还未付款。如果您在价格、尺寸等方面需要我提供帮助，请尽管与我联系。

一旦确认支付，我将处理订单并尽快为您发货。

谢谢您！

祝好。

你的名字）

2. 打消买家对产品质量或者服务的疑虑

拍下产品半天内未付款的买家可能正在犹豫不决，卖家可以抓住机会强化买家对产品和服务的信心。以下是打消买家对产品质量或者服务疑虑的沟通模板。

Dear customer,

Half a day has passed, and we think that you probably found some other shops whose product is cheaper than ours.

Our company has four-year experience of bags, shoes and accessories business in China, and we have our own factory with more than 100 employees. We will carefully examine the product again before the shipment, and try to avoid your loss.

If there is quality problems, please take pictures and send them to us. Once confirmed, the problem product will be replaced by a new one for free. Because we believe that thoughtful service is the foundation of business cooperation. We sincerely hope that we can become a good business partner of you soon.

Best regards.

(Your name)

（参考译文：

亲爱的客户：

半天过去了，我们想，您可能在某家店里发现了价格更便宜的产品。

我们公司在中国有 4 年箱包、鞋类及配饰业务经验，而且拥有自己的工厂，工厂员工超过 100 人。在发货之前，我们将仔细检查产品，努力避免您遭受损失。

如果有质量问题，请您拍照，并将照片发给我们，一经核实，我们将免费为您更换新产品。因为我们相信，贴心的服务是商务合作的基础。我们真诚希望，不久我们可以成为您优秀的商务合作伙伴。

祝好。

你的名字）

3. 买家觉得价格偏高

有的买家下单后 1～2 天仍未付款，且未回复之前的付款提醒消息和邮件，出现这种情况的原因可能是买家觉得价格偏高，正在考虑价格更优惠的卖家。这时，客服可以在说明利润较低之后，提出为买家提供礼物或者折扣，促成买家付款交易。以下沟通模板可以处理买家觉得价格偏高的情况。

Dear customer,

We appreciate your purchase from us. But we notice that you have not paid yet.

As a matter of fact, our profit margin is very low. However, we would still like to offer you a small gift / a discount of ××% if you are not satisfied with the current price. If there is anything else we can do for you, please feel free to let us know.

Enjoy your shopping!

Best regards.

(Your name)

(参考译文：

亲爱的客户：

谢谢您在本店购物。但我们注意到，您还没有付款。

事实上，本店利润非常微薄。然而，如果您对当前价格不满意的话，我们仍然愿意向您赠送小礼品一份/提供××%的折扣。如果还有其他我们可以为您效劳的，请随时告诉我们。

祝您购物愉快！

祝好。

你的名字）

如果修改完价格，买家仍未付款，可以再次催款。以下是修改完价格后，再次催促买家付款的沟通模板。

Dear customer,

We've reset the price for you. We have given you a ××% discount on the original shipping price. Since the price we offer is lower than the market price and as you know the shipping cost is really high, our profit margin for this product is very limited. Hope you are happy with it and you are welcome to contact me if there's anything else I can help with.

Best regards.

(Your name)
（参考译文：
亲爱的客户：

我们已经为您重置价格了，给您在原运价的基础上提供了××%的折扣。我们提供的价格比市场价格低，而且如您所知，运输成本非常高，我们这个产品的利润非常有限。希望您对此满意，如果有什么事我可以效劳，欢迎与我联系。

祝好。
你的名字）

4.1.2 客户已付款阶段

买家已付款且通过了跨境电商平台风控部门的资金审核后，卖家可以通知买家已收到货款，并承诺尽快发货。仍以速卖通为例，买家已付款订单如图4-3所示。买家付款成功后，卖家可在速卖通卖家端查看订单详情，"Status"（状态）一栏中不再显示"Awaiting Payment"（等待付款），而显示"Awaiting Shipment"（等待发货）。"Action"（操作）一栏显示，可进行的操作为"Send Goods"（发货）。根据规定，除特殊类目外的所有类目发货期最长设定限制为7天，即卖家必须在买家付款后7天内发货。"Send Goods"（发货）下方的"Days Remaining: 3 days 22 hours 19 minutes"（保留天数：3天22小时19分）是在提醒卖家，规定发货时间还剩3天22小时19分钟。如果卖家逾期未发货则导致"成交不卖"，影响买家购物体验，也可能会影响卖家等级考核。卖家在发货后，可以单击"Send Goods"（发货）下方的"Report this buyer"（报告买家）按钮通知买家。

图4-3 买家已付款订单

卖家还可以通过单击"Buyer"（买家）栏买家姓名下方的"Contact"（联系），告知买家卖家已看到了付款，并承诺尽快发货，以下是沟通模板。

Dear sir,
Your payment for item ××× has been confirmed. We will ship your order out within ××× business days as promised. After doing so, we will send you an E-mail notifying you of the tracking number by sending you an E-mail. If you have any other questions, please feel free to let me know. Thanks!
Best regards,
(Your name)
（参考译文：
亲爱的先生：

您的订单编号为×××的款已收到,我们将在承诺的×××营业日内发货。发货后,我们将通过电子邮件通知您货运单号。如果您有任何其他问题,请尽管与我联系。谢谢!

祝好!

你的名字)

但是,如果在买家付款后跨境客服人员突然发现库存无货,此时应立即向买家说明,并向买家推荐类似的产品,同时将取消购买流程告诉买家,供买家选择。客服人员应该以这种专业的操作方式赢得客户的谅解。以下是通知买家库存无货并推荐类似产品的沟通模板。

Dear customer,

Thanks for your order. However, the product you selected has been out of stock. Would you consider whether the following similar products are also suitable for you?

http: / /www.aliexpress.com /store /product ××× 1.html

http: / /www.aliexpress.com /store /product ××× 2.html

If you don't need any other items, please apply for "Cancel the order". And please choose the reason of "Buyer order wrong product". In such a case, your payment will be returned within 5-7 business days.

Sorry for the trouble and thank you very much for your understanding.

Best regards.

(Your name)

(参考译文:

亲爱的客户:

谢谢您在本店下单。然而,您选择的产品已无存货。您愿意考虑以下类似产品是否也适合您吗?

http: / /www.aliexpress.com /store /product /××× 1.html

http: / /www.aliexpress.com /store /product /××× 2.html

如果您无须购买任何其他产品,请您申请"取消订单",并且选择"买家订错产品"这条理由。这样,您的付款将在5~7个营业日内返还。

对不起,给您添麻烦了,非常感谢您的理解。

祝好。

你的名字)

4.1.3 发货阶段

如果卖家已发货,则可以在订单页面通过单击"Buyer"(买家)栏买家姓名下方的"Contact"(联系)向买家发送发货通知。以下是将发货详情告诉买家的沟通模板。

Dear sir,

The item ××× you ordered has already been shipped out and the tracking number is ×××.

The shipping status is as follows: ×××. You will get it soon. Thanks for your support!

Best regards!

（参考译文：
亲爱的先生：
　　订单号为×××的货物已经为您发货，查询货运单号是×××，运输状态如下：×××。您将会很快收到货物，感谢您的支持。
　　祝好！
你的名字）

4.1.4　配送阶段

虽然客户可以通过物流详情页面了解实时物流信息，但卖家客服人员仍应该在以下几个关键节点和客户及时沟通。

1. 货物抵达海关

一旦货物抵达海关，卖家应立即通知买家关注物流动态，确保买家及时收货。以下是货物抵达海关后，客服人员通知买家在相关网站查询并关注物流信息的沟通模板。

Dear customer,

This is ×××. I am sending this message to update the status of your order. The information shows it was handed to customs on Jan. 19th. The tracking number is ×××. You can check it on the website: ….

You may get it in the near future. I apologize for the fact that the shipping is a little slower than usual. Hope it is not a big trouble for you.

Best regards.

(Your name)

（参考译文：
亲爱的客户：
　　我是×××，现在我发消息为您更新一下订单状态。信息显示，货物已于1月19日入关。跟踪货运单号为×××，您可以在这个网址查询：……。
　　不久您就可以收到货物。对不起，货运比平常略慢，我希望没有给您带来大麻烦。
　　祝好。
你的名字）

2. 货物到达配送点

货物到达配送点，提醒买家关注配送信息。在投递过程中，客服人员应提醒买家注意不要错过投递信息，保持手机开机。同时，可以提醒买家对本次交易留评。这样能有效降低坏评出现的可能性，增加买家对卖家服务的评价。以下是提醒买家关注配送信息并邀请买家留评的沟通模板。

Dear sir / madam,

This is ×××. I am sending this message to update the status of your order. The information shows it is still transferred by Sydney post office. Tracking number：×××. Please check it on the website: ….

You will get it soon. Please note that package delivery. Hope you love the product when you get. If so, please give me a positive feedback. The feedback is important to me. Thank you very much.

Best wishes!

(Your name)

(参考译文:

亲爱的先生/女士:

我是×××,现在我发消息为您更新一下订单状态。信息显示,货物仍在由悉尼邮局配送。跟踪货运单号: ×××,请在这个网址查询: ……。

不久您就可以收货。请您留意包裹投递信息。希望您收到后会喜欢我的产品。如果喜欢,请您给我好评,这对我来说很重要。非常感谢您。

祝好!

你的名字)

3. 货物妥投

正常情况下,一旦货物妥投,就意味着物流服务基本完成。卖家可询问买家收到的货物状况如何。如果货物完好无损,请买家给予五星好评;如果发现问题也请及时告知卖家,以便卖家及时帮助解决问题。以下是在买家收货后,客服人员询问货物状况的沟通模板。

Dear customer,

I am very glad to see that your order has been delivered successfully. Please make sure that the items you ordered are in good condition and then confirm the delivery.

If you are satisfied with our product and service, please give us a five-star feedback and some positive comments. We will greatly appreciate it. If there is any problem or question, please tell us directly for an immediate solution. Please do not submit a refund request before asking us for help. We promise to solve your problem and answer your question as quickly as possible.

Thank you very much.

Best regards.

(Your name)

(参考译文:

亲爱的客户:

很高兴看到您订购的货物妥投了。请在确定货物完好无损后再确认收货。

如果您对我们的产品和服务满意,请给我们五星好评,并留下正面的评价,我们将对此万分感激。如果您有任何问题或者疑问,请直接告诉我们,以便我们能立即解决。在向我们求助之前,请不要提交退款申请。我们承诺会尽快解决您的问题或者疑问。

非常感谢您。

祝好!

你的名字)

4.2 售中订单的控制与处理

售中订单的控制与处理是跨境电商客服和沟通的关键环节，直接关系到交易能否达成。本小节将详细说明在售中阶段控制和处理订单的注意事项，并讲解关键操作。本小节中的操作以速卖通平台为例。

4.2.1 订单处理

订单处理是跨境电子商务的核心业务流程。订单处理过程包括的细节和关键地方比较多。因此，改善订单处理过程，缩短订单处理周期，提高订单满足率和供货的准确率，可以进一步提高客服服务水准，并提升客户满意度。良好的订单处理能力在店铺运营中可以节省大量的人力、物力、时间和金钱。

从买家进店拍下产品开始，会出现很多个订单节点，也就是人们常说的订单状态。订单状态分为：等待买家付款、买家已付款、卖家已发货、交易成功4个环节，每一环节都需要客服去进行相应的处理。

在速卖通发货界面（见图4-4）上，有两种发货方式供卖家选择，一种是线下发货；另一种是线上发货。如果卖家选择线下发货，在面对买家提起的物流纠纷时，则有扣除卖家店铺服务分的风险。然而如果卖家选择线上发货，买家若提起物流纠纷，是不会扣除卖家店铺服务分的。下面介绍两种发货方式的操作步骤。

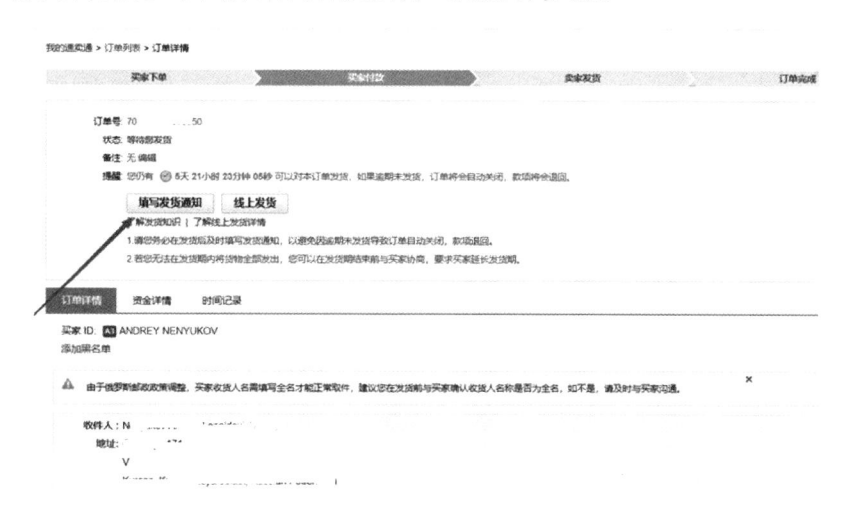

图4-4 发货界面

1. 线下发货

卖家可以选择货运代理公司发货，然后在发货界面单击"填写发货通知"，填写发货通知界面中信息，其中的"货运跟踪号"一栏，填写快递单号，"发货状态"可选"全部发货"还是"部分发货"，完成后单击"提交"按钮，如图4-5所示。

2. 线上发货

下面以速卖通中国邮政挂号小包（China Post Air Mail）为例，了解一下线上发货步骤。中国邮政挂号小包是中国邮政针对2kg以下小件物品推出的空邮产品，运送范围为全球。如图4-6所示为线上发货操作流程，包括7个主要步骤。

图4-5 填写发货通知　　　　图4-6 线上发货操作流程

1）第①步，待发货订单选择线上发货

在速卖通卖家端主菜单中，单击"交易"→"管理订单"→"所有订单"菜单命令。出现"我的订单"界面，在"等待您操作的订单"选项卡中，单击"等待您发货"选项，筛选等待发货的订单，然后单击订单最右侧操作栏中的"线上发货"按钮。待发货订单选择"线上发货"操作示意图如图4-7所示。

2）第②步，选择物流方案

选择线上发货后，系统根据订单信息列出可供选择的线上发货物流方案及预估运费，卖家根据实际情况和需要，在物流方案列表左侧选择合适的物流方案，如"中俄航空Ruston"，如图4-8所示。

3）第③步，创建物流订单（可批量）

选择好物流方案后，出现"创建物流订单"界面。创建物流订单操作示意图如图4-9所示。如果订单符合揽收规则，可以勾选"申请上门揽收"选项。如果不符合，卖家需要选择"国内快递"选项卡，选择快递公司自行发货到国内物流商集货仓库，并填写"国内物流单号"。卖家发货前需要单击页面右下角"查看寄送货物限制"链接，确认货物是否符合规定。

第4章 售中客服与沟通

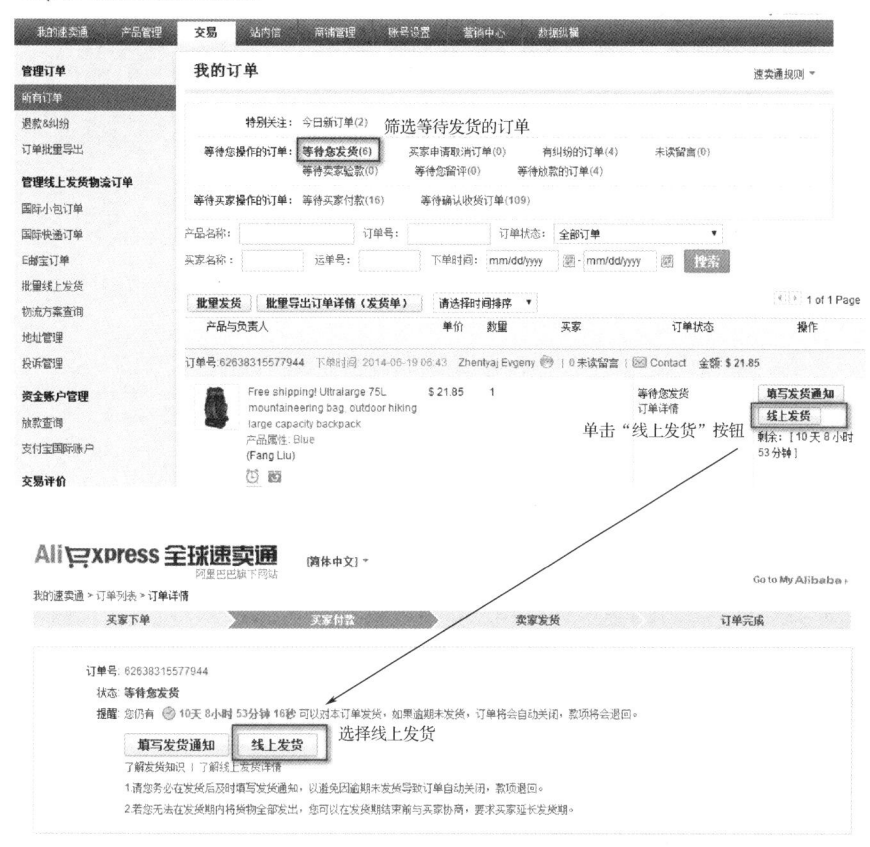

图 4-7 待发货订单选择线上发货操作示意图

图 4-8 选择物流方案界面

图 4-9　创建物流订单操作示意图

还可以通过单击"交易"→"管理线上发货物流订单"→"批量线上发货"菜单命令，批量创建物流订单。批量创建物流订单操作示意图如图 4-10 所示。可以按时间或者线上发货状态筛选订单，选择线上发货物流方式，导出需要填写的空白 Excel 格式订单表，按照图 4-10 填写好，然后再上传线上发货的文件（填写完的 Excel 订单表），单击"提交"按钮。

图 4-10　批量创建物流订单操作示意图

4）第④步，货物打包（需打印发货标签）

创建物流订单后，卖家应将货物打包，然后打印发货标签，可批量打印。批量创建物流订单操作示意图如图 4-11 所示。打印完后，将发货标签贴在货物包裹外包装上，再将包裹交给物流商。

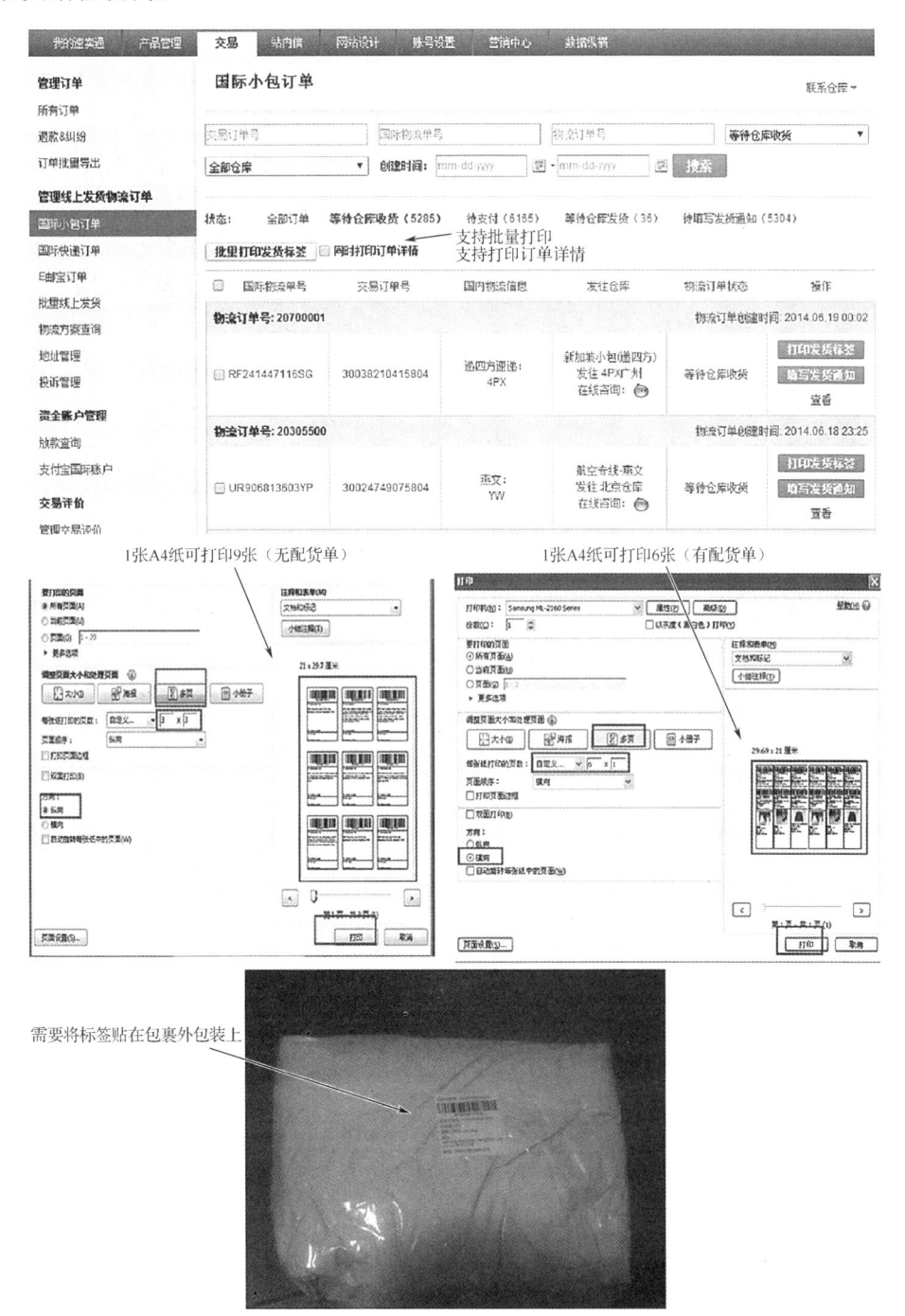

图 4-11　批量创建物流订单操作示意图

5）第⑤步，交货给物流商（可上门揽收）

符合物流商揽收规则的包裹，物流商会上门揽收。不符合揽收规则的包裹需卖家自行发货到指定仓库。具体揽收规则可在速卖通网站的物流板块中查看，如图4-12所示。

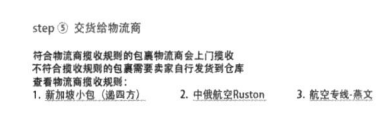

图4-12　物流商揽收规则查询界面

6）第⑥步，填写发货通知（可批量）

物流订单创建成功后，系统会生成运单号。卖家可以单击"交易"→"管理线上发货物流订单"→"国际小包订单"菜单命令。然后在"状态"中选择"待填写发货通知"对订单进行筛选。在筛选出来的物流订单右侧"操作"栏中单击"填写发货通知"按钮，填写相关信息，将发货通知逐条发送给买家。也可以在物流订单列表上方单击"批量填写发货通知"，批量填写相关信息，一起发送给买家。填写发货通知操作示意图如图4-13所示。

图4-13　填写发货通知操作示意图

7）第⑦步，支付运费（可批量）

在国际小包订单界面"状态"选项卡中选择"待支付"选项，对订单进行筛选。可以在每个订单的右侧"操作"栏中单击"支付"按钮逐个支付。也可以单击订单列表上方"批量支付"右侧的下拉箭头，选择"支付宝付款"方式或者"支付宝国际账户付款（美元）"方式进行批量支付。支付运费操作示意图如图4-14所示。

图4-14 支付运费操作示意图

在支付完成后，可以通过单击"交易"→"管理线上发货物流订单"→"运费统计"菜单命令，统计运费并下载运费报表。统计运费并下载运费报表操作示意图如图4-15所示。

图4-15 统计运费并下载运费报表操作示意图

卖家在发货后应及时填写物流单号，并尽快将物流单号等信息告诉买家，让买家心里有数，增加买家对卖家的信任度。如果卖家选择的是线上发货方式，按照如图 4-13 所示的操作填写好发货通知所需信息并提交，系统会自动生成发货通知并发送给买家。发货通知如图 4-16 所示。

图 4-16　发货通知

4.2.2　物流跟踪

发货结束并不意味着卖家的工作就完结了。卖家还要继续关注物流情况，及时将物流进展告诉买家，才能提高买家的购物体验。在货物入关的时候告知客户货物的投递进展；如果遇到货物拥堵情况，应对买家表示歉意；如果货物需要报关，可以预先告知买家。

在速卖通卖家端页面，单击"交易"→"所有订单"菜单命令，可以查看订单信息。查看订单操作示意图如图 4-17 所示。

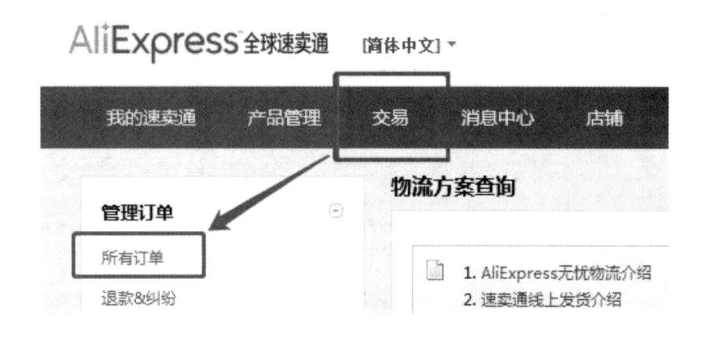

图 4-17　查看订单操作示意图

打开相关订单后，单击"订单状态"→"物流详情"选项，可以查看实时物流情况，如图4-18所示。可以通过单击买家姓名下方的"Contact"（联系）通知买家。

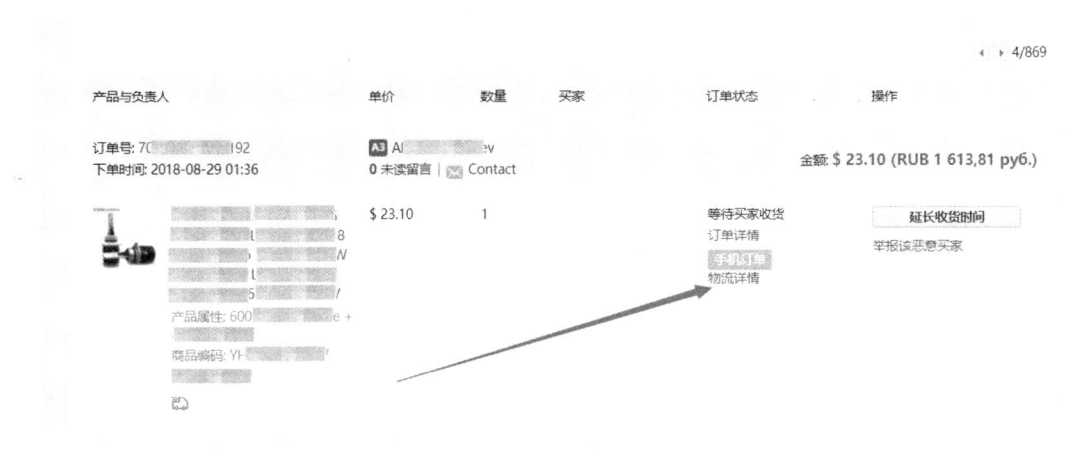

图4-18　查看物流信息操作示意图

在物流详情页面，"包裹信息"栏显示"卖家声明发货""离开发件国""达到目的国""妥投签收"4个步骤，已经完成的步骤显示为黄色，未完成的步骤显示为灰色。"您的包裹状态"栏用红色字体标注包裹当前物流信息，在下面不仅列出"发件国"和"目的国"，还显示已经完成的步骤以及完成时间。物流详情界面如图4-19所示。

图4-19　物流详情界面

4.2.3　关联产品定向推荐

在售中过程中，做好关联营销可以有效利用来之不易的流量，提高转化率，从而降低推广成本。

1. 设置产品信息模块

在速卖通平台单击"产品管理"→"模块管理"→"产品信息模块"菜单命令，可以选择合适的产品信息模块向买家推荐。产品信息模块是一种管理产品信息的新型方式，卖家可以为产品信息中的公共信息（如物流政策等）单独创建一个模块，并在产品中引用；还可以设置关联产品、显示打折等模块，在站内信或者邮件中使用，产品信息模块需要通过速卖通平台审核。进入产品信息模块操作示意图如图4-20所示，其状态有3种，即"审核中""审核不通过""可使用"。只有通过审核的产品信息模块，也就是"可使用"状态的产品信息模块可以被引用。可以在产品信息模块列表右侧的"操作"栏对相应的模块进行编辑。

图4-20　进入产品信息模块操作示意图

2. 设置关联产品模块

设置关联产品模块的具体步骤如下。

（1）需要设计关联产品模块框架。卖家可以根据自己产品的实际情况和店铺的整体风格去设计。如图4-21所示，可以设计"8+1"关联产品模块框架，即8款产品图加1张海报图，建议宽度为960像素，高度可以根据实际需要自行决定。

（2）将设计好的框架用Photoshop打开，将事先制作好的产品图和海报图排列好，再进行切片。需要将每一个要加链接的图片切片出来，并保存成

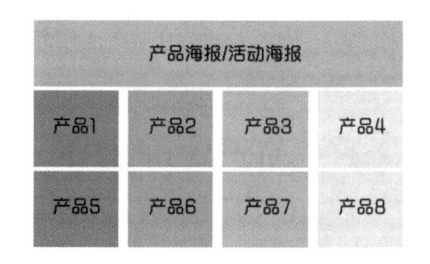

图4-21　"8+1"关联产品模块框架

Web 所用格式，如图 4-22 所示。

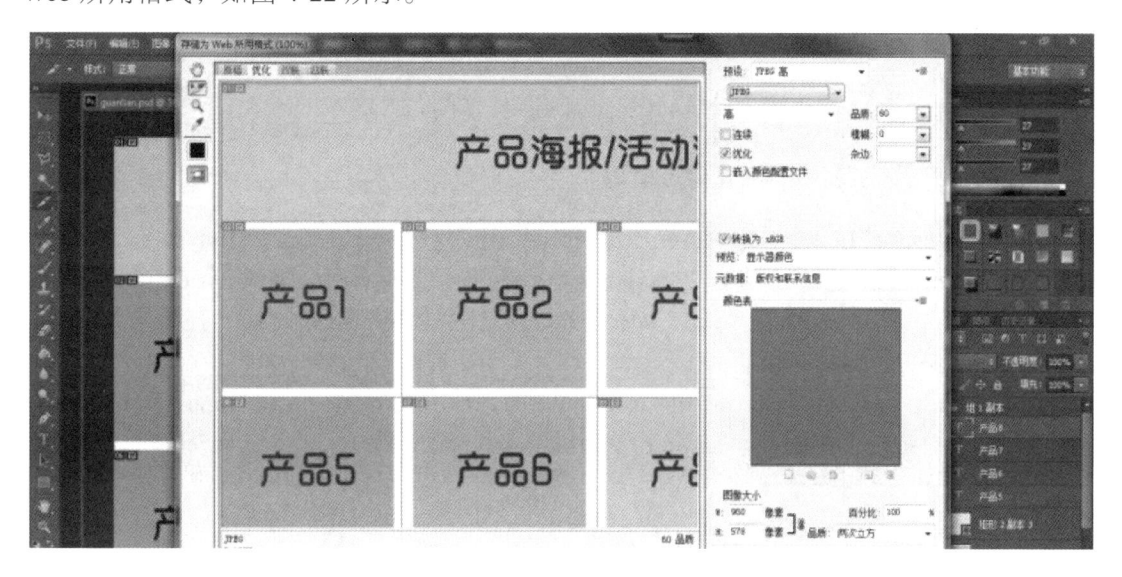

图 4-22　对产品图和海报图进行切片

（3）制作好切片图后，在速卖通"产品信息模块"页面新建一个自定义模块，并将切片图片导入，调整好图片顺序位置。

（4）单击选中图片后，再单击编辑器工具栏上的超链接图标，为每个图片添加上对应的超链接即可，如图 4-23 所示。

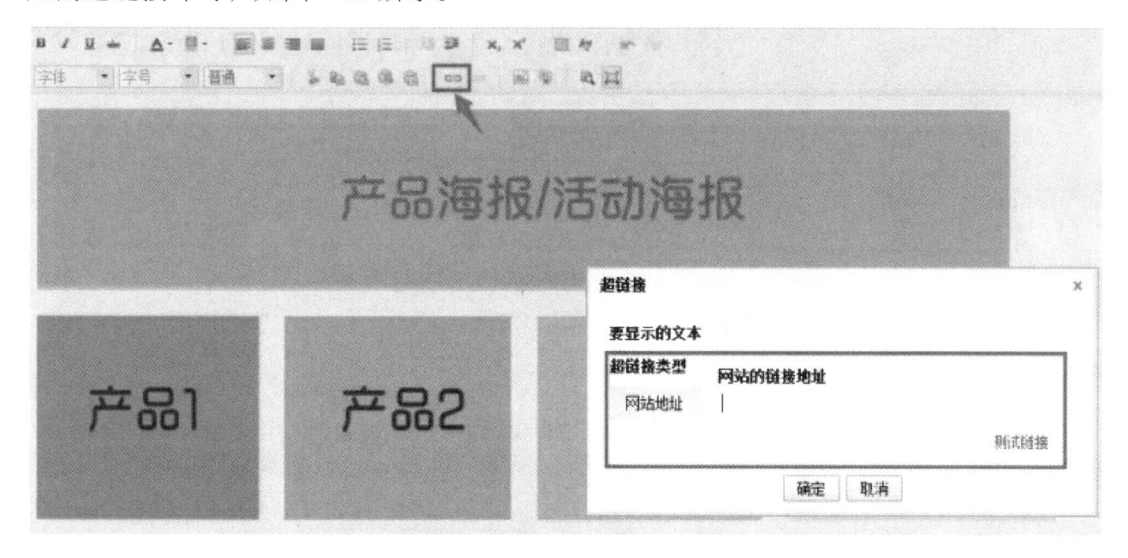

图 4-23　为每个图片添加上对应的超链接

值得注意的是，自定义模块限制最多 5 000 个字符，添加产品链接时应尽量缩减超链接的长度，不要使用带产品标题的链接，这样才能添加更多的关联产品。例如，某产品品牌是 AAA，卖家店铺 ID 是 01234，产品 ID 是 56789，那么可以将产品访问链接添加为：https://www.aliexpress.com/store/product/AAA/01234_56789.html。

（5）添加完超链接后，单击"确定"按钮保存提交，关联产品模块的设置就完成了。

发布产品的时候直接将这个模块插入到描述中即可。如果要修改，就直接在模块中修改，即可同步到所有添加了这个模块的产品详情中。在新品上新和货物断货时，卖家可以利用关联产品模块进行关联产品定向推荐。

3. 关联产品定向推荐客服沟通模板

（1）I am sorry that you are not satisfied with the product. I would like to recommend some other items of similar styles. Please click the link ××× for more specific information.

（参考译文：我很遗憾您对该产品不满意。我想为您推荐相似款式的其他产品。请您单击链接×××了解更多产品详情。）

（2）Thank you for ordering our skirt. We are selling a nice and popular belt which matches the dress you ordered. For more information, please click ×××.

（参考译文：感谢您下单购买我们的裙装。我们有条漂亮而且销量不错的腰带与您订购的裙装很配。欲知腰带详情，请您单击×××。）

（3）Thanks a lot for your message. If you buy it along with the ××× product at ×××, you will be offered a discount of 50%.

（参考译文：多谢您的留言。如果在购买它的同时也购买×××链接中的×××产品的话，可以享受5折优惠。）

（4）Sorry for interrupting you. But we would like to recommend our new product ×××, which is also a best-seller in real stores. If you are interested, you can refer to the link ×××.

（参考译文：很抱歉打扰您了。我们想向您推荐新品×××，这也是一款实体店中的畅销产品。如果您有兴趣，可以在×××链接中查询。）

（5）Christmas/Thanksgiving is around the corner. The following link ××× shows a warm package of considerate gifts. You will enjoy a wholesale price of ××× dollars if interested.

（参考译文：圣诞节/感恩节就要到了。×××链接中是1个温暖又贴心的礼物套餐。如果您感兴趣的话，可以享受×××美元的批发价。）

4.2.4 特殊订单处理与交流

售中客服除对订单进行正常的跟踪外，在订单处理的过程中还会遇到一些特殊情况。由于发货、物流、海关等原因导致的不能正常出货或退货的订单称为特殊订单。

特殊订单可能出现在发货前，原因包括订单支付、海关税收、发货困难等问题；也可能出现在发货后，由于节假日或者不可抗力因素导致的物流延误、发错货、漏发货、买家不清关等问题引起。遇到这种订单时，卖家不能消极等待甚至逃避，等着买家前来询问甚至质问。卖家应该积极、主动地和买家沟通，为买家着想，及时缓解买家的不满情绪，避免不必要的纠纷。

跨境客服人员可以通过站内信与买家进行沟通，也可以在订单页面上单击订单号，与买家进行沟通，如图4-24所示。

图 4-24 单击订单号与买家联系操作示意图

对跨境电商客服处理特殊订单的建议和可用的沟通模板分类列举如下。

1. 发货前的特殊订单处理与交流

买家下单后，可能对订单支付、海关税收等问题心存疑虑；卖家也可能遇到一些情况导致发货困难。无论是前者还是后者，卖家都应该及时沟通，打消买家的疑虑，力争获得买家的信任和理解。

1）合并支付与价格优惠

有时，可能一个买家在同一天下了两个订单，收件地址相同。在这种情况下，可以采用合并支付，并且合并成一个包裹投递。然而，卖家必须跟买家提前沟通合并支付和合并投递事宜，并且可以主动提供一定的价格优惠，以达到双赢的目的。以下是客服人员与买家沟通合并支付与价格优惠的模板。

Dear sir / madam,

It is a great pleasure to find the two orders you place today with the same address. Would you mind if the two orders are combined into one and shipped in the same package?

If no, please re-select all those items and add them to the cart, and then place your order. Check your address and other details carefully and then click "Submit the order". With the submission, please come to us before the payment, and we will cut down the price of your order by ××× dollars. After that, you can refresh the page to make sure that the price is lower, and then continue with the payment. And the two former unpaid orders can be cancelled.

If you do not want to place a new order, we will also be happy to process your two orders and ship them as they are.

Thanks a lot for your understanding. Enjoy your shopping!

Best regards.

(Your name)

(参考译文：

亲爱的先生/女士：

发现您今天在本店用同一个地址下了两个订单，我们非常高兴。如果将您的两个订单合并成一个订单，并且用同一包裹发货，您是否介意呢？

如果您不介意，请重新选择所有商品并加入购物车，然后下单，在提交前请仔细核对地址和其他细节。提交后，请在支付前来找我们，我们将为您降价×××美元。随后您可以刷新页面，确认已降价，再继续支付。之前两个未支付的订单会被删除。

如果您不想重新下单，我们也很乐意为您处理原来的两个订单，并分别发货。

非常感谢您的理解。祝您购物愉快！

祝好。

你的名字）

2）包邮问题

卖家常常推出小件（×××kg以内）包邮活动进行促销，活动期间，有的买家在同一订单中订购过多的货物或者过重的货物，可能导致单个包裹整体过重，无法享受包邮服务。卖家应该及时提醒买家，建议买家选用其他快递方式，或者将订单进行拆分以达到免除邮费的标准。以下是客服人员与买家沟通改变快递方式或者拆分订单的模板。

Dear sir / madam,

We are afraid that the order you placed today might not enjoy our free-shipping service, because it weighs ××× kg in total, heavier than the required 2 kg. So sorry for the problem.

But we have worked out two possible solutions to the problem. If you still want the free-shipping service, you can re-select all the items, add them to the cart, and then place several orders, instead of one. Making sure that the weight of each order, including the package, is not more than 2kg. If you do not want to place several orders, we would like to introduce the ××× shipping service to you, which is suitable for your current order, low-priced and fast.

Please let us know your final decision. It will be greatly appreciated if you could understand us. Thank you.

Best regards.

(Your name)

（参考译文：

亲爱的先生/女士：

您今天所下订单恐怕无法享受到我们的免邮服务，因为它的总重量是×××kg，超过了规定的2kg。对此我们深感抱歉。

但我们已经设计出两个可能的解决方案。如果您仍然想享受免邮服务，可以重新选择所有货物，添加到购物车，然后分几个订单下单，不要只下一个订单，确保每个订单（包括包装）的重量不超过2kg。如果您不想下几个订单，我们想向您推荐×××运输服务，这项服务适合您目前所下订单，而且价格低廉，速度快。

烦请将您最后的决定告诉我们。如果能得到您的理解，我们将万分感激。谢谢您的惠顾。

祝好。

你的名字）

3）海关税收的具体情况

买家在发货前的另一个主要担心是货物到达海关后，需要额外支付费用或者是税收。卖家对这个问题不能信口开河，一定要充分了解相关政策后再为买家答疑解惑，不能隐瞒或者引起买家误会，必须如实说明清楚。必要的时候帮助买家查找当地海关信息，引导买家本人去咨询。以下是客服人员与买家沟通海关税收事宜的模板。

Dear sir / madam,

We are glad to help you with your concerns about the customs issue. We do understand that you fear possible extra fees would be charged for your order by the customs. However, we think that you don't need to worry too much about the issue.

In fact, most customs do not charge buyers extra fees for items of similar sizes or prices. However, to be honest, in some few cases, buyers are supposed to pay import taxes or extra fees in spite of small sizes or low prices. Therefore, we suggest that you consult the local customs office about the specific regulations.

If you are confronted with any other questions, do not hesitate to contact us, please. We are always ready to help you.

Best regards.

(Your name)

(参考译文：

亲爱的先生/女士：

我们很乐意帮您解决对海关问题的担忧。您担心海关可能对您的订单额外收费，我们非常理解。但是，我们认为您对此事不必太担心。

事实上，大多数海关对类似大小或者价格的物品并不征收额外的费用。然而，坦白地说，在极少数情况下，尽管物品体积小或者价格低，海关还是要求买家支付进口税或者额外费用。因此，我们建议您前往当地海关办公室咨询具体的规定。

如果您遇到任何其他问题，请随时和我们联系。我们时刻准备着为您提供帮助。

祝好。

你的名字）

4）发货困难

有的买家来自一些特殊国家或地区，如有战乱的地区，货物暂时无法投递到这些国家或地区。卖家应及时和买家沟通，商议可行的解决方案，如将货物改寄到邻近的国家或地区。以下是客服人员与买家沟通无法投递问题的模板。

Dear sir / madam,

We are sorry to notice that the shipment service is not available in your country /region at the moment.

But if you agree to ship your order to some other neighboring countries or regions, we will also be glad to offer you our products and service. It will be greatly appreciated if you could understand us. Please feel free to let us know if there is anything we can do for you.

Best regards.

(Your name)

（参考译文：

亲爱的先生/女士：

很抱歉，我们注意到您所在国家/地区目前没有快递业务。

但是，如果您同意将订单寄往邻近的国家或地区，我们将仍然乐意为您提供产品和服务。

我们将万分感激您对我们的理解。如果有任何我们能为您做的事，请尽管告诉我们。

祝好。

你的名字）

还有的买家所在的国家或地区，没有直飞货机能够抵达。卖家需要及时向买家说明情况，商议是否能接受通过其他国家或地区中转，以及能否接受因为中转而延长且不确定的运输时间。将真实的情况告诉买家，让买家有心理准备。以下是客服人员与买家沟通没有直飞货机问题的示例文案。

Dear sir / madam,

We feel very sorry that your order cannot be shipped directly to your country /region, due to no direct cargo flights between ××× and China.

Would you mind if your order is shipped via some other countries or regions? It might be hard to control the shipping time, which usually ranges from ××× to ××× days. We are looking forward to your reply. If there is anything we can do for you, do not hesitate to contact us. Thank you very much.

Best regards,

(Your name)

（参考译文：

亲爱的先生/女士：

由于×××和中国之间没有直航货机，您的订单无法直邮到您的国家/地区，我们深感抱歉。您是否介意从其他国家或地区转运？运输时间可能难以控制，通常要花×××至×××天。我们期待着您的回复。如果有任何我们能为您做的事，请随时和我们联系。

非常感谢您。

祝好！

你的名字）

2. 发货后的特殊订单处理与交流

货物发出后，可能出现特殊的物流问题，买家也可能会发现之前发货中的纰漏。此时，卖家应该主动告知客户，对出现的问题表示抱歉，并尽量想办法弥补。

1）节假日等引起的可预测物流延误

重要的节假日可能造成物流延误，卖家应该预先制作备忘录，在节假日来临之际就主动告诉买家可能出现的情况，以取得买家的谅解。切不可等到出现延误后，买家前来询问或者质问，以免给买家留下不负责任的印象。以下是客服人员与买家沟通可预测物流延误问题的示例文案。

Dear sir / madam,

Your order has been shipped since February 5. However, China's Spring Festival is around the corner, and we are so sorry for a possible delay.

During the festival from February 10 to February 17, most shipping service will be suspended. We will keep a close eye on the shipping status, and once there is anything new, we'll inform you as soon as possible. Please forgive us for the possible inconvenience. Your kind understanding will be greatly appreciated.

If there is anything we can do for you, do not hesitate to contact us. Thank you.

Best regards.

(Your name)

(参考译文：

亲爱的先生/女士：

您的订单已于2月5日发货。然而，中国的春节就要到了，可能会导致运输延误，我们对此深感抱歉。

在节日期间（2月10日至17日），大部分运输服务都将暂停。我们将密切关注运输状态，一旦有新消息会尽快通知您。对于可能造成的不便，恳请您原谅。衷心感谢您的善解人意。

如果有任何我们能为您做的事，请随时联系我们。感谢您。

祝好。

你的名字）

2）不可抗力因素导致的物流延误

卖家发货后，严格的海关检查等突发状况可能会导致运输时间的延长和买家收货时间的推迟。卖家应及时将真实情况告诉买家，并对所带来的不便致歉。必要的时候可以考虑采取一定的弥补措施以提高买家的购物体验。以下是客服人员与买家沟通严格的海关检查等因素导致的物流延误问题的模板。

Dear sir / madam,

Thanks a lot for your order. But we have just received a message from ××× Shipping Company that your local customs will soon periodically launch a strict inspection of large packages.

Therefore, we suggest a delayed shipment of your order so as to avoid possible troubles among the strict inspection. What is your opinion about it? Please forgive us for the possible inconvenience. Your kind understanding will be greatly appreciated.

If there is anything we can do for you, do not hesitate to contact us. Thank you.

Best regards.

(Your name)

(参考译文：

亲爱的先生/女士：

感谢您在本店下单。但我们刚从×××运输公司得知，贵方海关不久将开始对大件包裹展开定期的严格检查。

因此，我们建议推迟发货，以避免您的包裹在此次严格检查中可能遇到的麻烦。您意下如何？对可能造成的不便，恳请您原谅。衷心感谢您的善解人意。

如果有任何我们能为您做的事，请随时联系我们。谢谢您。

祝好。

你的名字）

有时候，旺季或者恶劣天气也可能造成物流延误。卖家应及时通知买家，表现出对买家订单的关注和负责，可以用折扣、优惠券等方式对买家进行安抚和补偿。以下是客服人员与买家沟通旺季或者恶劣天气导致的物流延误问题的模板。

Dear sir / madam,

Your order has been shipped since Monday. But we feel so sorry to inform you of a possible delay because of peak seasons /bad weather.

We will keep a close eye on your order, and let you know as soon as possible if there is anything new. In order to make up for the possible inconvenience, we will offer you a ×-dollar coupon, which can be used in your next order with us. Your kind understanding will be greatly appreciated.

If there is anything we can do for you, please feel free to contact us. Thank you.

Best regards.

(Your name)

（参考译文：

亲爱的先生/女士：

您的订单已于周一发货。但我们要通知您，由于旺季/恶劣天气的原因，运输可能延误，我们对此深表遗憾。

我们将密切关注运输状态，一旦有新消息便会尽快告诉您。为了弥补可能给您带来的不便，我们将为您提供一张×美元的优惠券，您下次在本店购物时可以使用。衷心感谢您的善解人意。

如果有任何我们能为您做的事，请随时联系我们。谢谢您。

祝好。

你的名字）

在运输过程中，卖家有时可能发现发错货或者漏发货的情况。此时，应该主动道歉，请求买家的谅解，除换货或者补货外，还可以通过送小礼物、优惠券等方式安慰买家，提升买家的购物体验。以下是客服人员与买家沟通发错货或漏发货问题的模板。

Dear sir / madam,

We apologize for having sent you a wrong package, and promise to make up for it immediately.

Firstly, we will send you the right package as soon as possible. Secondly, we will offer you a ×% discount coupon, which you can use whenever you want in our store. Could you please send the wrong package back for us after receiving it? We are responsible for the shipping payment. What do you think of this solution?

If there is anything we can do for you, please feel free to contact us. Please forgive us for the possible inconvenience. Your kind understanding will be greatly appreciated.

Best regards.

(Your name)

(参考译文:

亲爱的先生/女士:

　　给您寄错了包裹,我们为此道歉,并向您承诺立即弥补。

　　首先,我们将尽快为您发送正确的包裹。其次,我们将为您提供×折的优惠券,您可以随时在本店使用。您收到我们寄错的包裹后,能帮我们寄回来吗?邮寄费用由我们负责。您觉得这个解决方案如何?

　　如果有任何我们能为您做的事,请随时联系我们。对于可能给您带来的不便,恳请您的原谅。衷心感谢您的善解人意。

　　祝好。

你的名字)

Dear sir / madam,

We apologize for having left out the item ×××, and promise to send it as soon as possible.

In order to make up for your inconvenience, we will send with the package that a new product recently designed by us and is good for your neck health. Please let us know before you submit a refund request. We can further discuss a satisfactory solution with you.

If there is anything we can do for you, Please feel free to contact us. Please forgive us for your inconvenience. Your kind understanding will be greatly appreciated.

Best regards,

(Your name)

(参考译文:

亲爱的先生/女士:

　　我们为漏寄了×××货物道歉,并向您承诺尽快补发。

　　为了弥补给您带来的不便,我们将随包裹发送一个我们最近设计的有利于您颈部健康的新产品。在提交退款申请之前,请和我们沟通。我们可以和您进一步讨论令人满意的解决方案。

　　如果有任何我们能为您做的事,请随时联系我们。对于给您带来的不便,恳请您的原谅。衷心感谢您的善解人意。

　　祝好。

你的名字)

　　买家在跨境电子商务中有清关的义务。然而,有的买家因为关税、怕麻烦等原因,并不会清关。卖家需要耐心地与买家沟通,及时商议解决方案。以下是客服人员与买家沟通清关事宜的模板。

Dear sir / madam,

We have kept a close eye on your order, and we are sorry to see that your package has been overstayed at Guangzhou Customs for several days, which needs Customs clearance.

Could you please do us a favor to solve the problem? According to Amazon requirements and

Customs rules, you are supposed to clear Customs with the valid 18-character Citizen ID of the recipient the number was written on the package. We hope you will get your package soon. If there is anything we can do for you, please feel free to contact us, please. Thank you very much.

Best regards,

(Your name)

（参考译文：

亲爱的先生/女士：

我们一直密切关注您的订单，发现您的包裹已在广州海关滞留数日，需要清关，我们对此深感抱歉。

请问您能帮忙解决这个问题吗？根据亚马逊和海关规定，您需要持（写在包裹上的）收件人的18位有效身份证办理清关手续。希望您能尽快收到包裹。如果有任何我们能为您做的事，请尽管告诉我们。不胜感激。

祝好。

你的名字）

4.3 跨境电商主流平台售中客服与沟通案例分析

本节将列举跨境电商平台上发生的真实案例，说明客服与沟通的重要性、流程以及技巧。

4.3.1 速卖通售中客服与沟通案例

本案例中的卖家是速卖通平台上的一家手工布鞋店。有个买家在下单后发现产品降价了，就进行了投诉。卖家客服人员及时与该买家沟通，最后双方意见达成了一致。

1. 买家投诉

买家在这家手工布鞋店买了一双女鞋，发现还未收货前产品就已经降价了，于是在速卖通平台上进行投诉，具体内容如下。

订单信息
订单号：×××（查看详情）
订单金额：US$80.00
订单创建时间：April 30. 20**
订单留言：×××　　20**-04-30 22:30:51 Munirah　　That's unfair. Could I cancel the former order and place another one at the discount price?
收货地址：×××

卖家客服通过聊天工具要求买家上传产品图片后，单击"我的速卖通"→"纠纷列表"→"纠纷详情"菜单命令进行查看。具体内容如下。

订单号：×××	
纠纷原因：产品降价	
订单创建时间：April 30. 20**	
××× 20**-05-3 19:56:24	
WANG We feel so sorry for your inconvenience. We will verify the price change as quickly as possible. Thank you for your patience.	

2. 卖家客服与买家沟通

卖家客服收到产品图片后，仔细核对相关信息，认真查看产品图片，发现产品确实降价了，但货已发出了。客服通过聊天工具第一时间向买家道歉，并主动思考解决方案，积极与买家协商沟通，具体内容如下。

×××   20**-05-3 20:11:47
WANG   Just as you said, there has been a price change. However, we have not changed the price randomly. Customers can get 10% off at AliExpress from May 1 to May 3 to celebrate the International Labour's Day. You placed your order on April 30, right before the discount became available. We apologize for not letting you know immediately.
×××   20**-05-4 20:17:58
WANG   We are afraid that you cannot cancel the former order right now, because it has been shipped. It will be greatly appreciated if you could understand us. We will try to make up for your loss.
×××   20**-05-4 20:40:37
Munirah   I understand that it cannot be cancelled since it has been shipped. It is also useless placing another order.
×××   20**-05-4 21:00:18
WANG   Thank you very much. We will compensate for your loss by refunding the markdown. What do you think of the solution?
×××   20**-05-4 22:21:43
Munirah   Refunding the markdown of 8 dollars? It is OK if you repay me 8 dollars.
×××   20**-05-4 23:26:37
WANG   No problem. Thanks a lot for your consideration. We will refund you 8 dollars as quickly as possible.

3. 解决投诉

在买卖双方就产品降价的解决方案达成一致后，投诉就解决了。卖家单击"我的速卖通"→"纠纷列表"→"纠纷详情"菜单命令进行查看。详情如下。

订单号：×××	
纠纷原因：产品有降价	
纠纷状态：纠纷结果	
仅退款 USD 8.00（EUR 6.89），由卖家出资	

4．案例分析

在本案例中，卖家在接到买家的投诉后，十分重视买家的购物体验，一方面第一时间查明降价是否属实，另一方面为给买家带来的不便道歉。后来确定产品是因为平台举行的节日促销活动降价了，卖家主动向买家道歉，提出退回差价。而买家也对这一赔偿方案比较满意，最终双方达成一致。卖家客服还向买家发送了电子邮件。卖家的客服与客户沟通邮件如下。

Dear sir / madam,

We feel so sorry to hear that the product has been cut down since you placed an order. It is true that the price of the product has been pulled down after you placed your order on April 30. We apologize for not letting you know immediately.

However, we did not change it randomly. The real reason is that customers can get 10% off at AliExpress from May 1 to May 3 to celebrate the International Labour's Day. But do not worry too much, please. We promise to compensate for your loss as quickly as possible after discussing with you.

If there is anything we can do for you, please feel free to contact us. Thank you for your patience.

Best regards.

(Your name)

(参考译文：

亲爱的先生/女士：

　　听说在您下单后产品就降价了，我们对此深感抱歉。在您 4 月 30 日下单后，产品价格确实下调了。没有及时告知您，我们向您道歉。

　　然而，我们并没有乱改价格。真正的原因是速卖通为了庆祝国际劳动节，从 5 月 1 日至 5 月 3 日为客户提供 9 折优惠的活动。请您别太着急。我们承诺在和您商议后，尽快为您补偿损失。

　　如果有任何我们能为您做的事，请尽管告诉我们。不胜感激。

　　祝好！

你的名字）

Dear sir / madam,

We are afraid that you cannot cancel the former order since it has been shipped. In this case, it may not be a good idea to place another order, we are afraid.

After having a discussion with you, we decide to make up for your loss by refunding the markdown of 8 dollars. We will finish repaying you the money as promised as soon as possible. Thanks a lot for your understanding. If there is anything we can do for you, please

free to contact us. We are looking forward to offering products or service to you.
Best regards.
(Your name)
(参考译文：
亲爱的先生/女士：
　　因为订单已发货，您不能取消了，我们也很遗憾。这种情况下，我们担心重新下单并不是个好主意。
　　经过与您协商，我们决定向您退回8美元差价。我们会遵守承诺，尽快将钱返还给您的。非常感谢您的理解。如果有任何我们能为您做的事，请尽管告诉我们。我们期待为您提供产品或服务。
　　祝好。
你的名字）

4.3.2 Amazon售中客服与沟通案例

　　下面案例中的亚马逊卖家发错了产品，买家在下单后发现问题并提出投诉。卖家及时查清问题所在，积极主动地进行沟通，最终买卖双方意见达成一致，纠纷得到妥善处理。

1. 买家投诉

　　卖家是亚马逊平台上的一家餐具店，买家在网上发现运送的餐具印花错了，立即在亚马逊上对卖家提出投诉，具体情况如下。

Return Requested for order ×××
发件人：×××
已发送：20**年9月5日 星期二 14:00
收件人：×××
订单编号：×××
Dear ×××, This E-mail is being sent to you by Amazon to notify and confirm that a return authorization has been requested for the item(s) listed below. Please review this request in the Manage Returns tool in your seller account. Using the Manage Returns tool, please take one of the following actions within the next business day. 1. Authorize the customer's request to return the item. 2. Close the request. 3. Contact the consumer for additional information (through Manage Returns or the Buyer-Seller Communication tool). ×××, the information below is confirmation of the item(s) that you have requested to return to ×××. No additional action is required from you at this time. Order ID: ××× Item: ××× Qty: 1

Return reason: Wrong item was sent.
Customer comments: I can't believe it. The set of cups do not have the same print as what I told the seller. I love that print I have chosen, and want to exchange for it.
Request received: September 5, 20**
Sincerely,
Amazon Service

2. 卖家客服与客户沟通

卖家通过在仓库查货，发现在发货时因为粗心弄错了印花编号，导致发错产品。卖家第一时间向买家道歉，主动提供多种解决方案，供买家选择，具体情况如下。

关于：Return Requested for order ×××
发件人：×××
已发送：20**年9月5日 星期二 21:38
收件人：×××
订单编号：×××
Dear ×××,

Sorry for the trouble.
Here are our ways of making up for your loss.
1. No returning the item, and a 60% claim code.
2. No returning the item, and refunding 40% of your payment.
3. Returning the item and refunding all your payment.
Tell me your satisfactory choice please. If you find none, please tell us what your suggestion is. Thanks.
×××

3. 解决投诉

看到卖家的真诚态度，买家接受了第一种方案，决定用折扣码，再次下单购买他喜欢的印花茶杯。解决投诉的详情如下。

Re：关于：Return Requested for order ×××
发件人：×××
已发送：20**年9月6日 星期三 11:25
收件人：×××
订单编号：×××
×××,

I would like to choose the first solution, since I am still thinking of the print that I like most. After receiving the code, I will buy a set of cups with the print.
Now, I am looking forward to getting the code. Thank you.
×××

卖家立即提供了折扣码，承诺在买家下单后立即发货。沟通详情如下。

关于：Return Requested for order ×××	
发件人：×××	
已发送：20**年9月6日 星期三 13:01	
收件人：×××	
订单编号：×××	
Dear ×××, Here is the 60% claim code (HTCB-AD73TB-L2M1TF). We will send you a set of cups with that print (coded ×××) as soon as you place your new order. Thank you very much. ×××	

4. 案例分析

　　在本案例中，卖家对待投诉的态度非常积极主动，第一时间回复买家，在确认问题属实后立即真诚道歉，并提出3种补偿方案供买家选择，不仅挽留住了买家，还为本店带来了新订单。除得到之前发错的印花杯子外，买家最终也能以优惠的价格买到心仪的印花杯子，获得了满意的购物体验。卖家客服与客户沟通的邮件如下。

Dear sir / madam,

We sincerely apologize for having sent you the wrong printed cups because of our mistake in printing codes. We promise to compensate for your inconvenience.

The order cannot be cancelled since it has been shipped. Here are some possible solutions we would like you to know.

1. You don't need to return the item, and will receive a 60% claim code from us. With the code, you can purchase any products in our store at 60% off.

2. You don't need to return the item, and will get back 40% of the money you paid for the item.

3. You may return the item if you do not want to keep it. We will pay for the shipment and refund all the money you paid.

You may choose one of the three solutions and let us know. If there is anything we can do for you, please feel free to contact us. Thanks a lot for your understanding.

Best regards,

(Your name)

(参考译文：

亲爱的先生/女士：

　　我们弄错了印花编码，给您发错了印花茶杯，真诚向您致歉。给您带来的不便，我们承诺予以补偿。

　　由于已经发货，无法取消订单。以下是几种可能的方案，希望您能了解。

1. 您无须退货。我们为您提供4折码，您可以用来在本店购买任意产品，享受4折优惠。

2. 您无须退货。我们为您返还购买该货物全款的 40%。

3. 您如果不想保留货物，可以退货。我们将承担运费，并为您返还购买该货物的全款。

  您可以在 3 种方案中选择一种，告诉我们。如果有任何我们可以为您做的，也请随时告诉我们。非常感谢您的理解。

  祝好。

你的名字）

Dear sir/ madam,

It is our great pleasure to send you the 60% claim code (HTCB-AD73TB-L2M1TF). Now you can place your new order.

We promise to ship a set of cups with that print (coded 027) once your order is placed. Moreover, the cups will be carefully reviewed before they are put into a package. We hope that you will get the cups you like most as quickly as possible. Thank you.

Enjoy your shopping.

Best regards.

(Your name)

（参考译文：

  亲爱的先生：

  我们非常开心向您发送 4 折码（HTCB-AD73TB-L2M1TF）。现在您就可以再次下单了。

  我们承诺在您下单后立即就为您发送一套那种印花（编号：027）杯子，而且在包装杯子前会仔细检查，希望您能够尽快拿到您最喜欢的杯子。谢谢您。

  祝您购物愉快。

  祝好。

你的名字）

本章小结

  售中是从客户下单后到客户签收货物这个阶段。这一阶段的客户服务与沟通也是体现卖家服务质量的重要环节。售中客户服务与沟通的主要形式包括邮件交流、在线即时交流以及部分口语交流等。售中服务既是满足买家购买商品欲望的服务行为，又是不断满足买家心理需要的服务行为。客服人员通过售中沟通给客户提供优质的服务，为客户解答订单疑虑，让客户获得满意的购物体验，从而为店铺创造价值，由此可见售中客服的重要性。

课后练习

一、判断题

  （ ）1. 售中客服与沟通的日常主要工作包括订单处理和特殊订单处理与交流。

  （ ）2. 速卖通卖家如果需要延长买家的交易收货时间，可进入"已卖出的宝贝"，找到需要延长的交易，点击"延长收货时间"后选择延长的期限即可。

（　　）3. 由于发货、物流、海关等原因导致的不能正常发货或退货的订单都是特殊订单。

（　　）4. 速卖通的发货时间一般是在72小时以内，除特殊类目外的所有类目发货期最长设定限制为7天。

（　　）5. 速卖通发货界面有两种发货方式供卖家选择，一种是线下发货，另一种是线上发货。

（　　）6. 对于买家已经拍下但还未付款的订单，卖家可以直接关闭订单。

（　　）7. 订单状态一般分为：等待买家付款、买家已付款、卖家已发货这三个环节。

（　　）8. 如果卖家选择线上发货，买家提起物流纠纷，会扣除卖家店铺服务分的。

（　　）9. 中国邮政挂号小包是中国邮政针对2kg以下小件物品推出的空邮产品，运送范围为全球。

（　　）10. 订单处理是跨境电子商务的核心业务流程。改善订单处理过程，缩短订单处理周期，提高订单满足率和供货的准确率，可以进一步提高客服服务水准，并提升客户满意度。

二、选择题

1. 售中阶段是从（　　）到（　　）这个阶段。
   A. 买家咨询价格，买家将货物放入购物车
   B. 买家下单后，卖家发货
   C. 买家将货物放入购物车，买家签收货物
   D. 从买家下单后，买家签收货物

2. 售中客服与沟通涉及的业务范围不包括（　　）。
   A. 公司简介　　　　　　　　B. 关联产品定向推介
   C. 订单处理　　　　　　　　D. 物流跟踪

3. 以下关于售中客服与沟通的说法不正确的是（　　）。
   A. 在售中阶段，卖家的服务质量是决定买家是否购买货物的重要因素
   B. 售中客服与沟通的主要形式包括书信往来、在线即时交流以及部分口语交流等
   C. 售中服务既是满足买家购买商品欲望的服务行为，又是不断满足买家心理需要的服务行为
   D. 交流时卖家应该主动、热情、耐心、周到，为买家提供最优质的服务解决方案，把买家的潜在需求变为现实需求，以达到商品销售的目的

4. （　　）是跨境电商客服和沟通的关键环节，直接关系到交易能否达成。
   A. 过硬的产品质量与优秀的营销手段
   B. 合适的物流方案与妥善的纠纷处理
   C. 优秀的营销手段与合适的物流方案
   D. 售中订单的控制与处理

5. 从买家进店拍下产品开始，出现的订单状态包括（　　）。

A. 等待买家付款、买家已付款、卖家已发货、交易成功

B. 等待买家确认订单、买家已付款、卖家已发货、交易成功

C. 等待买家付款、等待卖家发货、卖家已发货、交易成功

D. 等待买家付款、卖家已发货、买家已确认收货、交易成功

6. 通常情况下，如买家下单后未及时付款，卖家应该（　　）。

A. 在买家下单后1～2天仍未付款，且未回复付款提醒邮件的情况下，推荐关联产品

B. 通过提醒买家是否有一些关于产品价格、尺寸等问题，并顺便提醒买家付款，承诺付款后会尽快发货

C. 立即提出为买家提供礼物或者折扣，促成买家付款交易

D. 主动发货，获取买家的信任

7. 根据速卖通规定，除特殊类目外的所有类目发货期最长设定限制为（　　）。

　A. 5天　　　　　B. 8天　　　　　C. 4天　　　　　D. 7天

8. 线下发货和线上发货的区别不包括（　　）。

A. 发货期不同

B. 买家提起物流纠纷时卖家面临的风险不同

C. 物流方案的选择范围不同

D. 发货步骤不同

9. 当买家在同一订单中,订购过多的货物或者过重的货物,而不能享受包邮服务时,卖家应该（　　）。

A. 尽快发货，保证交易顺利进行

B. 果断将订单进行拆分，以达到免除邮费的标准

C. 及时提醒买家，建议买家选用其他快递方式，或者将订单进行拆分，以达到免除邮费的标准

D. 暂不发货，等待买家来沟通

10. 当卖家发现买家担心需要向海关支付额外费用或者税收时，可以（　　）。

A. 亲口保证不会发生这样的事，打消买家的顾虑

B. 在充分了解相关政策之后，再为买家答疑解惑，不能隐瞒或者引起买家误会，必须如实说明清楚

C. 不理会买家，因为买家可以向当地海关咨询这些信息

D. 主动承担额外费用或税收

三、简答题

1. 在速卖通平台上，对于买家已经拍下但还未付款的订单，卖家应该如何处理？
2. 以速卖通平台为例，阐述售中客服人员应该如何进行关联营销。

四、实操题

如果你是速卖通平台上的一位女装卖家，在收到一位买家投诉你卖的女装比同类产品用料差后，你应该如何处理投诉？

第 5 章 售后客服与沟通

学习目标

（1）熟悉跨境电商售后的评价类型及其基本内容；
（2）掌握跨境电商售后常规问题与处理方法；
（3）了解跨境电商售后纠纷的处理流程与方法。

学习重点与难点

学习重点：
售后服务的评价管理。
学习难点：
售后常见纠纷的处理及售后服务模板设置方法。

导入案例

深圳某公司与一家北京的跨境物流公司合作，其主营类目为女装、女鞋、女包、居家用品类，在 Shopify 平台上开设了 6 个站点。

该公司客户服务部职责主要为：熟练掌握沟通技巧；解答客户售前、售后问题；准确记录各种客户信息；处理 PayPal 上的各种问题；跟踪客户订单进展状况；帮助客户查询物流信息并告知客户，以确保订单按时完成；处理客户投诉并及时反馈给运营人员；熟练掌握网站后台及 ERP 系统的操作；处理退换货、全部或部分退款、下发优惠券等事宜；对接仓库、运营人员、采购部门及物流公司，若存在发错货情况，需确认并通知仓库重发；若有某些货物缺货或回货不及时，需通知仓库本单需要拆包发货；若有客户发来邮件告知需要换货时，修改商品码数、颜色，修改地址、电话，取消部分订单等，需在 ERP 系统里对客户订单进行修改操作并提醒仓库；在商品库存不足时，需及时提醒采购部门对该 SKU 进行采购；若有物流延迟更新、包裹未及时妥投、客户要求拦截包裹等情况，需及时联系物流公司。

有一次，一位客户收到其购买的一件刺绣衬衫后，却要求退货。客服人员先是感谢她的购买，并询问想退货的原因。客户表示图片与实物存在色差，客户服务人员的回复是由于拍摄地设备和光线问题，图片很难做到与实物100%相符，并询问是否能接受85折的优惠券，但客户依然坚持要求退款。客服人员只好将网站的退换货政策告知客户，收到货物15天内可以无条件退换货，但是运费由客户个人承担，并说明仓库位于我国境内，退换货的邮费将大于商品本身价值。然后客服人员询问客户是否能接受不退货、赔偿货款10%的部分退款，客户表示同意。

由此可见，客户在跨境电子商务平台下单购买后，并不意味着一项交易的结束。客户付款之后到使用商品的整个过程称为售后过程。据最新调查显示，如果客户在网上购物后能收到卖家提供的相关后续信息，那么客户对此类卖家的忠诚度要比对其他卖家高出4倍。可见售后服务是整个交易过程的服务重点之一。做好售后服务，提高客户满意度，可以给卖家带来额外的交易，提升商品的曝光排名，对其他买家客户的购买行为以及卖家的星级和享受到的资源也会产生一定影响。

跨境电子商务售后客户服务工作主要集中在售后评价的回复与处理和纠纷处理两个方面。与国内传统电子商务客户服务工作一样，跨境电子商务客户服务工作也要对客户的评价进行管理，包括好评回复、催促评价和修改评价。不同的是，由于物流路径长、客户等待时间久，以及语言与文化的差异，跨境电子商务客户服务处理纠纷问题需要采取多元化的方法，以提高沟通技巧。

【辩证与思考】

提高买家满意度可以给卖家带来额外的交易，同时还会影响到产品的排序曝光，会影响其他买家的购买行为，对卖家的星级和享受平台资源也会产生影响。因此，买家满意度对卖家非常重要，而售后服务则是影响到买家满意度的重要方面。那么，售后客服人员在工作中应该怎样获取买家好评，提高客户满意度呢？

5.1 售后评价

售后评价是在跨境电子商务平台上，买家客户对卖家提供的商品和服务给出的最后评价与反馈。各个跨境平台的买家客户都非常关心自己购买的商品在平台上的售后评价。据调查，90%的买家客户会在购物前查看商品的售后评价，以便决定在哪个卖家那里下单购买。对于以B2C商业模式为主的跨境电子商务平台而言，平台商品的售后评价不仅直接关系着客户的购物决定，还关系着买家客户愿意花费的金额，因为有调查显示，人们愿意多花30%以上的价格购买服务等级为优的卖家销售的商品。因此，跨境电子商务的卖家也都非常重视客户的评价。

在跨境电子商务领域的各大平台上，售后评价一般分为好评、中评、差评和未评价。无论是哪种评价，客户服务人员都要认真对待，及时沟通。客户的好评是跨境卖家声誉的延伸，好评率越高，潜在客户就越信赖卖家，商品销量也就越高。因此，客户服务人员对于客户的好评要给予及时的感谢；对于未及时给出评价的客户要进行催促，获得好评；如果收到的是中差评，客户服务人员一定要及时联系客户，弄清楚原因并想办法弥补，争取获得客户的谅解，让客户把差评修改、追评为好评。

5.1.1 好评的回复

在欧美各国文化的影响下，"感恩"一直是人们普遍认可的一种美德，美国、加拿大、希腊等国各自的感恩节就是这种社会认知的集中体现。跨境电子商务卖家的利润，都来自海外的买家客户。因此，每个代表跨境电子商务卖家的跨境客户服务人员理应对买家客户怀有感恩的态度。

客户的好评往往能够"四两拨千斤"，为跨境电子商务卖家带来源源不断的曝光、转化以及二次转化。一笔交易完成后，如果买家客户给予了好评，那么卖家的客户服务人员一定要及时地表示感谢，这样有利于提高买家客户满意度，能够很大程度上提高复购和转化率。这种情况的回复可参考以下两个沟通模板。

Dear friend,
Thank you very much for your support and your satisfaction is our permanent pursuit. We will make persistent efforts to continue to provide you with better products and services!
Best wishes to you.
(Your name)
（参考译文：
亲爱的朋友：
非常感谢您的支持，您的满意是我们永远的追求。我们将再接再厉，继续为您提供更好的商品和服务。
祝您好运。
你的名字）

Dear buyer,
I am so pleased and grateful that you gave us a good feedback in which you said that you were satisfied with our products and services. I hope I can give you a good discount or send a gift to you when you order next time.
Best regards.
(Your name)
（参考译文：
亲爱的买家客户：
很高兴也很感激您给我们一个好评说您对我们的商品和服务感到满意。我希望在您下次订购时能给您一个很好的折扣或送您礼物。
祝好。
你的名字）

这两封邮件都很真诚地表达了卖家对买家客户好评的感激之情，有利于拉近卖家与买家客户的心理距离，与买家客户形成良性联系，而第二封邮件更能促使买家客户再次光顾该店铺进行购物交易。

5.1.2 催评

在跨境电子商务平台上,每个卖家都想要获得更多的好评。买家客户对于卖家的认可,特别是以好评形式呈现出来的认可,对于卖家而言,是其店铺推广的有力工具。但从以往的情况分析,有20%~40%的买家客户收到货后,不管是否满意,一律不留下任何评价。在寻求客户评价方面,发送催评邮件是最主要的方式,具体可以分为如下两种情况。

1. 买家客户收到商品,但没有留下评论

跨境电子商务涉及众多不同国别地区的买家客户,但由于地域的限制和个人习惯的差异,卖家不可能期待所有买家客户都能在收到商品的第一时间就给予评价。有些买家客户会在收到商品的2~3天内给予售后评价,这是非常正常的。如果有些买家客户收到商品后3~5天内没有留下评论,那么卖家的客户服务人员就可以向买家客户发送消息或邮件,询问他们是否收到包裹、对商品是否满意,还要表示如果客户不满意会尽最大努力帮忙等。在消息或邮件末尾,可以把希望买家客户尽快给予评价的请求"伪装"在消息或邮件中,礼貌地请求客户留下正面的评价,以帮助未来客户判断该商品是否适合他们,并表示感谢。这种情况的沟通模板如下。

Hi (customer name),
Could you tell me if ××× (product name) has been successfully delivered to you? If you have got it, we sincerely hope you will like it and be satisfied with our service. If you don't get it or have any problems, please feel free to contact us so we can help you. We would also love to know your honest opinion of the product. Please click here (link to review site: ×××) to leave a product review.
Thank you very much!
Yours sincerely,
(Your name)
[参考译文:
(客户姓名),您好!
您能否告诉我×××(商品名称)是否已成功交付给您?如果您收到货了,我们真诚地希望您会喜欢它并对我们的服务感到满意。如果您还没有收到或有任何问题,请您随时与我们联系,以便我们为您提供帮助。我们也很想知道您对该商品的真实意见,请单击此处(评论网站的链接:×××)留下产品评论。
非常感谢你!
此致
你的名字]

这封跨境电子商务卖家客服人员发给买家的消息或邮件虽然不长,但很管用。因为它既留下了关于这一订单的信息,同时也简洁地对客户发出了留下评论的请求。

同时，若是跨境电子商务平台管理人员看到这封邮件，也会觉得这一卖家在努力提供优质的客户服务，而且也没有刻意引导买家客户只留下积极的评论，还会有助于平台对于该卖家服务的评级加分。

对于已经进行过多次购买的客户而言，可以使用下面的沟通模板。

Hi (customer name),

I send you a quick note because I notice you've bought ××× (product name) more than once. I hope you like it, and we're always looking forward to your feedback.

Would you like to share what you like about ××× (product name) with other customers by leaving a review (link to review site: ×××)?

Thank you so much. If there's anything I can help you with, please feel free to contact me.

Yours sincerely,

(Your name)

(参考译文：

(客户姓名)，您好！

我给您寄这封短信是因为我注意到您不止一次购买了×××（商品名称）。我希望您能喜欢它，我们一直期望得到反馈。

您是否愿意通过留下评论（评论网站的链接）与其他客户分享您喜欢×××（商品名称）的哪些方面呢？

非常感谢您。如果有什么我可以帮您的，请告诉我。

此致

你的名字）

上面这封直截了当的消息或邮件很适合发给已经在跨境电子商务平台上有过多次购买行为的客户。卖家并不需要多么华丽的语言来打动他们，因为商品本身已经让他们满意了，现在需要的是让他们分享出自己的使用体验，客户服务人员直接告知他们即可。

2. 买家客户收到上述邮件10～15天后仍没有给予评价

在跨境电子商务客户服务人员发出上述邮件提醒买家客户评论后10～15天，如果买家客户仍对评价一事置之不理，卖家也不用心急，可以再发消息或邮件进行催促，特别是将店铺的链接或者商品名称列出来以明确提醒买家客户，具体沟通可参考如下模板。

Dear (customer name),

We've made a transaction already the other day and you purchased ××× (product name) from us. We greatly appreciate your favor and hope you are satisfied with us. The detailed information of our last transaction is as below.

Item Name: ×××

Item Number: ×××

Total Deal Price: ×××

If you are now satisfied with using the item bought from us as well as our professional service to you, please click here (link to review sites: ×××) and take one minute to leave us a positive feedback.

According to eBay rules, both buyers and sellers have rights to leave feedbacks and comments to each other within 60 days. Now we have already left a positive feedback for you, and we are still looking forward to your comments. There are only several days left to the deadline.

If you have any problem, please feel free to tell us and we will try our best to satisfy you.

Furthermore, leaving feedbacks is a very important part of the dealing and can motivate our sellers to provide better products and services. As long as you leave us the positive feedback, you will get many privileges.

Thank you again. And I hope you will enjoy dealing with us.

Yours sincerely,

(Your name)

（参考译文：

亲爱的（客户姓名）：

　　我们前几天已经进行了交易，您从我们这里购买了×××（商品名称）。我们非常感谢您的青睐，希望您对我们感到满意。我们上次交易的详细信息如下。

　　商品名称：×××

　　商品编号：×××

　　总交易金额：×××

　　如果您现在对使用从我们这里购买的商品以及我们的专业服务感到满意，请单击(评论网站的链接：×××)，花1分钟给我们留下好评。

　　根据eBay规则，买卖双方都有权在60天内相互提交反馈和评论。现在我们已经为您留下了好评，我们仍然期待着您的评价。距离截止日期只有几天时间了。

　　如果您有任何问题，请随时告诉我们，我们会尽力让您满意。

　　此外，留下反馈是交易中非常重要的一部分，可以促使我们的卖家提供更好的商品和服务。只要您给我们留下好评，您就会获得许多优惠。

　　再次感谢你。希望您喜欢与我们进行交易。

　　此致

你的名字）

　　这个消息或邮件足够真诚，相信凡是看过了邮件的买家客户应该都会愿意分享他们的购物体验和想法。同时，客户服务人员再次发出评价请求，还有可能使得卖家再次获得买家客户的关注，是十分值得进行的一项尝试。

5.1.3　中差评的修改

　　只要交易行为存在，就可能会有客户产生意见，于是在跨境电子商务售后评价中，中差评是时常存在的。而中差评会对跨境电子商务卖家店铺的声誉及刊登销售的商品带来不良影响。

　　有些跨境电子商务平台支持卖家和客户协调一致后，进行中差评修改，如亚马逊平台；而有些平台则不行，如Wish平台。在亚马逊平台上，卖家如果收到了中差评，认为买家客户给自己的评价不公正，那么在评价生效后一个月内，可以自主引导买家客户修改评价为好评。跨境电子商务售后客户服务人员引导买家客户修改评价的基本步骤，分为了解中差评原因和恳请客户修改中差评两步。

1. 了解中差评原因

跨境电子商务卖家一旦收到了中差评，售后客户服务人员应立即联系客户。无论是什么原因造成的中差评，客户服务人员都要跟客户主动而真诚地道歉，以缓解客户的不满情绪，让客户心平气和地反映该订单存在的问题，然后再分析出现中差评的原因。跨境电子商务中差评的原因和应对策略如表 5-1 所示。

表 5-1 跨境电子商务中差评原因和应对策略

中差评原因	具 体 表 现	应 对 策 略
商品图片与实物不符	为了使图片更加美观，卖家在商品图片中添加一些商品本身没有的效果，导致商品实物与图片在颜色、形状、质感上存在差别	客户服务人员可主动向买家客户解释原因，并提供商品原图。此外，卖家在上传商品图片时可以多展示一些不同角度的细节图，尽量让买家客户对商品有一个全面的视觉印象
标题上有 Free Shipping，实际上却需要买家付费	标题上虽写着 Free Shipping，但由于一些国家或者地区的进口税政策需要买家支付关税，由此导致买家的不满	客户服务人员在发货时要注意填写货物的申报价值，弄清楚是否会产生关税，并且要提前与买家沟通好关于关税的问题，以取得买家的理解
信用卡账户出现额外扣款	买家在跨境电子商务平台上购物无须向平台支付任何手续费，但是买家使用信用卡支付时却被扣了手续费，使得买家产生疑问和不满	客户服务人员可提前向买家解释清楚，此手续费可能是由于各家银行对支付手续费有不同的规定，跨境电子商务平台并不存在向客户收取交易手续费的问题，但有时客户需要向银行支付手续费

除表 5-1 中提到的三大原因外，客户期望值过高、商品质量不过关、包装破损、物流速度慢等问题，都有可能造成跨境买家客户的体验值和满意度下降，如果买卖双方的沟通不够，那么客户的不满就可能演变为纠纷。不管是因为哪种原因导致的客户中差评，都需要售后客户服务人员通过发消息或站内信等方式，跟客户解释清楚，最后再寻求切实可行的办法来解决问题。

2. 恳请客户修改中差评

在与客户协商解决了问题后，客户服务人员可以进一步与其沟通，请求客户修改中差评。通常情况下，在订单问题得到解决后，客户只要表示满意，大都会答应修改以前给出的评价；而对于没有任何回应的客户，可以再次发消息或邮件，甚至给予实际利益以示诚意，再次请求客户修改评价。具体沟通内容可参见如下模板。

Dear (customer name),
We are sorry to see that you left a neutral / negative feedback within your recent purchase experience from our store. But I'm pleased we have solved the problem together. I hope you will be satisfied with our solution.
Now we have solved the problem, would you please spare some time to change your feedback into a positive feedback? (Link to Revise Feedback: ×××) You know 5-star is really important for us.

Thanks again and we sincerely look forward to establishing a long-term business relationship with you.

Best regards.

(Your name)

（参考译文：

亲爱的（客户姓名）：

您对于最近在我店的购物经历中，留下了中/差评，我们对此深表歉意。但我也很高兴我们已经一起解决了这个问题，我希望您对我们的解决方案感到满意。

现在我们已经解决了这个问题，您能花些时间将您的反馈改为好评吗？（修改反馈的链接：×××）您知道五星级对我们而言非常重要。

再次感谢，我们真诚期待与您建立长期的业务关系。

给您最好的问候。

你的名字）

总之，在跨境电子商务业务范围中，通过沟通协调，若是客户同意修改中差评，客户服务人员要及时地真诚道谢；而对于不同意修改中差评的客户，客户服务人员可以给予客户优惠返现、下次购买折扣等好处，尽可能打动客户，以促使其修改中差评为好评。

5.2 售后服务模板设置

售后服务模板管理是一种新的售后服务管理方式，能实现批量绑定和修改产品服务条款，帮助卖家解决服务承诺中产品多、修改麻烦的问题。卖家的服务承诺条款将极大提升客户对产品的信任度和购买信心，避免买家收到货后的很多纠纷问题，保障卖家所得利益。

5.2.1 关于服务内容的设置

售后服务模板的主要内容是明确规定了卖家的退换货政策。模板信息包括两个方面的内容：一是是否接受无理由退货。如果接受则需选择运费的承担方以及接受的退货期限。二是当发生货物描述不符以及出现质量问题时，规定买家应遵循的退换货方式以及运费承担方。自行设置的模板包括以下两部分：货不对版买家要求退货；卖家是否接受无理由退货。

1. 新增服务模板

以速卖通为例，新增服务模板流程如图 5-1、图 5-2、图 5-3 所示。

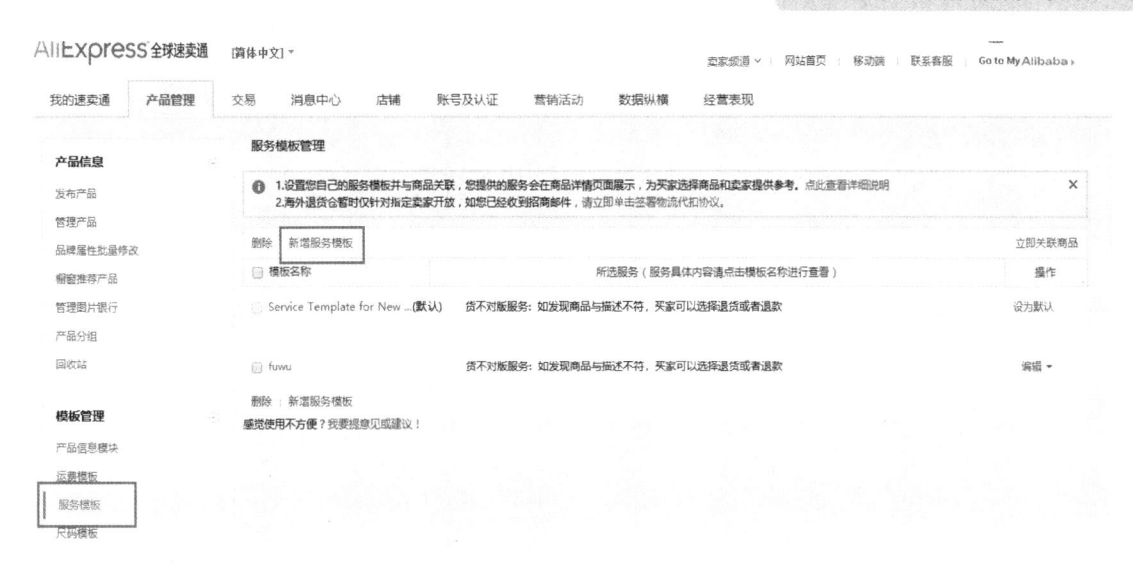

图 5-1 速卖通新增服务模板 1

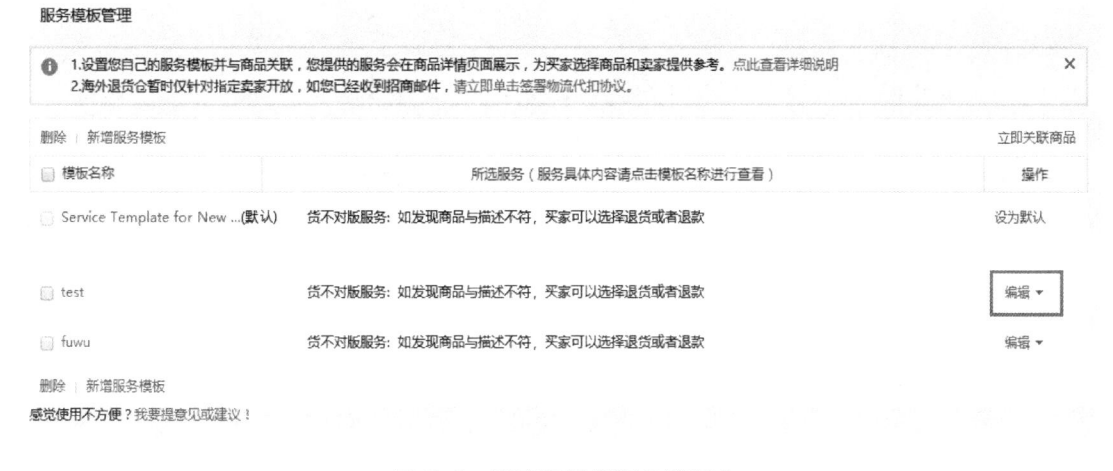

图 5-2 速卖通新增服务模板 2

图 5-3 速卖通新增服务模板 3

为了方便广大速卖通卖家更好地开设店铺，花费更少的时间和精力，从而达到更好的推广效果，官方为广大的卖家，提供了一些速卖通服务模板设置，这样在较短时间能获得更加良好的效果。步骤如下：

（1）单击"产品管理"→"模板管理"→"服务模板"→"新增服务模板"，进行模板设置，如图5-4所示。

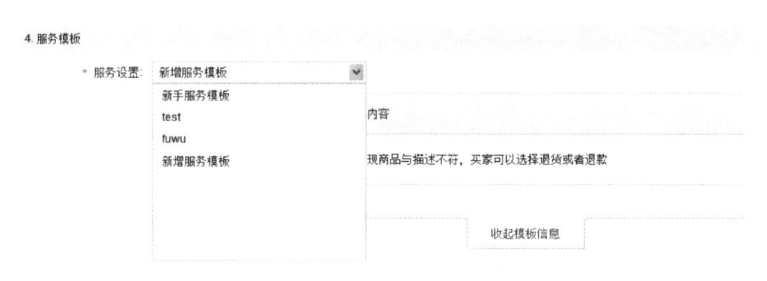

图5-4 速卖通应用服务

（2）为该服务模板设置一个名称（不超过100个字符），然后在以下页面选择特色服务设置以及退货服务选项。设置完成后，单击页面下方"保存"按钮，即可完成服务模板设置。

（3）服务模板保存后会跳转到服务模板列表页面，会看到所有的服务模板，其中"新手服务模板"是为新手卖家设置的，不可编辑或删除；其他模板是卖家自定义的。如果卖家有经常使用的服务模板，可以设置为"默认"模板，应用于产品的时候会默认该模板。

2. 应用服务模板

（1）新发产品选择服务模板：单击产品页面"服务设置"模块，选择"自定义服务模板"，单击下拉框选择之前设置的服务模板。

（2）更换服务模板。

首先，单击"产品管理"→"管理产品"模块，选择不同状态下的产品，单击"批量修改"→"服务模板"旁边的"修改"，如图5-5、图5-6所示，选择对应的服务模板，并单击"确认"按钮。

然后，编辑产品页面直接选择其他服务模板。

图5-5 速卖通更换服务模板1

图 5-6　速卖通更换服务模板 2

3. 管理服务模板

如果已有的服务模板不符合您现在的需要，您可以编辑相关的服务模板，单击"产品管理"→"模板管理"→"服务模板"→"具体服务模板名称"→"编辑"，如图 5-7 所示。

管理服务模板如图 5-7 所示。

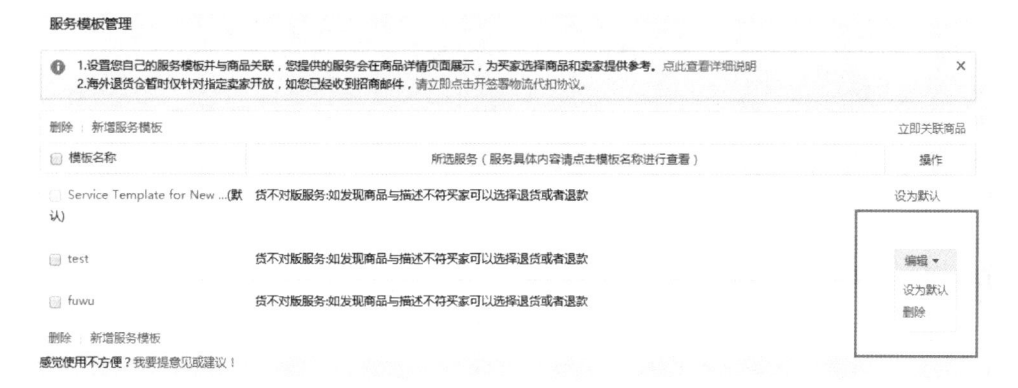

图 5-7　速卖通服务模板管理

5.2.2　关于服务时间的设定

时间是服务质量管理的基础，也是对客户做服务承诺的前提，如 5 天×8 小时、朝九晚五，7 天×24 小时全年无休。系统将根据配置的营业时间，处置实时在线类服务请求和服务等级协议（SLA）指标。

在非营业时间段内，不管客服人员是否在线，系统都将拒绝实时性服务请求，或引导客户提交工单（营业时段内，系统将自动接通在线客服会话）。两种方法任选，管理员可以在实时类服务请求渠道内做配置。

在计算 SLA 指标时，系统将排除非营业时段的计时，按工作日和工作日小时数测量响应时长和处理时长，而不是自然时间。

营业时间由工作日和工作日时段组成，设置方法：先按每周 7 天设置营业小时段，再用排除法，罗列出节假日得出工作日。操作步骤如下。

（1）单击图标→"营业时间"，进入设置页面。

（2）单击"开"，启用营业时间。若为"关"，意味着没有休息时间。

（3）设置"星期一"到"星期日"的营业时间，如图 5-8 所示，然后单击"保存"按钮。

图 5-8　客服软件设置服务时间

（4）单击"节假日"，进入设置页面。
（5）单击"添加节假日"，输入"名称""日期"，单击"保存"按钮，如图 5-9 所示。

图 5-9　客服软件设置节假日时间

5.3　跨境电商主流平台售后客服与沟通案例分析

5.3.1　eBay 售后客服与沟通案例

1. eBay 买家没有收到包裹

如果包裹发的是快递，售后客服需要帮买家查下物流状态，并跟买家解释包裹延误的原因，让买家耐心等待，回复模板如下。

Dear ×××,
We are really so sorry for the inconvenience, your order is on the way, and you could track it online, There may be a delay at Customs. We will contact our carrier and try our best to help you solve it. Please be patient and the product will arrive soon.
（参考译文：
亲爱的×××：
　　给您带来不便，我们深感歉意。您的订单正在运输途中，您可以在线跟踪×××，可能是在海关延误了。我们将与承运商联系并尽力帮助您解决问题。请您耐心等待，不久就会到货。）

如果包裹发的是平邮，则可以根据买家下单日期和运送国家回复消息或电子邮件，模板如下。

Dear ×××,

We are really so sorry for the inconvenience.The product you ordered have arrived in your country and may be in transit. We will contact our carrier and ask them to speed up. Could you please wait for some days? Please don't worry and it will arrive soon. If you don't receive it, we will take the responsibility. Thanks a lot!
(参考译文:

亲爱的×××:

给您带来不便,我们深感抱歉。您订购的货品已到达您所在的国家,可能处于周转途中。我们将与承运商联系,要求他们加快速度。您能否再等几天?很快就会到货,请不要担心。如果您没有收到货品,我们将承担相关责任。非常感谢!)

2. 发生买家退货

买家开启退货请求的时候,每次看到都会令卖家感觉头痛,因为这个会直接影响eBay账号非货运表现。eBay退货邮件页面如图5-10所示。

图5-10 eBay退货邮件页面

客服人员在跟买家沟通的时候,可以提出的解决办法有4种:①不退款,不退货;②部分退款,不退货;③全额退款,不退货;④退款,退货。如果货物是比较便宜的,就"部分退款,不退货"或者"全额退款,不退货"。能通过退款解决问题,就退款解决,因为退货会影响eBay账号的非货运表现。如果货物价值比较高,就偏向"部分退款,不退货"或者"退款,退货"。但最后使用哪种方法能够解决问题,还要根据买家的态度决定。客服人员如何在不惹怒上帝的前提下,确保自己的利益最大化,沟通就至关重要了。eBay退货请求结束页面如图5-11所示。

例如,某售后客服遇到一个货价200多美元的退货请求,在与买家的沟通中,秉持着及时回复、耐心尊重的态度,在回复买家的留言时,说了一句至关重要的话:"I have registered you as our VIP Customer and you may enjoy priority in our store"。由于售后客服的真诚态度打动了买家,最后买家关掉了退货请求,并且再次下了300多美元的订单。本案例就是客服人员在给予买家足够尊重的基础上,最大程度地减少了卖家的损失,甚至还赢得了客户的二次购买。

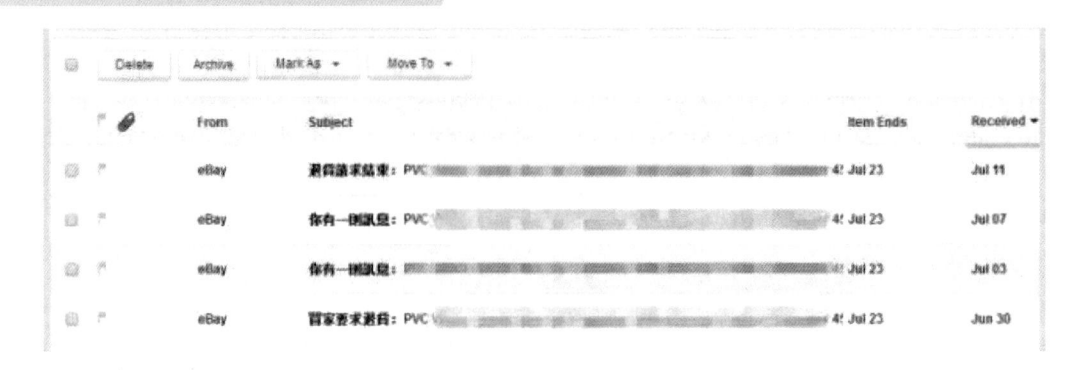

图 5-11　eBay 退货请求结束页面

5.3.2　Shopee 售后客服与沟通案例

1. 产品有问题需要联系卖家处理

如果客户收到的产品有问题，一般会有如下 3 种反应。

（1）不联系卖家，也不申请退款，直接给差评；Shopee 商店评价页面如图 5-12 所示。

图 5-12　Shopee 商店评价页面

这种差评很多卖家会忽略，因为实在太难以察觉，所以要定期去查看"我的店铺"的评价，单击"商店"→"商店评价"菜单命令找到差评，复制"用户名称"或者"订单编号"，在聊聊实时通信软件上找到该买家，解决问题（低价产品可以直接退款，高价的可以弥补优惠券，或者免费补发产品）后，再让买家修改为好评。

每位买家只有一次修改评价的机会，千万要珍惜。如果想尽办法也无法更改差评，且该产品出单很少的话，建议删除链接，重新上架；如果是热卖品的话，就好好地回复差评，尽量表现自己是一个负责的卖家，但是买家过于刁蛮。有些时候其他买家看到这种莫名其妙的差评，也许不会太介意。

（2）不联系卖家，直接申请退款。

我国台湾地区的站点遇到这种情况，售后客服只能申诉或者拒绝，而且现在我国台湾地区站点出了 7 天无理由退货。客户可以随意申请退款，毕竟虾皮平台的退货机制并不是很好，跨境卖家卖出去的货物基本都是有去无回。不过也许会推出保险，可以期待。东南亚站点遇到这种情况，售后客服可以接受或者拒绝。拒绝的时候一定要举证翔实，比如客户说少发货这种，如有异议，一定要充分提供产品重量，以及平台收的运费，以此证明没有少发货。关于衣服尺码有争议的，也尽量把详情里面写的大小差异都写出来。举证翔实的申诉成功的案例也是有的。

（3）联系卖家，要求解决问题。

这种情况，卖家比较常见，也比较容易解决。一般如果是产品问题的话，就老老实实给买家退款或者弥补优惠券。买家同时购买多件产品的情况，也是可以申请单独产品退款的。不过如果是同一产品的多件，是不可以申请单件退款的。常用的解决方式是让当地的朋友直接给买家银行卡退款，卖家再微信或支付宝给朋友，还是比较方便的。

这种情况如果售后不错的话，买家会给好评，并且还可以变成老客户的，Shopee 卖家一定要注重维护粉丝，毕竟老客户是运营的利器。

2. 退款需要联系当地客服解决

有些售后客服与客户协商不妥，就需要当地客服介入，把站点联系方式（见表5-2）告知客户，让客户直接联系，可以更快解决问题。（注意不要让客户觉得客服人员在推卸责任，而要让他们觉得当地客服更能方便快速地解决他们的问题。）

表 5-2 Shopee 各站点客服联系方式

站　　点	电 子 邮 箱	联 系 电 话
TW	support@shopee.tw	（02）66366559
MY	support@shopee.com.my	+603-27779222
SG	support@shopee.sg	+65 62066610
ID	support@shopee.co.id	021-80647100
TH	support@shopee.co.th	02-017-8399
PH	support@shopee.ph	02 880 5200
VN	support@shopee.vn	19001221

3. 物流问题需要联系当地物流商

Shopee 售后客服最多的是物流售后，所以怎么解决物流问题，让客户能够知道物流动向以及成功签收至关重要。

很多客户会在商品运送途中，询问订单的物流动向。通常后台会显示部分信息，但是不够准确，如果想要更准确的派送详情，请联系各站点物流商（见表5-3）查询。

表 5-3 跨境物流商联系方式

站点	物 流 商	联 系 电 话	电 子 邮 箱	查 件 网 址
TW	圆通	0755-23768151 0755-23768152 0755-23768153	无	http://www.yto.net.cn/tw/inde x/index.html

续表

站点	物流商	联系电话	电子邮箱	查件网址
TW	全家			https://www.famiport.com.tw/distribution_search.asp?page=4
MY	Poslaju	1-300-300-300	care@pos.com.my	https://www.tracking.my/
	ABX ABX	West MY 西马： 03-80843111 East MY 东马： 088-335666	customerservice@abxexpress.com.my	http://abxexpress.com.my/
	NJV	+60111-7225600	support_my@ninjavan.co	https://www.ninjavan.co/en-my
	Shopee Express			https://shopeexpress.com.my/#/ 尾程单号和头程单号一致
SG	NJV	+65 66028271	support_sg@ninjavan.co	https://www.ninjavan.co/en-sg
	Speed Post	24 Hours Phone Support Singapore 1800 222 5777 Overseas(+65) 6222 5777	custsvcs@singpost.com	https://www.speedpost.com.sg/receiving/what-to-expect.html
	Sing Post			https://www.trackingmore.com/singapore-post-tracking.html SHCB 开头的单号搜索
ID	JNE	+62(021)29278888	customercare@jne.co.id	http://www.jne.co.id/id/beranda

例如，马来站点的尾程单号显示是 NJV 开头的，那么就把 60111-7225600 发给买家，让他自己打电话咨询，或者发消息和邮件也可以。总之，让客户自行查询，当地人会更好沟通。

但是客服一定要注意话术，可以说："亲爱的客户，您好，由于我们是海外卖家，所以物流派送到当地的具体情况我们并不清楚，您的这笔订单由 NJV 公司负责派送，这是他们的联系电话 60111-7225600，电子邮箱 support_my@ninjavan.co。您可以自行联系他们，咨询物流的具体派送情况。"

同理，如果包裹派送失败或者客户说没收到通知等有关物流的问题，都可以让客户自行联系，这样效率更高，也会减少派送失败率。更详细的关于物流的查件以及国际退件大全链接是 https://yiqixie.com/s/home/fcADihy5uKfsnG0fm3oUr9rEK。

关于 Shopee 平台物流相关售后处理需要注意的是，如果有订单到仓不扫描、疑似遗失、商品破损、错误派送、订单被取消、配送但未收到、运费有误、国外丢包、物流不更新等各种情况出现，而客户又没有对接企业的微信，那么在链接中填写，在电脑微信中填写好提交即可（可收藏链接，以便查看回复结果，工作时间：周一至周五 9:00～18:30）。

5.3.3 速卖通售后客服与沟通案例

作为国内主流电商平台之一的速卖通,对于客户的体验是十分重视的。如图 5-13 所示为速卖通卖家信用评价页面,买家对卖家的信用评价指标之一就是 Communication(沟通交流)。当售后纠纷出现,一个好的售后客服是可以凭借出色的沟通技巧和能力,消除客户的负面情绪,为卖家减少不必要的损失。

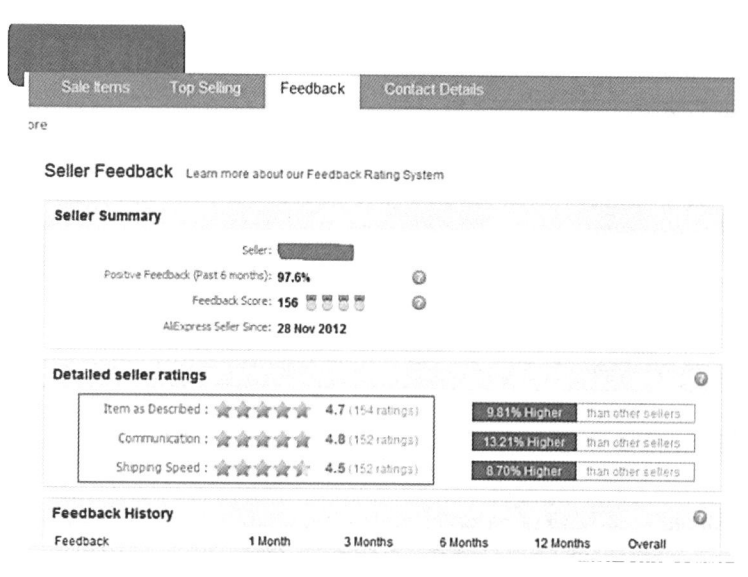

图 5-13　速卖通卖家信用评价页面

1. 收到的货物有破损

例如,某客户下单购买了花瓶,货到后,客户投诉收到的货物有破损,然后提出索赔,要求部分退款 20 美元,并且提供了图片作为证据。客户给客服发了如下的消息。

I have inspected the goods and the attached photos prove that they are broken, so I ask for a partial refund of $20.

(参考译文:我已经检查了货物,并且所附的照片证明货物已损坏,因此,我要求退款 20 美元。)

卖家拒绝退款,给客户回复了如下的消息。

No break. Disagree.

(参考译文:不存在破损,不同意部分退款。)

买家提起仲裁,平台介入后,发送了消息或邮件向双方告知相关情况。平台告知买家,由于买家购买了多件产品,所以需要买家举证全部产品,沟通模板如下。

We noticed you bought more than one product. To support your claim, please provide sufficient pictures within 3 calendar days and explain all defective products in one picture.

（参考译文：我们注意到您购买了不止一件产品，为了支持您的索赔，请在3个日历日内提供足够的图片，且在一张图片中说明所有有缺陷的产品。）

平台告知卖家继续取证，也建议卖家积极与买家进行协商。

响应期限到期后，买家提供了新的视频举证，证明产品破损，并给卖家发了如下消息。

…here is the link where there are also demonstration videos…

（参考译文：……这里还有证明视频的链接……）

经过协商，卖家最后同意部分退款，并给买家发了如下消息。

Agreed to refund $15.

（参考译文：同意退款15美元。）

申请退款并结案的功能，指纠纷上升到仲裁后，在平台的专员结案前，卖家可以在平台的专员介入处理的同时自主与买家就退款金额协商。其优点在于申请退款并结案功能将案件的主动权交还给客户，部分退款需要买家确认，全额退款则无须等待买家确认。若买卖双方达成一致，也无须等待平台专员的操作，时效性更强。但凡能通过申请退款并结案功能自主解决问题的订单，平台认为这是一种卖家积极主动解决问题的表现，就不会对这类的订单做出卖家是否有责的判定。

对于货物破损的纠纷，卖家应该注意什么问题呢？

在纠纷发生前，卖家应该仔细检查产品情况，确保发货前产品完好无损，发货前做好相关的防护措施，避免因包装不当造成物流途中产品破损，提醒买家收货前检查包裹。在纠纷发生过程中，卖家应该积极与买家协商解决问题，达成一致的解决意见。如果是物流途中造成的破损，要积极联系物流公司商谈索赔的事宜。

2. 收到的货物与订单不符

例如，某买家买了2双旅游鞋，收到货后发现颜色不对，与订单购买的鞋子不一样。买家提出索赔，要求部分退款25美元且不退货，买家给卖家发了如下消息。

Unfortunately, you sent me the wrong products. I've ordered two pairs of black sneakers, however, you sent me a blue pair and a black pair. If you need, I can send you the photo or the video.

（参考译文：真是糟糕，你们给我发送了错误的产品。我订购了两双黑色运动鞋，但是，寄来的是一双蓝色和一双黑色。如果需要，我可以将照片或视频发送给你们。）

卖家检查订单和发货记录后，发现的确是发货环节出现了失误，卖家向买家诚挚地进行道歉，并就部分退款的金额与买家进行沟通协商。最终双方达成一致意见，买家同意卖家提出的部分退款18美元。

3. 收到部分商品

例如，某买家的订单里购买了20件商品，卖家拆分成了2个包裹发货。其中一个包裹已经妥投，而另一个包裹仍然在运输途中，买家以未收到商品进行投诉并要求部分退款。买家给卖家发了如下的消息。

One of the packages arrived two weeks ago, the other haven't arrived yet. I contacted you several times, however, you delayed it again and again.

（参考译文：其中一个包裹两周前就到达了，另一个包裹现在还没有收到。我与你们联系多次，然而，你们却一再延迟。）

卖家拒绝退款，向客户提供了另一个在途包裹的运单号，希望买家延长收货时间等待包裹。卖家给买家回复了如下的消息。

So sorry for the delay. We tracked the tracking number 1992661, and it was on shipping, and was not returned. Please extend the time for receiving the goods.

（参考译文：很抱歉造成您的延迟。我们查询了跟踪单号1992661，该商品在运输途中，并未退回。请延长收货时间。）

买家同意继续等待并询问包裹状态。买家给卖家发了如下的消息。

Sure, but before I cancel the dispute, could you tell me where the last known location of my package is?

（参考译文：可以，但是在我取消争议之前，可以告诉我包裹的最后停留地点在哪里吗？）

卖家说明包裹状态及建议等待的天数，承诺会部分退款。卖家回复买家消息如下。

The tracking information shows it has arrived in UK. We'll contact the shipping company to confirm the status of the package within 3 calendar days. You have 29 days to confirm this delivery. We are so sorry for the delayed shipment. We have agreed to refund you. If you have received the goods in good condition, please cancel this claim and confirm the order you've received. Thanks a lot.

（参考译文：跟踪信息显示货物已到达英国。我们将在3个日历日内与运输公司联系，以确认包裹的状态。您有29天的时间确认收货。很抱歉货物运输延误了，我们已同意向您退款。如果您收到的货物状况良好，请取消此投诉并确认收到的订单。非常感谢！）

在这个案例中，卖家在与买家的纠纷尚未上升至仲裁平台介入前积极予以响应，核对发货数量和货运信息，在确认部分包裹未妥投的情况下，积极与买家协商沟通，进行部分退款，最后较好地解决了这一投诉纠纷。

本章小结

随着品牌价值的凸显，越来越多的跨境商家想通过提升自身产品的质量、知名度、完善的售后服务等措施拓展自己产品的市场。对于产品的经营，不仅需要有策略的销售技巧和过硬的产品质量，还需要有完善的售后服务体系。仅专注于产品本身难以确保竞争优势，售后服务是许多产品成功营销的关键因素。现在，售后服务仍然是客户和产品的重要桥梁，客户期望具有成本效益和可靠的售后服务，跨境商家也依靠消费者的满意度来维持业务和销售，没有良好的售后服务，产品就难以出售。良好的售后服务将为跨境商家带来如下优势：竞争优势——提供竞争对手不能提供的服务；差异化——专业完善的售后服务，使其在竞争中脱颖而出；客户满意度——通过与客户的持续沟通，增长解决方案的总体价值；客户忠诚——快乐的客户更有可能产生二次销售，并将他们的朋友推荐给商家；利润增加——客户满意度导致产品销量增加，转换率更高，且平均订单价值更大。

课后练习

一、判断题

请仔细阅读下列的表述，判断正误，正确的打"√"，错误的打"×"。

（　　）1. 2012年11月6日，已经正式调整了违背承诺当中关于"卖家关闭交易的行为认定及处罚的规定"，即淘宝网仅受理对卖家抬高价格行为的投诉。

（　　）2. 一般而言卖家应在72小时内发货。

（　　）3. 卖家已发货的订单，运单号在24小时可修改时间之内的可以修改，超过24小时的无法处理。

（　　）4. 卖家可以删除交易成功或者交易关闭的订单。

（　　）5. 在买家未付款的状态下，卖家可以修改价格。

（　　）6. 针对买家未付款的订单，若卖家自主无故关闭交易，买家可以发起投诉。客服应建议联系卖家咨询或选取其他店铺购买。

（　　）7. 手机订单在支付金额下会有一个蓝色的标识"手机订单"。

（　　）8. 若卖家无理由关闭订单（标示无货等情况），买家可以对卖家发起违背承诺的投诉。

（　　）9. 在帮助中心查找业务知识，只要有关键字匹配就行了，不需要详细描述问题。

（　　）10. 信用卡支付业务，在退款退货维权成功后，手续费可以退还。

二、选择题

1. 通常情况下，卖家多长时间发货？（　　）
   A. 48小时　　　B. 24小时　　　C. 72小时　　　D. 按其他约定时间

2. 下列（　　）不属于买家自己延长收货的方法。
   A. 卖家如需延长买家的交易收货时间，可进入"已卖出的宝贝"，找到需延时的交易，单击"延长收货时间"后选择延长的期限即可。
   B. 普通实物担保交易（如实物门票）在卖家已发货状态，离确认收货超时结束还剩3天时（包括快递、平邮、EMS），买家可以延长收货超时。
   C. 虚拟交易延长收货时间次数只能申请1次，超时天数可申请1天。
   D. 虚拟交易（自动发货、直充除外）在卖家已发货状态，离确认收货超时结束还剩1天时，买家可以延长收货超时。

3. 同一个账号申请代付，一天最多可申请（　　）代付。
   A. 8笔　　　B. 5笔　　　C. 2笔　　　D. 10笔

4. 买家每天关闭交易的操作次数会有（　　）的限制，操作次数满后就只能由卖家操作关闭了。
   A. 5次　　　B. 10次　　　C. 15次　　　D. 20次

5. 买家付款（   ）后申请退款成功交易关闭，可以发起延迟发货维权。若卖家确有违规行为，淘宝客服将严肃处理。

　　A. 3天　　　　　　　　B. 5天　　　　　　　　C. 10天　　　　　　D. 1天

6. 以下能加入保障速递的类目有（   ）。

　　A. 家具家装类目　　　　　　　B. 虚拟、充值等非真实发货类目
　　C. 二手商品　　　　　　　　　D. 大家电类目

7. 下面哪些不属于匿名购买的作用？（   ）

　　A. 匿名购买后，别人查看卖家宝贝页面的成交记录，出价记录会员名会显示匿名，但自己看到的是全名
　　B. 卖家评价页面评价记录会员名显示匿名
　　C. 他人在"评价管理页面"是看不到这条匿名购买记录的，只有自己可以看得到
　　D. 如果买家在购买宝贝时没有选择匿名购买，但是买家不希望别人看到自己的这条购物记录，买家可以在交易成功后的15天内进行匿名评价

8. 评价解释期是（   ）。

　　A. 30天　　　　　　　B. 45天　　　　　　　C. 60天　　　　　　D. 15天

9. "需自检/自查的评价"的审核时间是（   ）。

　　A. 7天　　　　　　　B. 15天　　　　　　　C. 30天　　　　　　D. 45天

10. 退货退款评价（   ）删除。

　　A. 可以由买家　　　　　　　　B. 可以由卖家
　　C. 必须由买家和卖家一起　　　D. 不可以

三、简答题

1. 简述售后问题常见的分类。
2. 针对买家收货后迟迟未做出评价的情况，客服应该怎么做？

四、实操题

请根据下列情景中售后客服遇到的问题，设置出相应的售后沟通模板。

1. 物品未收到

Hello，I haven't received the product that you sent to me.

2. 产品与描述不符

Hello，I've got the goods that is inconsistent with the description, so please sent again!

3. 对节假日等可预测的邮递延误进行解释

Hello，I haven't received the products that you sent to me.

4. 对天气等不可抗力因素造成的延误进行解释

Hello，I haven't received the products that you sent to me.

5. 物品收到后退货换货

（1）当买家收到东西不满意并提出退货

Hello，I don't like the goods you sent to me, can I return it?

（2）当买家要求换货时，如果卖家接受换货

Hello, I don't like the goods you sent to me, can I barter it?

6. 客户投诉产品质量有问题

Hello, I have received the goods you sent to me, but I found it with a bad quality.

第6章 跨境电商纠纷与处理

学习目标

（1）了解常见的跨境电商纠纷类型；
（2）掌握纠纷解决的策略；
（3）能够恰当解决纠纷。

学习重点与难点

学习重点：
跨境电商常见纠纷问题的分类。
学习难点：
跨境电商纠纷的解决策略。

导入案例

纠纷原因：货物质量问题	
订单号	×××
Buyer	The charger I bought from you 16 days ago doesn't work. I'd like to return it.
Seller	As you say the charger is broken, could you give me a picture or a video to show me the issue? Thanks.
Buyer	I posted the video of the broken charger. How to do with it?
Seller	We are really sorry for it. We will refund the total money or send you a new one. Which solution would you like?
Buyer	Okay, send me a new one, please.
Seller	Okay, you will get it soon. Thank you.

【辩证与思考】

跨境电商交易过程中所产生的纠纷属于交易纠纷。纠纷一旦发生，不仅会影响买家的购物体验，还会影响买家对卖家评价及对平台的信任。一旦纠纷过多，就会影响

> 店铺的形象及平台对店铺评级，最终使产品曝光减少，店铺客户流失，导致正常经营无法继续进行。所以，当纠纷产生后，卖家要积极应对，正确处理，以免带来重大损失。

6.1 常见纠纷的分类

在跨境电商中，导致纠纷的原因非常多，如由物流问题引发的纠纷，由产品质量问题引发的纠纷，由于被海关扣关引发的纠纷等。纠纷可以分成两大类，一类是未收到货物类纠纷，包括卖家延迟交货、缺货断货、海关扣关、包裹丢失或退回、发错地址、运单号无效、物流途中等；另一类是收到货物类的纠纷，包括货不对版、货物破损、货物质量问题、虚假运单号、货物短装、销售假货等。跨境电商常见纠纷类型如表6-1所示。

表 6-1 跨境电商常见纠纷类型

纠纷类型	原因			
未收到货物类纠纷	延迟交货	缺货断货	海关扣关	包裹丢失或退回
收到货物类纠纷	货不对版	货物破损	货物质量问题	虚假运单号

若出现买家未收到货，或者收到的货物存在各种各样的问题，且问题得不到妥善解决等情况，往往会引起纠纷。一旦引起纠纷，卖家在后台可以看到纠纷类型。速卖通卖家后台纠纷详情如图6-1所示。

图 6-1 速卖通卖家后台纠纷详情

2014年5月29日前，速卖通与纠纷相关的卖家考核指标有3个，分别是纠纷率、裁决提起率、卖家责任裁决率。但是经过很长一段时间的分析与研究，发现其平台很多买卖双方可自行协商解决的纠纷。但是已经解决了客户问题的卖家，却依然受到了纠纷率的影响。速卖通平台希望买家遇到问题后，卖家应有能力且积极主动地联系买家协商解决纠纷，以提升购物体验。基于上述原因，速卖通于2014年5月29日起，就纠纷相关指标做出了3个调整，一是取消卖家纠纷率指标的统计及考核，相关页面纠纷率指标的展示全部下线；二是加强对裁决提起率、卖家责任裁决率的考核；三是平台活动入选条件之一的纠纷率指标由裁决提起率代替。尽管如此，买卖引起纠纷是对卖家的不满意，可能会导致卖家信誉受损，因而影响到经营。因此，面对纠纷，卖家要重视且积极解决。下面介绍几种常见的纠纷类型及其解决办法。

6.1.1 延迟交货

1. 延迟交货的含义

延期交货指货物未能按照约定的时间交货。跨境电商平台对卖家的发货速度会进行考核，如亚马逊平台的迟发率。

迟发率（Late Shipment Rate，LSR）是在10天或30天的时间段内，预计发货时间后确认发货的订单数占订单总数的百分比。迟发率仅适用于卖家自配送订单，迟发率指标显示在卖家平台"绩效"→"客户满意度"→"账户状况"模块。

在预计发货日期前确认订单发货十分重要，这样买家才能在线查看他们的已发货订单状态。确认订单延迟发货可能对买家的购物体验产生负面影响，并导致索赔、差评、纠纷等增加。亚马逊的政策规定，卖家应将迟发率维持在4%以下，这样才能在亚马逊商城销售商品；迟发率高于4%可能会导致账户停用。

2. 延迟交货的原因

（1）原材料供应不足或原材料价格上涨等原因，导致工厂采购周期延迟。
（2）工厂挤压订单太多，无法按时提供货物。
（3）生产出的产品有问题，需要重新安排生产。
（4）人工短缺，导致产量不足。
（5）其他导致卖家无法正常交货的原因。

3. 延迟交货纠纷的处理办法

对于延期交货，卖家首先不能推卸责任，需要主动道歉，勇于担当，承担责任。只要不是过于严重的问题，大多数客户都会理解，并愿意面对和解决问题。其次，要打感情牌，获得对方谅解。再次，找到专业的应对策略，如卖家在检验货物品质时，发现了瑕疵。本着对客户负责的态度，卖家应该对货物做全面检验，以确保品质。最后，给对方提供优惠措施，如在下一单中，提供3%的折扣。具体回复模板如下。

Dear ×××,

I'm really sorry to inform you that the delivery time will delayed by 2 weeks.
In fact, we found some minor scratches on the body surface during our internal inspection. Please check the photos in attachment.
We understand it is essential to ship the goods on time. But we cannot ignore this issue. We take the quality as priority and cannot sell any defective items to our customers, even if items' problems are minor.
Therefore, I plan to arrange the full inspection soon to assure the quality of these products.

And the updated ETD is on May 16.
Furthermore, a 3% discount will be provided in the next order. We are deeply sorry.
Sincerely,
Your name
（参考译文：

亲爱的×××：

  真的很抱歉通知您，交货时间将要延迟2周。

  事实上，我们在内部检查过程中发现物体表面有一些细微的划痕，请查看附件中的照片。

  我们知道按时装运货物是极其重要的。但是我们不能忽视这个问题。我们把质量放在首位，并且不能将任何有缺陷的商品卖给我们的客户，哪怕是很小的问题。

  因此，我计划尽快安排全面检查，以确保这些产品的质量。更新的预计离港时间（ETD）是5月16日。

  此外，下一个订单将提供3%的折扣，对您说大大的抱歉。

  此致

你的名字）

6.1.2 缺货断货

1. 缺货断货的含义

  缺货是卖家库存无法满足买家需求的现象，也称断货。

2. 缺货断货的原因

（1）销售超过预期，库存不足，补货不及时。

（2）备货资金不足，库存较少，产品热销，造成断货。

（3）工厂生产出现缺口，无法供货或无法及时供货。

（4）季节性变化，如春转夏时，短袖凉鞋等产品的销量增加；秋转冬时，雪地靴等商品又会进入热销。

（5）买家需求变化，如圣诞节前，某种玩具销量突然增长。

（6）因竞争对手产品断货而导致销量大增，引发断货。

3. 缺货断货纠纷的处理办法

  当出现缺货断货纠纷时，卖家要积极和买家沟通，提供合适的解决方案，避免买家给予差评，影响店铺形象和排名。具体沟通模板如下。

缺货断货回复1：

Dear Valued Customer,
We are really sorry that the item you bought is out of stock and the new stock maybe need 2-3 weeks to arrive. We will refund you the full money soon. Usually AliExpress will deal with it with in 3-5 work days.

Once you receive the money, I hope you can give me a 5-star good feedback. Next time when you buy goods from my store, we will give you VIP prices, and do better after-sale service for you.
If you have any problem, please leave me message here, and we will reply you within 24 hours.
Best Wishes,
Your name
(参考译文:

  尊贵的客户:

  很抱歉给您带来不便。仅仅因为您购买的商品缺货,新库存可能需要2～3周才能到达,我们会尽快退还您全款,通常速卖通将在3～5个工作日内处理该商品。

  收到款项后,希望您能给我一个5星好评。下次当您从我的商店购买时,我们将给您 VIP 价格,并为您提供更好的售后服务。

  如果您有任何问题,请在此处给我留言,我们将在24小时内回复您。

  祝好

你的名字)

  缺货断货回复模板2:

Dear Valued Customer,

Thank you for your order. The item(s) you ordered is currently out of stock. It will be available in next month. We would like to confirm how you would like to deel with your order.

1. Wait for the item(s), we will give you $××× as compensation.

2. Select any other item(s) with the same value as your order.

3. Request a refund.

Please let us know which you prefer. Whatever you choose, I will respect your choice.

Looking forward to hearing from you soon.

Thank you.

Best Regards,

Your name

(参考译文:

  尊贵的客户,

  谢谢您的订单。您订购的商品目前无货,它将在下个月上市。我们想确认您想如何处理这个订单。

  1. 等待商品,我们将给您×××美元作为补偿。

  2. 选择与您的订单同等价值的任何其他商品。

  3. 要求退款。

  请告知我们您更喜欢哪种处理办法。无论您做何选择,我都尊重您的决定。

  期待很快可以收到您的来信。

  谢谢。

  祝好

你的名字)

6.1.3 货不对版

1. 货不对版的含义

货不对版指买家收到的货物与达成交易时,卖家对商品的描述或承诺在类别、参数、材质、颜色、规格等方面不相符合。

速卖通平台严重货不对版包括但不限于以下情况:

(1)寄送空包裹给买家。

(2)订单商品为电子存储类设备,产品容量与商品描述或承诺严重不符。

(3)订单商品为电脑类产品硬件,产品配置与商品描述或承诺严重不符。

(4)订单商品和寄送商品非同类商品且价值相差巨大。

(5)存在订单商品和寄送产品严重不符的情形,如图6-2和图6-3所示。

(a)实际收到容量为40ml　　　(b)订单容量为80ml

图6-2　货不对版(商品容量与实际不符)

(a)Item received　　　(b)Item described

图6-3　货不对版(收到的货物与描述不符)

2. 速卖通平台对货不对版的处罚

速卖通平台对卖家以上违规行为视情节严重程度,进行扣2分/次至"直接扣48分/次,并关闭账号"的处罚。

(1)对商品的处罚包括将商品退回且不可上架。

(2)对货不对版卖家账号的处罚如表6-2所示。

表 6-2 对货不对版卖家账号的处罚

违 规 行 为	对卖家账号的处罚措施
严重货不对版一般违规	2 分/次
严重货不对版严重违规	12 分/次
严重货不对版情节特别严重	48 分/次，并关闭账号

3. 货不对版纠纷的应对办法

货物以卖家平台详情页面上的描述为准，如果卖家的商品描述与实际不符，平台会最终保留纠纷裁决权。如果在买家下单前，卖家已经告知商品颜色会有一定偏差，尺寸也可能存在 1~2cm 的误差等，那么，在平台告知的 3 天内，卖家必须提供相关的聊天记录作为证明。速卖通卖家后台货不对版纠纷页面如图 6-4 所示。

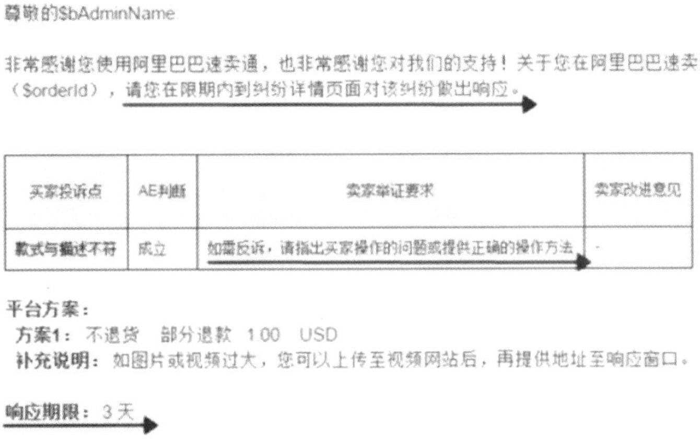

图 6-4 速卖通卖家后台货不对版纠纷页面

针对货不对版纠纷，客服人员的应对办法如下。

（1）要求买家提供证据证明货不对版。

（2）确认货不对版的原因。

（3）如果是卖家原因，客服应提供至少两种以上的解决办法供责任方选择，并给买家回复，模板如下。

Dear ×××,

We checked the information and supportive evidence you provided for this dispute. Your claim that the device is not working properly is accepted.

Generally, we follow the return policy (set on every order) to mediate the dispute. For this order, the return policy is "Return's accepted if the product is not as described, and the buyer pays return shipping; or keep the product and agree on the refund with seller." (This policy is displayed on the product page.)

Due to the amount of the order, the shipping cost may be expensive. Personally, I think "return the product" may not be the best solution for you, so I highly suggest you try your best to negotiate with seller again for a refund (without returning goods). And I will help you urge the seller to provide a better offer.

I hope that you two parties to reach an agreement and have more business cooperation in the future.

You have 5 days to negotiate with the seller for a solution. Please do keep us informed if there's any agreement reached with the seller within this period.

Best Regards.

Your name

（参考译文：

尊敬的×××，

  我们检查了您提供的信息和证据，您关于设备无法正常工作的说法是可以接受的。

  通常，我们遵循退货政策（根据每个订单）来调解纠纷。对于此订单，退货政策为"如果商品与描述不符，则接受退货，买方支付退货运费；或买方保留商品并与卖家商定退款"。（此政策显示在商品页面上。）

  考虑订单量，运输成本可能很昂贵。我个人认为"退还全额货款"可能不是您的最佳解决方案，因此我强烈建议您最好再次与卖家协商退款（不退货）。我会帮助您敦促卖家提供更好的报价。

  希望你们双方达成协议，将来有更多的业务合作。

  您有5天的时间与卖方协商解决方案。如果在此期间与卖方达成任何协议，请务必告知我们。

  祝好

你的名字）

6.1.4 货物破损

1. 货物破损的含义

货物破损指货物包装或货物本身损坏，导致价值降低或者货物不能正常使用。

2. 货物破损的原因

（1）卖家装货不善，导致货物损坏。

（2）卖家使用包装不良，使货物损坏。

（3）在物流运输途中，物流公司处理不当导致货物破损。

（4）收货人的原因导致货物破损。

（5）其他原因。

3. 货物破损纠纷及其应对

亚马逊一买家购买了一些衣架，买家投诉收到的货物破损，于是提起纠纷处理，要求部分退款16美元，并且提供了有效的证据。下面是买家留言。

I inspected the goods and the attached photos prove that there is something wrong them.I broke it with just a touch. So I ask for a partial refund of the 16. I have to say that it is a poor product!

（参考译文：我已检查货物，如所附的照片所示，货物有缺陷，仅仅碰一下就破了。因此，我要求部分退款16美元。我不得不说这是一个很差的商品！）

货物破损纠纷的处理办法如下。

（1）让买家提供证据证明货物破损。

（2）确认货物破损的原因。

（3）如果是卖家或者物流原因造成的，客服人员应与责任方协商处理办法，并将处理办法发电子邮件告知买家。

Dear friend，

After reviewing all your evidence for this dispute and all your communication with seller, we noticed that you didn't reach an agreement with seller. Therefore, we made the final solution for this dispute: refund $10.2 without returning goods.

We hope you will understand we made our effort to satisfy you for this dispute. To be honest, it is difficult to mediate international online trade dispute, many uncontrollable factors will influence a successful closing of the transaction, such as the international logistics delay, and the language barrier. To make you have a better purchasing experience on our site, we will keep improving us in the future.

Please confirm with us if you would like to accept the above solution within 3 calendar days; If you fail to response, we will refund directly in accordance with the previous solution. If you would not like to accept this solution, your dispute will not be supported and the payment will be released to the seller accordingly.

Best Regards.

Your name

（参考译文：

亲爱的朋友：

在审查了所有有关该争端的证据以及您与卖方的所有沟通后，我们发现您未与卖方达成协议。因此，我们为该纠纷提供了最终解决方案：退款10.2美元且不退货。

希望您理解我们已尽力来解决您的争议并使您满意。老实说，国际网上贸易争端很难调解，很多不可控因素都会影响交易的成功完结，如国际物流延迟、语言障碍等。为了使您在我们的网站上有更好的购物体验，我们将在未来持续改进。

请在3个自然日内，与我们确认您是否愿意接受上述解决方案。如果您没有回复，我们将直接按照先前的解决方案退款；如果您不愿接受此解决方案，则将不支持您的申诉，并且相应地将放款给卖方。

祝你。

你的名字）

6.1.5 货物质量问题

1. 质量问题的含义

质量问题指买家收到货物后,发现货物品质、使用方面有问题。

2. 质量问题产生的原因

(1)卖家发货前自己没有检查商品品质。

(2)国际物流中途环境变化导致货物质量问题。

(3)其他原因导致。

3. 质量问题纠纷的应对办法

卖家要及时地寻找原因,让买家提供证据,证明是否真的是货物质量出现了问题。如果真的是货物质量问题,可以给客户选择退款退货或者保留货物部分退款。只要买家接受方案,即可解决纠纷。

Dear Valued Customer,

We have received your dispute message that your ×××(具体产品)cannot work properly.

Please provide a video to show us the problem. For the video, please make sure as follows.

(1) Test the charger (or battery) with another device to show it works well;

(2) Connect the charger (or battery) to the product and charge it for about a few minutes;

(3) Press the power button to show us if it would turn on.

Once we check your video, we can find the problems and offer solutions to you.

Thanks so much for your cooperation.

Best Regards.

Your name

(参考译文:

尊贵的客户:

我们已收到您的纠纷消息,称您的×××(具体商品)无法正常工作。请给我们提供视频以说明问题。关于视频,请确保如下几点。

(1)用其他设备测试充电器(或电池),以证明其工作正常;

(2)将充电器(或电池)连接到商品并充电约几分钟;

(3)按下电源按钮给我们看看是否能够打开。

查看您的视频后,我们可以找到问题并为您提供解决方案。

非常感谢您的合作。

祝好。

你的名字)

纠纷类型及平台证据提交如表 6-3 所示。

表 6-3 纠纷类型及平台证据提交

纠纷类型	证据提交	备注
未收到货——在途/妥投	机打发货清单、货代内部计费重量截图等发货凭证、签收证明	物流截图无效、扣货代章的发货证明无效、手写底单无效
未收到货——扣关	核实扣关原因，提供清关文件协助买家清关；提交带有货运官方邮箱后缀的邮件截图、扣关信等有效凭证	私聊软件截图、扣货代章的发货证明无效
未收到货——退回/拒签	官网显示包裹退回原因截图，退回批条，退回包裹拍照，运费发票	仅物流信息无效
虚假单号	真实发货单号，机打发货清单、物流信息，货代内部计费重量截图等发货凭证	仅货代扣章的发货证明无效、手写底单无效
描述不符——外观不符（颜色、型号、设计样式）	与买家沟通确认信息的截图、发货前包裹图片，打包视频等有利证据	现有库存拍照图片无效
描述不符——无法使用	发货前的检测视频、指导买家使用（安装）的视频	现有库存测试视频无效
描述不符——数量不符	发货底单，带有货代公司抬头的货代内部的计费重量截图，单个产品和订单相同数量的产品称重证据图片（带包装和不带包装均需要），同等大小空包装箱的称重证据图片	产品拍照图片无效
描述不符——尺码不符	买家下单页面展示截图	指导买家将产品平铺到水平面，提供各个维度的尺寸展示图片
描述不符——品牌问题	品牌授权证明，正品购货凭证，买卖双方完整沟通截图	品牌授权证明不能造假，发货后告知产品真实属性无效

6.2 纠纷的解决策略

各个跨境电商平台对纠纷都要进行考核，如速卖通对卖家的考核主要有 3 个指标，分别是纠纷率、裁决提起率和卖家责任裁决率，这 3 个指标的设置是为了区别卖家的服务能力。速卖通纠纷考核及处罚如表 6-4 所示。

表 6-4 速卖通纠纷考核及处罚

指标	考核点	处罚措施
纠纷率	卖家被提起纠纷的情况	影响卖家产品曝光
裁决提起率	卖家未解决的纠纷提交到速卖通的情况	严重影响卖家产品曝光，如比率过高，会导致卖家的产品在一段时间内无法被买家搜索到
卖家责任裁决率	速卖通裁决的卖家责任纠纷订单的情况	

买家在平台发起纠纷并上升至仲裁，通常有两种情况，第一种是纠纷上升至仲裁，未经过平台判责，此时虽然平台介入，双方仍可通过协商解决；第二种是纠纷上升至仲裁，经过平台裁决，此时，双方既可以再协商解决，也可以双方在规定时间内响应后由

平台裁决。速卖通平台纠纷上升至仲裁后，平台的处理办法如图 6-5 所示。

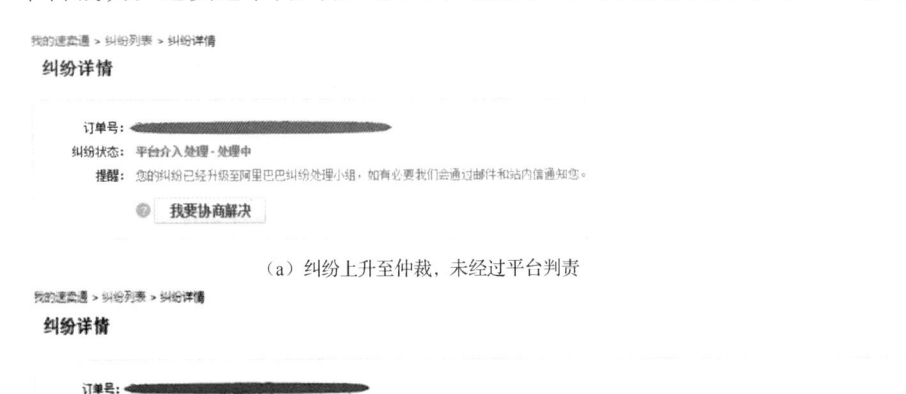

（a）纠纷上升至仲裁，未经过平台判责

（b）纠纷上升至仲裁，经过平台裁决

图 6-5　速卖通平台纠纷上升至仲裁后，平台的处理办法

敦煌网协议纠纷处理流程如图 6-6 所示。

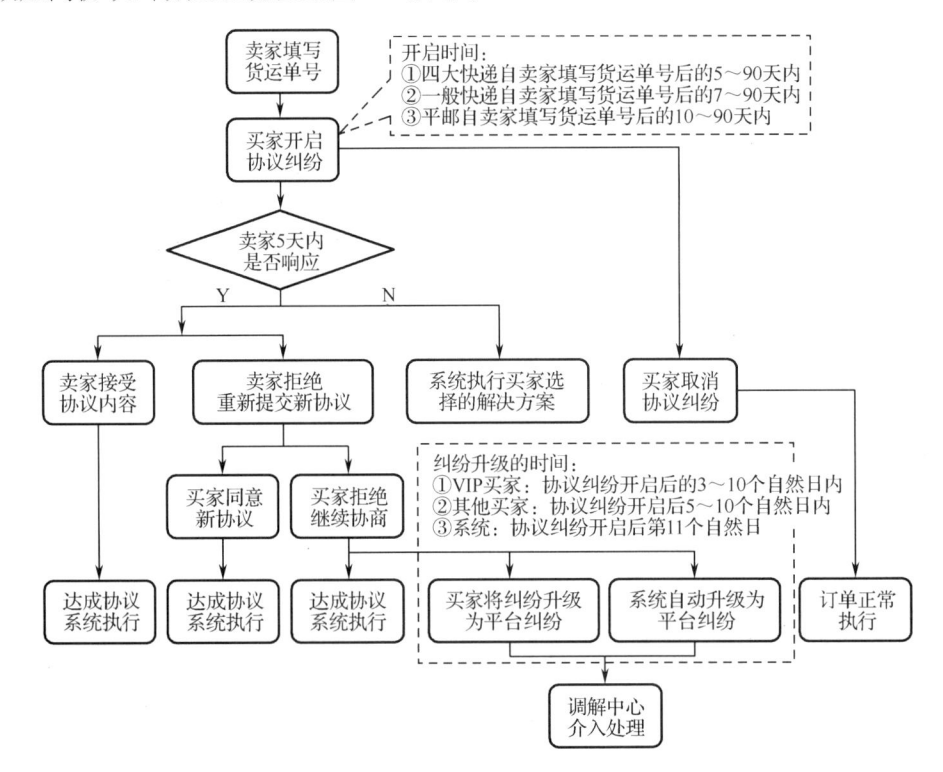

图 6-6　敦煌网协议纠纷处理流程

敦煌网升级纠纷处理流程如图 6-7 所示。

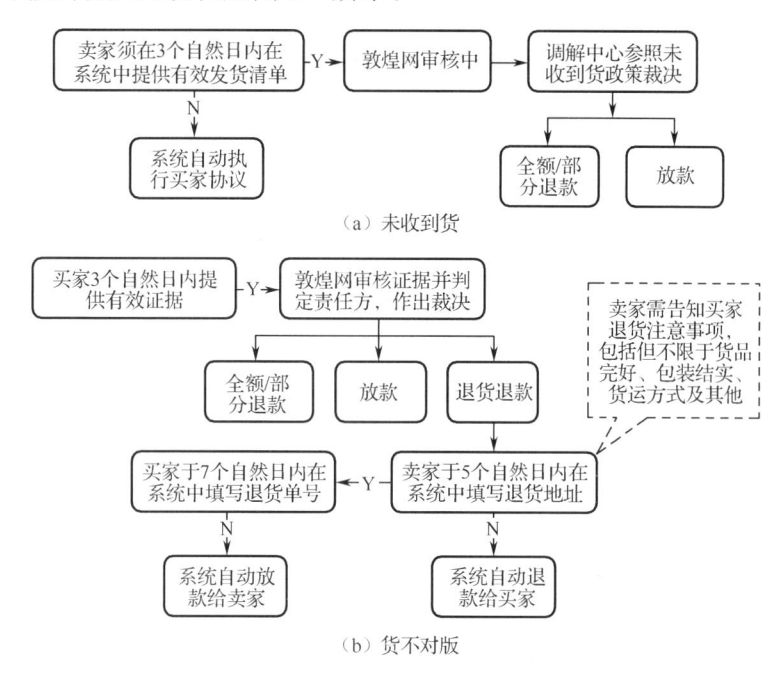

（a）未收到货

（b）货不对版

图 6-7 敦煌网升级纠纷处理流程

面对纠纷，跨境客户服务人员和卖家要以积极的态度去面对，打好感情牌；换位思考，进行有效沟通；保留证据，做好控制引导。下面详细阐述这 3 种解决策略。

6.2.1 积极主动——打感情牌

在解决纠纷的过程中，跨境客户服务人员和卖家要积极主动，对于客户的遭遇表示理解，并且承诺会积极地去解决问题。客户有不满意时，客户服务人员要马上做出回应，与客户进行友好协商。若是买家迟迟未收到货物，可以在承受范围内给客户重新发货或给出其他替代方案。

一名善于沟通的跨境客户服务人员，在安抚客户情绪和了解清楚情况后，应该至少提供两种以上解决问题的方案供客户选择。

例如，曾有客户因为自己没有在备注上写明"商品上的姓名贴需要写自己孩子的名字"，所以，收到的婴儿商品上的姓名贴不是自己孩子的名字，而是商家默认发货的"David"，客户极为不满。面对这一问题，卖家客户服务人员可以在对客户心情表示理解的同时，委婉地道出"如果客户未在购物时备注孩子的姓名，那么卖家会对未修改备注的客户默认发货，选择男孩款的对应姓名贴为'David'，选择女孩款的对应姓名贴为'Rose'"；同时，客户服务人员可以为客户提供 2～3 种方案供其选择，如建议客户将带有"David"姓名贴的商品送给身边叫"David"的小朋友，然后再按折扣价为自家孩子购进新的商品；或建议客户将商品保留，卖家为其发放优惠券，客户可用优惠券购买自己孩子姓名的姓名贴回去自己贴一下等。

若是客户对货物质量或其他不满，客户服务人员务必第一时间向客户道歉并且采取补救措施，与客户进行友好协商，提前考虑好解决方案，如在下一订单中给予一定折扣或者向客户发放一些优惠券等。客户服务人员和客户沟通时，要注意客户心理的变化，当客户不满意时，尽量引导客户朝着能保留订单的方向走，同时也满足客户一些其他的需求；当出现退款要求时，尽量引导客户达成部分退款，避免全额退款退货。客户服务人员要努力做到"尽管货物不能让客户满意，态度也要让客户无可挑剔"，让客户感受到跨境客户服务人员和卖家是在真心实意地帮他解决问题。

6.2.2 换位思考——有效沟通

解决纠纷问题的前提是保持"同理心"，即站在客户的立场上思考几个问题：发生了什么？为什么会发生？跨境客户想从卖家处得到什么？能想到跨境客户可接受的处理方案是什么？换位思考示意图如图 6-8 所示。

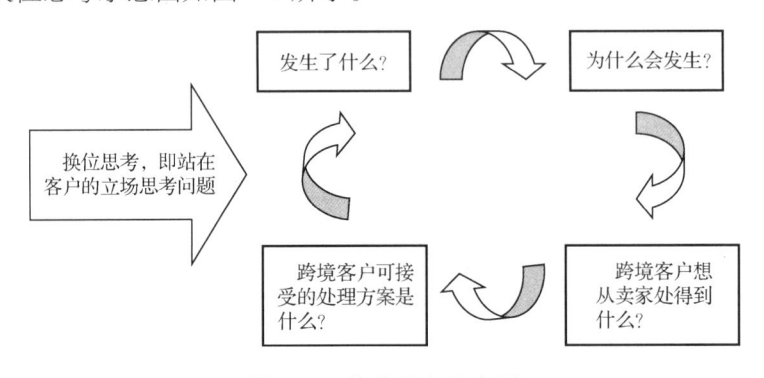

图 6-8 换位思考示意图

在解决纠纷问题时，客户服务人员要在换位思考的基础上进行有效沟通，如果包裹发生了延误，应及时通知客户，解释包裹未能在预定时间内到达的原因，以便获得客户的谅解。如果因为商品断货而使客户未在预定时间收到货，对于此类问题，卖家需要认真解释，让客户能够理解，最好的办法是告诉客户，自己会积极地帮他找到所需要的商品，同时向他介绍类似的款式供其选择。具体沟通模板如下。

Hi friend, we are really sorry that you haven't received the shoes on time because the shoes you ordered are out of stock at the moment. I will contact the factory to see when they are going to be available again. I would like to recommend you some other pretty shoes which have the same style. And I hope you will like them as well. You can click on the following link to check them out (××××××). If there's anything that needs my help, please feel free to contact us.

（参考译文：

您好，我们很抱歉您没有按时收到鞋子，因为您订购的鞋子目前缺货，我将与工厂联系以查看他们何时有货。我想向您推荐其他一些具有相同风格的漂亮鞋子，希望您能喜欢，您可以单击以下链接了解清楚（××××××）。如果有什么需要我帮助的，请随时与我们联系。）

如果包裹因为其他原因，没能顺利送达，一定要调查清楚原因，并及时反馈给买家，如下面的包裹因为带有电池组，未能通过海关安检被退回。具体沟通模板如下。

Hi friend. We are really sorry for the inconvenience. Thank you for your business, the products you ordered has been returned to us by the Customs, just because the power bank is difficult to pass, we need refund you full money. Wait for your quick reply, thanks a lot.

I also hope you can give me a 5-star good feedback, and hope you can forgive me that I can't control the shipping problem. Next time we can apply for the VIP price and better after-sale service for you from my company.

Best Wishes.

（参考译文：

朋友您好！非常抱歉给您带来的不便。感谢您给我们的生意，您订的商品被海关退回给我们了，仅是因为电池组难以通关，我们需要退还您全款。等着您尽快答复，非常感谢。

还希望您能给我个 5 星级好评，也希望您能谅解我不能掌控运输问题。下次我们可以从公司给您申请 VIP 价并提供更好的售后服务。祝好。）

如果包裹因关税未付被扣关，客户服务人员也应及时告知客户，声明已在商品描述中注明客户缴税义务。此时，不妨提出为客户分担一些关税，这样不仅能避免商品被退回，更能让客户为您十足的诚意而给予高分好评。具体沟通模板如下。

Hi friend. We are really sorry for that inconvenience. In fact, we sent you by UPS as you have chosen in my store. Before shipping, we have talked with you about the value, and we have indicated $×× × on the package as we talked. It's your obligation to pay the tax for your Customs.

Or you can send the tax picture, we need check it first, and help you solve the problem ASAP.

Best wishes.

（参考译文：

您好，朋友。不便之处，敬请原谅。实际上，我们是按照您在我的商店中选择的方式通过 UPS 发货给您的，并且在发货前，我们已经与您商谈价值，我们在包裹上已注明我们商谈的×××美元，而您需要向你们的海关支付关税，这是您的义务。

或者，您可以发送税务图片，我们需要首先核查一下，并帮助您尽快解决问题。祝好。）

6.2.3 保留证据——控制引导

在交易过程中，跨境卖家应保留有效的信息。如果出现了纠纷，这些信息能够作为证据帮助解决问题。卖家应及时充分地取证，将相关信息提供给客户进行协商，或者提供给平台帮助裁决。

在交易的每个环节，卖家均可进行取证。例如，货物打包期间，可对货物的内包装、外包装进行拍照存底；货物发出后应及时跟进货物的物流信息，并做好每日的跟进计划和记录；在货物清关和货物即将到达的时候及时跟客户沟通，这在很大程度上能提高客户的满意度，同时也可以有效地防止遗漏某个订单的跟进。物流信息跟进表如表6-5所示。

表6-5 物流信息跟进表

产　品	卖家ID	订单号	订单状态	型　号	尺　码	颜　色	收件人	其　他

6.3 跨境电商纠纷处理案例

6.3.1 未收到货的纠纷处理案例

1. 提起纠纷的原因

某笔订单中商品数量为10件，卖家通过两个包裹发货。其中一个包裹已经妥投，另一个包裹仍然在途，因此，买家以未收到货提起纠纷，并要求部分退款。沟通模板如下。

Buyer: 1 of the packages arrived weeks ago, others did not.

（参考译文：

买家：其中一个包裹几周前已到达，其他包裹则没有收到。）

2. 提起纠纷后买卖双方的做法

买家提起纠纷。

Buyer: I have written to you twice and you had more than 10 days to answer. It is obvious that you do not want to solve this issue. 1 of the packages arrived weeks ago, others did not.

（参考译文：

买家：我给你们写过两次信，你们有超过10天的答复时间。很明显，你们不想解决此问题。其中一个包裹是在几周前到达的，其他包裹则没有。）

卖家拒绝纠纷，强调另一个在途运送，再次给买家包裹的运单号，并建议买家延长收货时间等待包裹。

Seller: So sorry for late response. Recently we were lack of people to deal with so many orders. I am hiring more people. I tracked this number, and found it was in shipping and not returned. I just extended another 15 days delivery time.

（参考译文：

卖家：非常抱歉回复晚了。最近，我们缺少人手处理许多订单。我正在招聘更多人员。我跟踪了这个单号，发现货物在运输中，没有退回。我刚延长了这个15天的交货时间。）

买家同意继续等待并询问包裹状态。

Buyer: Sure, but before I cancel the dispute, could you tell me where the last known location of my package is? And how long has this information been?

（参考译文：

买家：当然可以，但是在我取消争议之前，您能告诉我的包裹最后已知地点是哪里吗？这个信息有多长时间了？）

卖家说明包裹状态，并建议等待天数、退款金额。

Seller：The tracking information just shows it's in shipping. I can't get more information. I just extended delivery time and you have 29 days to confirm this delivery. Anyway, friend, if you don't cancel the dispute, please change the refund money. You have already received partial goods of this order. Thanks.

（参考译文：

卖家：跟踪信息仅显示其正在运送中，我无法获得更多信息。我刚延长了交货时间，您有 29 天的时间确认此交货。不管怎样，朋友，如果您不取消争议，请更改退款金额，您已经收到了此订单的部分商品。谢谢！）

3. 平台介入后的处理

（1）告知买家：部分包裹在途，建议等待，如果包裹妥投，请确认收货。沟通消息模板如下。

The tracking number shows the goods are in transit, we'll ask seller to contact shipping company to confirm the status of package within 3 days. If you have received the goods in good condition, please cancel this claim and confirm the order you've received.

（参考译文：

跟踪单号显示货物正在运输中，我们将要求卖方在 3 个自然日内与运输公司联系以确认包裹的状态。如果您已经收到了货物且状况良好，请取消此索赔并确认已经收到货物的订单。）

（2）告知卖家：货物运输时间已经超过承诺运达时间，建议积极与买家沟通。

Regarding the order in dispute, the time that the goods in transit has exceeded the promised delivery time you set since the date of shipment. The buyer also filed a dispute due to the delay in receiving the goods, and did not withdraw the dispute during this period. Therefore, please actively communicate with the buyer and deal with the timeout issue resulted from objective reasons in a timely manner, so as to obtain the buyer's understanding and support.

（参考译文：

关于此纠纷订单，自包裹发货之日起至今，货物在途的时间已经超过了您设置的承诺运达时间。买家方面也因迟迟未收到货而提起纠纷，且在此期间并未对发起的纠纷进行撤回。因此，请您积极与买家进行良好的沟通，及时处理因为客观原因导致的超时问题，以获取买家的理解和支持。）

响应期限到期后，包裹未妥投，卖家同意部分退款。

Seller: I have already agreed to refund you. Firstly, I refused your dispute because this parcel

× was in shipping, and I once hoped it could be delivered on time and we extended delivery time for you. I didn't ignore you, and I am very sorry for its delay.

（参考译文：

我已经同意退还您的款项。起先，我拒绝您的纠纷是因为这个包裹×××正在运输中，我曾经希望可以按时到货，并且我们为您延长了交货时间。我没有忽视您，对于货物的延迟我感到非常抱歉。）

（3）平台操作部分退款，并关闭纠纷。

4. 客服避免此类纠纷的对策

（1）积极关注纠纷案件。对于买家提起纠纷尚未上升至仲裁平台介入前，积极予以响应。

（2）核对发货数量、退款金额。在确认部分包裹未妥投的情况下，积极与买家核对部分退款金额信息。

（3）在双方协商一致的情况下，将协商结果信息反馈于平台。

6.3.2 已收到货的纠纷处理案例

1. 提起纠纷的原因

买家买了3组12个灯泡，收到货后表示灯泡的瓦数不一致，以此提起纠纷。

2. 提起纠纷后买卖双方做法

买家提起纠纷，要求部分退款20美元不退货（总金额为49.4美元）

Buyer: Unfortunately, you sent me wrong products. I ordered SMD5630-60LEDs-15w, but I received 42LEDs-5.2w. They differ three times in power. I'm very upset, because, I always receive corn shaped bulbs with lower power. This time I'm really upset, because you sent the wrong bulbs. If you need, I can send you the link to the video.

（参考译文：

买家：太失望了，你们给我发错了商品。我订购的是SMD5630-60LEDs-15w，收到的是42LEDs-5.2w，功率相差了近3倍。我很烦，因为一直收到的都是功率较低的玉米形灯泡。这次真是恶心，你们发错了灯泡。如果需要，我可以向你们发送该视频的链接。）

卖家拒绝纠纷，要求买家退货，表示发了两种型号的灯泡，都是按照买家要求发货的，希望买家重新检测。

Seller: Hello, you purchased two orders from us, one is 42LEDs, the other is 60LEDs. We all ship them at your request. Moreover, the power is more than 5w and you should input correct voltage and current. Best regards!

（参考译文：

您好，您从我们这里订购了两个订单，一个是42LEDs，另一个是60LEDs。我们都按照您的要求发货的。此外，功率大于5W，您应该输入正确的电压和电流。祝好！）

买家修改了退款理由，还将退款金额从20美元降至15美元，并且表示愿意举证，如果退货的话,要求卖家承担运费。

Buyer: $15 is my last offer. I can also return your products, but you should pay shipment cost $11 in advance.

(参考译文:

买家:我最后出价是 15 美元。我也可以要求退货,但你们需要提前支付运输费用 11 美元。)

卖家拒绝了买家的请求,要求买家退回所有货物,然后全额退款。

Seller: Please return all my goods.

(参考译文:

卖家:请退回所有货物。)

买家继续拒绝卖家的请求,并且提供了视频举证,然后提起仲裁纠纷,要求平台介入。

平台建议在买家提起纠纷后,卖家应该积极与买家协商,尤其是买家提供了视频举证的情况下,如果发现产品的确存在问题,可以和买家协商部分退款。如果双方在前期纠纷阶段就达成一致,可以更好地避免仲裁提起率。

3. 平台介入后的处理

平台介入后,告知双方情况。

(1)平台告知买家举证的 2 件商品被认可,但是剩下的 6 件商品需要重新举证。

Dear buyer,

Please kindly understand that our mediation is based on your providing sufficient evidence for your claim. According to the current evidence provided, the goods that are inconsistent with the order evidence is accepted for 2 pieces. If you want to refund other 6 pieces please provide video to support your claim within 3 days.

(参考译文:

亲爱的买家:

请您理解,我们的调解是基于您为您的索赔提供了足够的证据。根据当前提供的证据,对于与订购不符的货物,针对 2 件货物的证据被采纳了。如果您想退款其他 6 件,请在 3 天内提供视频以支持您提出的声明。)

(2)平台告知卖家,平台会继续取证,也建议卖家积极与买家协商。

Dear seller,

In response to the buyer's complaint, we have a deadline of 3 days for the buyer to provide more evidence to explain. Please pay attention to for communication and negotiation. During this period, if the buyer can add important evidence, we will issue a ruling according to the actual situation and inform both the buyer and seller. If the two parties could reach an agreement through consultation during this period, please click 'response' and write out the consensus in the response. We will deal with the dispute order in accordance with the agreement of both parties.

(参考译文:

亲爱的卖家：

针对买家投诉问题，我方限期买家3天内提供更多举证予以说明，请您注意沟通与协商。在此期间，若买家补充了重要的证据，我方将根据实际情况发出裁决意见并通知到买卖双方；若在此期间双方能够通过协商达成一致，请您单击"响应"并在响应内容中写明共识。我方将按照双方的共识处理该纠纷订单。）

买家在平台通知的回应期限内重新举证产品问题，卖家发现发货商品的确存在问题后，发起结案申请（仲裁再协商），愿意按买家要求的金额退款15美元。然后买家同意了卖家的请求，最后双方达成一致，此次纠纷问题最终得以圆满解决。

本章小结

在跨境电商交易中，纠纷主要分为两类，一类是买家未收到货而产生的纠纷；另一类是买家收到货，但与货物描述或约定不符导致的纠纷。纠纷一旦提起，不仅影响买卖双方，而且还会影响买家对平台的信任。各个跨境电商平台对纠纷都有考核，因此，卖家必须积极应对纠纷，争取友好协商解决。同时，面对纠纷，要不卑不亢，一定理智处理，争取将店铺损失降到最小。

课后练习

一、判断题

请仔细阅读下列表述，判断正误，正确的打"√"，错误的打"×"。

（　　）1. 速卖通平台取消了卖家纠纷率指标的统计及考核，卖家再也不需要担心纠纷事件了。

（　　）2. 对于严重货不对版，速卖通平台直接给予48分/次的处罚，并关闭店铺。

（　　）3. 货物在运输途中由于物流公司处理不当导致破损，卖家不需要承担责任，也可以不理会买家发起的纠纷。

（　　）4. 一旦买家发起纠纷，卖家要提供证据，并提供两套以上的解决方案以供选择。

（　　）5. 在交易环节中，卖家要留有证据，若买家发起纠纷，应将相关信息直接提供给平台帮助裁决。

（　　）6. 目前，速卖通与纠纷相关的三个卖家考核指标分别是纠纷率、裁决提起率、卖家责任裁决率。

（　　）7. 迟发率（Late Shipment Rate，LSR）是在30天内预计发货时间之后，确认发货的订单数占订单总数的百分比。

（　　）8. 买家发起纠纷之后，卖家在后台看不到对方发起的纠纷类型。

（　　）9. 按照亚马逊平台的规定，寄送空包裹给买家属于货不对版的行为。

（　　）10. 亚马逊的政策规定，若卖家的迟发率高于5%，可能会导致账户停用。

二、选择题

1. 常见的未收到货物纠纷不包含（　　）。
   A. 延迟交货　　　B. 货不对版　　　C. 海关扣关　　　D. 缺货
2. 关于迟发率说法正确的是（　　）。
   A. 迟发率是在一段时间内，预计发货时间之前确认发货的订单数量
   B. 迟发率适合卖家自己配送订单和亚马逊 FBA 订单
   C. 亚马逊平台迟发率指标显示在卖家平台"绩效"→"客户满意度"→"账户状况"模块
   D. 迟发率是在一段时间段内，预计发货时间之后确认发货的订单数占订单总数的百分比
3. 严重货不对版行为不包括下列哪一项？（　　）
   A. 订单商品和寄送商品非同类商品且价值相差巨大
   B. 订单商品为 64G 的 U 盘，买家收到货发现该 U 盘的容量只有 60G
   C. 寄送空包裹给买家
   D. 订单商品为电脑类商品硬件，产品配置与商品描述或承诺严重不符
4. 在物流信息跟进中，哪一项是不必要的？（　　）
   A. 产品价格　　　B. 订单号　　　C. 商品型号　　　D. 收件人
5. 关于纠纷从提起到结束，说法正确的是（　　）。
   A. 不需要卖家参与，平台直接介入处理
   B. 买卖双方不需要协商，而是由平台直接裁决
   C. 为了平台的信誉，平台会做出有利于买家的裁决
   D. 买卖双方可以协商解决，如果协商不成，则上升为平台仲裁

三、简答题

1. 简述纠纷处理的一般流程。
2. 面对售后纠纷，跨境客户服务人员和卖家应该采取什么样的措施去解决纠纷？

四、实操题

一美国买家在速卖通上购买了一件婴儿安全监控器，下单后迟迟未能收到货物。于是在平台上发起了纠纷。经卖家查询物流状态，发现货物于 1 周前已经到达美国。请你对上述纠纷提出解决办法，并发消息或站内信告知对方。

第 7 章 跨境电商客服与沟通的技巧

学习目标

（1）了解跨境电商售前客户服务需要具备的意识；
（2）熟悉跨境电商售前客服需要准备的基本内容；
（3）掌握跨境电商售中客户服务的技巧（含客服沟通模板）；
（4）掌握跨境电商售后客户服务的流程与方法。

学习重点与难点

学习重点：
售前客服与沟通的策略，如何为买家提供优质物流体验。
学习难点：
售后客服与沟通的流程、原则及方法。

导入案例

深圳市网易盛世科技有限公司（以下简称"网易盛世公司"）原本是安防行业里一家传统外贸公司，主营车载安防产品，经营状况一度濒临绝境，企业举步维艰。在毅然转型跨境电子商务后，该公司获得新生，一度在较长时间内占据着敦煌网安防品类靠前的位置，店铺复购率接近 30%，电商月销售额达到 50 万美元。

网易盛世公司之所以能够转型成功，除善于把握商机外，还依靠过硬的产品质量，而服务才是核心中的核心、关键中的关键。根据该公司的订单规则，在售前阶段，客户咨询后，客户服务人员会第一时间回复；在售中阶段，一旦客户下单，他们对所有的商品进行 100%质检。在打包时也跟一般卖家不同，采用非常好的独立包装箱，确保其包裹到达客户手里时是一个完好无损的商品；在售后阶段，他们提供一年质保。如果客户收到的商品确实有问题，退货完成后，他们会尽快为其更换新品。

除个人客户外，很多境外电子商务平台上的卖家也会在网易盛世公司的店铺中进货，并要求其直接将商品寄给终端客户。对于这部分客户的订单，网易盛世公司会挑出来单独处理。他们会以卖家的名义给收件人写一封感谢信附在包裹中，并附带一份小礼物。网易盛世公司不会在这部分包裹的内外包装上标注自己公司的任何标志和信息，以避免客户发现商品来自网易盛世公司。

曾经有一位俄罗斯的工程师在工作之余，到网易盛世公司的敦煌网店铺购买报警器，并拿到俄罗斯当地去卖。双方持续合作了一年之后，这位工程师决定改行卖按摩椅。基于此前良好的合作，工程师希望网易盛世公司能够帮助代购相关商品。对于网易盛世公司而言，这笔交易不仅费时费力，还几乎没有利润。但出于不愿意失去一个老客户的考虑，网易盛世公司还是答应了客户的请求。

经过一个多月的时间，网易盛世公司从1688.com、淘宝、eBay、实体店等多渠道终于凑齐了客户要的商品，统一打包并快递过去，再次获得了客户的好感。后来，网络摄像机（IP Camera）在俄罗斯热卖，这位工程师又开始从网易盛世公司大量采购商品。目前双方已经合作了3年多的时间。

因为对客户服务品质的追求，目前，网易盛世公司店铺的客户中，仅占整体客户数量25%的老客户却贡献了70%的营业额。

【辩证与思考】

在市场竞争日益激烈的今天，作为企业，如果想拥有一定的良性发展空间，除商品质量要严格把关外，同时还要拥有一套完善的客户服务标准，这是一门很深的学问。对于基于网络平台发展而来的跨境电子商务行业而言，客户服务质量与水平可以说是众多中小型跨境电子商务企业稳定发展的重要基石。要提升跨境电子商务客户服务的质量与水平，应从两个方面展开工作，一是硬件方面，也就是跨境电子商务客户服务的工作流程、工作方法；二是软件方面，即跨境电子商务客户服务人员的工作态度、实际工作能力和容忍度等，这些主要体现在客户服务的技巧运用上。

7.1 售前客服与沟通的策略

在整个跨境电商团队中，客服岗位的人员每天都在电脑面前处理复杂、棘手的问题，为客户提供服务。这一人群的价值有巨大潜力可以挖掘，通过提高他们的岗位服务技巧，可以减少退货率，降低成本。客服岗位的人员还可以为业务员提供有价值的信息，帮助挖掘新订单；有助于减少差评率，使企业成为优质企业，不断拓展新客户；他们的服务口碑，将有助于赢得客户。因此，要做好跨境电商，就必须重视客服服务技巧。

7.1.1 提升服务意识

服务意识属于软件方面的技巧，指企业全体员工在和一切与企业利益相关的人或企业的交往中所体现的为其提供热情、周到、主动服务的欲望和意识。

服务意识的内涵在于，它是发自服务人员内心的，是服务人员的一种本能和习惯，可以通过培养、教育、训练而形成。跨境电子商务客户服务人员绝大部分时候都是通过线上沟通完成本职工作的,客户服务人员的工作态度决定一切,一开始就要摆正专业的服务态度,处理任何事情时要多为客户着想。只有提高这种意识,才能真正地提高服务质量,进而提升客户体验的满意度,推动后续业务的展开。

为了提高跨境电子商务客户服务意识,需要做到以下两点。

1. 积极主动地服务客户

在体验经济得到广泛关注的今天,网络客户比以往更重视客户服务人员的主动服务意识。他们更希望客户服务人员无时无刻不在关心他的订单,更期望客户服务人员具有创新意识,能够带给他们惊喜。在和客户沟通时,客户服务人员需要摆正自己的位置,不做被动的服务提供者,要做主动的意见贡献者。

跨境电子商务碎片化的特质,决定了在这一新兴领域里,积极主动地提供客户服务的重要性更为突出。这就要求跨境电子商务客户服务人员在接触客户之初,就应积极主动地进行售前客户服务,灵活而有弹性地为客户提供更好的服务,时刻注意体现专业精神,时刻对自己负责、对客户负责。

2. 灵活转变思路,提升售前体验

客户对服务的期待往往会有变化,网络客户服务人员之前定义的本职工作——客户服务的概念也需要随之发生变化。有时需要打破以往的框架,为客户提供在能力和成本范围内可以为自己加分的服务,而好的加分服务可以给客户带来惊喜,同时也会在客户心目中留下更深刻的印象。

如图 7-1 所示为一跨境电子商务平台展示的某店铺客户服务人员提供的便携式榨汁机的操作示意图。很明显,对于某些复杂的有技术难度的商品,跨境电子商务客户服务人员在知晓客户对该商品感兴趣后,主动提供这种操作示意图、演示视频和使用说明的好处有如下几点。

(1)可以直观有效地解决较为复杂的问题,打消客户在购买前对于商品买回去不会用的顾虑。

(2)属于超出客户预期的精细服务,可以提高客户体验和满意度。

(3)具有可重复利用的特点。从长远角度而言,可大幅降低跨境客户服务工作的时间成本。

特别需要注意的是,转变思路需要把握好度,如果拿捏不好,增值服务就有可能给客户留下不好的印象,如认为客户服务人员专业度不够、随意性太强等。所以提供增值服务的前提是常规服务和增值服务要有主次之分,提供的服务项目是客户服务人员力所能及,并且费用控制在成本范围内。

客户服务人员在做好常规服务和增值服务的准备工作后,就能够信心百倍地投入实际工作中,去应对形形色色的人,解决复杂多变的事,不断提高服务质量和服务意识,更好地为客户服务。

① Cut the orange in half
①把橙子切成2半

② Place the orange on the cutting slot
②把橙子放在榨汁机上

③ Cover the screw cap and press the rotation
③旋紧盖子，按压旋转器

④ Pour out the juice and you're done
④倒出橙汁就完成了

图 7-1　某店铺客户服务人员提供的便携式榨汁机的操作示意图

7.1.2　熟悉店铺商品

跨境电子商务客户服务人员要想服务好境外客户，首先，要熟悉自家店铺的基本信息，包括店铺经营模式和商品的种类、仓库管理、库存数量、定价、退换货条款等；其次，还要熟悉店铺的营销活动及相关信息。

在跨境电子商务活动中，客户服务人员有时起到的是一个销售员的作用。如果当客户咨询商品问题时，客户服务人员却答不上来或表现得吞吞吐吐，客户就会质疑这个客户服务人员的专业性，这容易引起客户对服务及商品的不信任，那么下单就比较困难了。专业的客户服务人员应该制作一本自己的销售商品电子手册，这一手册可以帮助客户服务人员快速熟悉自家商品，以便在应对客户咨询时，回复能更及时、准确、专业。

在进行售前客户服务的过程中，跨境电子商务客户服务人员要给客户专业、值得信赖的感觉，还需要善于运用 FAB 原则，以带来业绩的实际提升。FAB 对应的 3 个英文单词为 Features、Advantages 和 Benefits，跨境电子商务客户服务人员可以按照这样的顺序向客户介绍商品，紧抓本质和关键，并整理成相应的模板，再向客户进行说服。FAB 原则就是让客户相信这里的商品和服务是最好的，从而促进成交。这就要求跨境电子商务客户服务人员做到如下 3 点。

（1）从客户的角度思考。思考客户购买前可能存在的顾虑、问题；分析客户可能不进行购买的直接原因；利用数据、图片等实际情况打消客户的顾虑等。

（2）阐述商品优势。客户最关心的莫过于商品的质量、价格、生产技术水平、售后服务等。跨境客户服务人员可以从多个方面阐述商品的优势，包括原材料、制作工艺、特点、包装、价格、服务等方面的特别之处。

（3）道出客户将获得的益处。售前阶段，若客户对下单存在异议时，客户服务人员还可通过跨境平台向客户说明其购买后能享受到的益处。例如，当客户询问关于商品质量的问题时，客户服务人员可回复："This item is made of ×××, which is quite good for your health."

如图 7-2 和图 7-3 所示为亚马逊平台在给出商品详情时，就主要侧重商品的 FAB 原则进行描述，其客户服务人员提供的信息也主要围绕这 3 个方面展开。

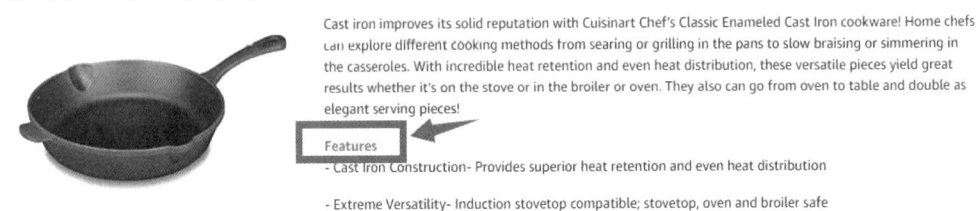

图 7-2 跨境电子商务商品 FAB 原则之 F

图 7-3 跨境电子商务商品 FAB 原则之 A 和 B

不同于国内传统电子商务详情页打造时冗余的图片堆砌，跨境电子商务平台上一个商品的图文篇幅往往是受限的，这就更需要客户服务人员（也包括平台运营专员）懂得 FAB 销售模式，把更重要的信息传递出去，从而提供令客户满意的服务。

7.1.3 提升回复响应时间

在跨境电子商务运营过程中，客户服务响应的时间越短，给客户带来的体验越好，很多时候会直接影响网店的销量。国内传统电子商务在响应速度的考量上分首次响应时间和平均响应时间两种。研究数据表明，客户服务的首次响应时间在 10 秒以内比较合适，而平均响应时间则以 16 秒内为较合理的状态。对于跨境电子商务行业而言，该响应速度由于时差和网络延时的影响，一般很难达到，普遍响应时间从几分钟到几小时、几十小时不等,企业级卖家的客户服务人员一般也只能保证24小时内回复站内信和订单留言。

提升客户服务的响应速度可以从以下几个方面进行完善。

1. **设置平台自动回复**

随着各大跨境电子商务平台的不断完善,平台逐步开发并开放了设置自动回复的功能,这样不仅能提高客户服务效率,也能提升店铺的服务评分。

1)消息提醒及快捷短语设置

使用即时交流软件阿里旺旺,卖家可以对买家客户进行问候语和常见问题的自动回复,设置方法如下。登录阿里旺旺,单击"系统设置"→"聊天设置"→"消息提醒"菜单命令,勾选对应的"提醒类型",然后单击"确定"按钮,如图7-4所示。

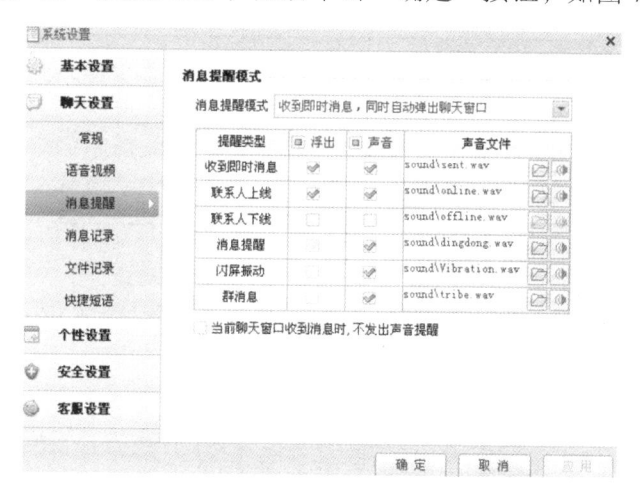

图7-4 阿里旺旺"消息提醒"设置

打开"聊天设置"中的"快捷短语"对话框,编辑快捷短语内容,完成后单击"确定"按钮,如图7-5所示。

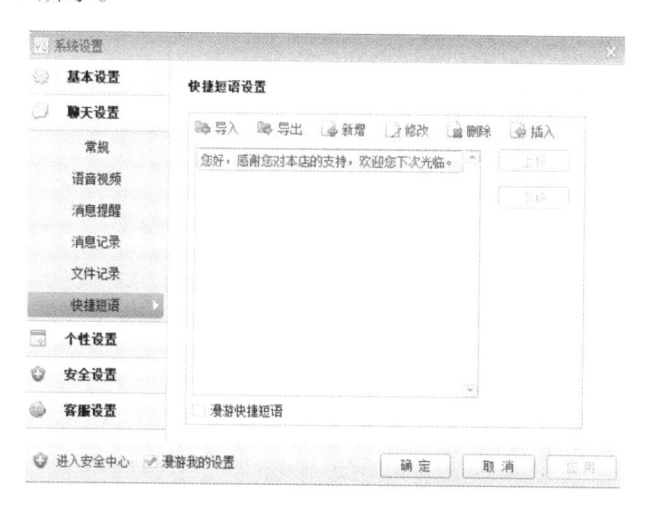

图7-5 阿里旺旺"快捷短语设置"入口

想要输入的句子可使用多个语种，客户服务人员可根据实际情况选择。此处内容可以是日常祝福、周末祝福、节日祝福，如 Easter（复活节）、Thanksgiving Day（感恩节）、Valentine's Day（情人节）、Father's Day（父亲节）、Mother's Day（母亲节）、Boxing Day（节礼日）、Women's Day（妇女节）、Labor Day（劳动节）等节日的祝福。

例如：May the New Year be a time of laughter and real enjoyment for you. Best wishes.
（参考译文：
新年是欢乐和愉快的时光！最好的祝福！）

2）添加常见问题的自动回复

在速卖通后台添加常见问题时，有两个适用范围，一个为通用，另一个为类目。若将适用范围设置为类目，客户服务人员可在如图 7-6 所示的下拉列表中根据情况进行选择。

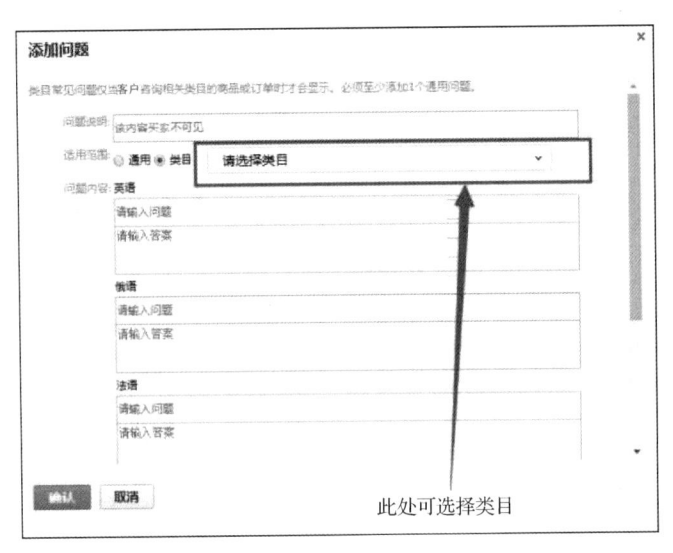

图 7-6　速卖通自动回复添加问题适用范围

常见问题不仅是售前咨询，在售中、售后环节也会有，一般都需要在售前设置好。通常情况下，有如下一些通用的问题。

Has the order/goods/package been sent out?
Why does the order not arrive yet?
Free Shipping?
Can I get a discount?

而针对类目的问题可能就会显得更丰富了，例如：

Is the phone genuine?
Has it got the function of …?

当然，这方面的内容还有很多，跨境电子商务客户服务人员可以在自己平日处理日常客户服务工作时总结出来，然后简短概括，再进行自动回复的设置。

需要注意的是，常见问题的字符数限制在 1～100 个字符，需要尽量简短直白地概括问题。设定好常见问题后，建议模拟买家客户进行测试，确认实际效果，以免弄巧成拙。

2. 利用 ERP 系统进行自动回复

并非每个跨境电子商务平台都具备自动回复的功能设置，所以，很多时候需要利用跨境卖家常用的 ERP 系统进行自动回复，以提升客户服务响应速度。

在 ERP 系统中，自动回复功能通常是利用常见回复板块进行的快捷回复设置，其功能和设置方式与前面介绍的平台自动回复功能类似。如图 7-7 所示为某 Wish 店铺绑定的店小秘 ERP 系统设置的"重发商品"自动回复，目前几乎所有的跨境电子商务 ERP 系统都具备此类功能。尽管这一例子中的内容应发生在订单产生后，但所有可能会在跨境电子商务平台上涉及的客户服务沟通内容的自动回复，都应该属于售前准备的工作内容。

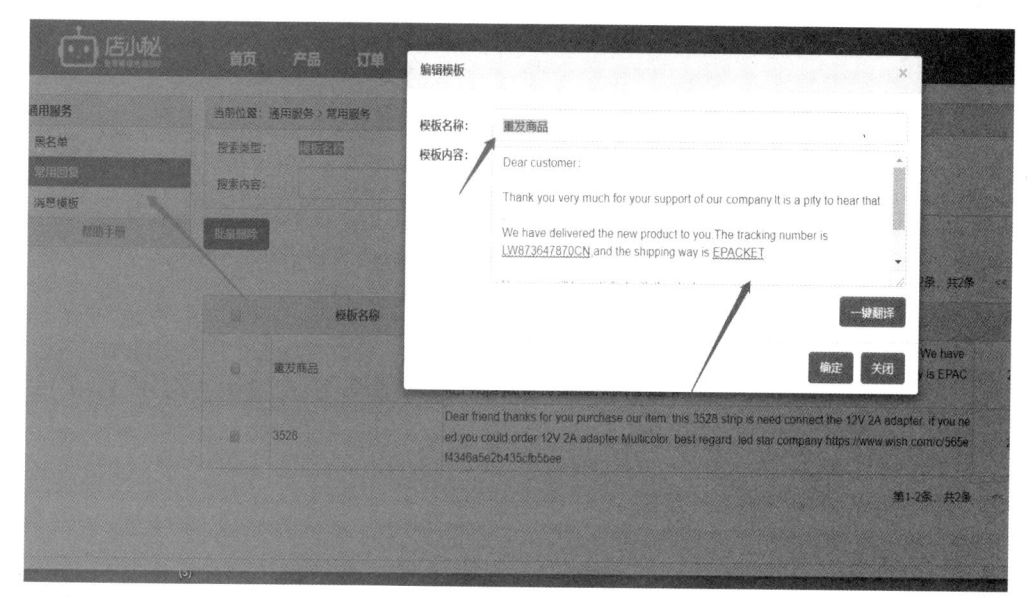

图 7-7 利用 ERP 系统进行自动回复

3. 熟练运用快捷键

传统的输入方法操作非常浪费时间，使用搜狗快捷键输入法设置会大大提升客户服务人员的工作效率，尤其是在咨询量较大时，其效果更为显著。熟悉键盘上的快捷键，灵活运用在跨境客户服务与沟通的工作中，是跨境电子商务客户服务人员专业水平的体现，也是提升回复响应速度的"法宝"。通常，跨境电子商务客户服务人员需要掌握的快捷键包括以下内容。

1）F2 键

当选中一个文档时，按 F2 键即可进入重命名状态，或者可以直接双击文档的名称，也可进行文档的重命名。

2）F12 键

在编辑好 Excel 或 Word 等文档时，或某文档被打开的状态下，按 F12 键，则可将文档进行"另存为"操作，一般在群里接收文档时常用此快捷键。

3）Delete 键

删除被选中的文件，并将其放入回收站。如需找回，可打开回收站，选中要撤回的文件，右击进行还原操作。

4）Shift+Delete 快捷键

直接删除文件，这不等同于放入回收站，而是永久删除文件，需谨慎使用。

5）Ctrl+A 快捷键

全选文件夹内的文件即选中全部内容。这个快捷键经常用在回复邮件的时候，可以根据需要先全选，然后锁定邮件内容中某一条的内容，再复制、粘贴到 Response（响应）的输入框中。

6）Ctrl+C 快捷键

复制被选择的内容到剪贴板。

7）Ctrl+V 快捷键

粘贴剪贴板中内容到当前位置。

8）Ctrl+S 快捷键

保存当前操作的文件。在编辑 Word、Excel 等文档的时候，为了防止不小心关闭窗口，导致自己之前的努力都不翼而飞，最好养成编辑完成一段，就按一下 Ctrl+S 快捷键的好习惯。

9）Ctrl+X 快捷键

剪切被选择的内容到剪贴板。

10）Ctrl+Z 快捷键

撤销上一步的操作。如果一位跨境电子商务客户服务人员辛辛苦苦写好一封邮件，结果不小心没复制好，将邮件内容弄丢了，这时只要编辑邮件的页面未关闭，就可以用 Ctrl+Z 快捷键撤销上一步操作。

11）Windows+D 快捷键

第一次按 Windows+D 快捷键显示桌面，再次按就恢复原先的窗口了。

12）Windows+E 快捷键

不管计算机当前在什么界面下，只要按下这个快捷键，都可以直接打开"我的电脑"窗口，调取自己所需的内容。

13）Windows+F 快捷键

跨境电子商务客户服务人员有时为了提升响应速度，很多文档没办法及时归类整理，有时候不知道之前的文件存放在哪里了，只要按下这个快捷键，就启动了"查找：所有文件"对话框，只要在对话框中输入所找文件的关键字，进行搜索即可。

7.2 售中客服与沟通的方法

7.2.1 使用工具催讨

熟练运用客户服务沟通的常用模板进行回复，是客户服务人员提升工作效率的重要途径。对于跨境电子商务客户服务人员而言，由于需要进行跨文化的外语沟通，要想较为准确地与客户沟通且加快应答响应速度，能熟练运用客户服务模板就显得尤为重要。每位跨境电子商务客户服务人员都可以根据自己的工作需要、个人经验及习惯制作一套自己觉得好用、实用的客户服务模板。有一套客户服务沟通模板，可以使得跨境电子商务客户服务人员在售前、售中、售后的任何工作环节，都表现得更加从容。

本书的第 4 章已提供了大量的售中环节跨境电子商务客户服务需要用到的沟通模板，其中最常用的几种情形的沟通模板归纳如下。

1. 对未付款订单的催付

Dear Buyer,
We have received your order of ×××, but it seems that the order is still unpaid. If there is anything that I can help with the price, size, etc., please feel free to contact me. After the payment is confirmed, I will deal with the order and arrange for shipping as soon as possible. Thanks!
Best regards.
(Your name)
（参考译文：
亲爱的买家：
我方已收到您的订单×××，但好像您并未付款。如果在价格、尺寸等方面需要任何帮助，请随时与我联系。确认付款后，我会处理订单并尽快安排发货。谢谢！
祝好。
你的名字）

2. 对买家客户议价的回复

Dear Buyer,
Thank you for having interest in our goods. I'm afraid we can't offer you lower price. In fact, the price we offered has been carefully calculated and our profit margin is already very limited. However, we can offer you a $××× coupon if you purchase more than $××× in one order. If you have any further questions, please let me know. Thanks.
Best regards.
(Your name)
（参考译文：

亲爱的买家：

　　感谢您对我们的商品产生兴趣，但很抱歉我们不能给您更低的议价。事实上，我们的价格是经过精密计算且合理的，我们的利润已经很有限了。但如果您一个订单购买超过×××美元，我们可以给您一张价值×××美元的优惠券。若您还有任何疑问，请与我联系。谢谢。

　　祝好。

你的名字）

3. 告知买家客户促销活动

Dear Buyer,

Thanks for your message. If you buy both of the ××× items, we can offer you a ××% discount. Once we confirm your payment, we will ship out the items for you in time.

Please feel free to contact us if you have any further questions.

Thanks & Best regards.

(Your name)

（参考译文：

亲爱的买家：

　　感谢您的留言。如果您购买两款×××商品，我们可以为您提供××%的折扣（此处的数字需用100减去上面英文邮件中的数字值）。一旦我们确认您的付款，我们将及时发货。

　　如果您有任何进一步的问题，请随时与我们联系。

　　谢谢！祝好！

你的名字）

4. 断货说明，征求谅解

Dear Buyer,

We are very sorry that the item you ordered is out of stock at the moment. I will contact the factory to see when it will be available again. I would like to recommend some other items of similar styles, hope you like them too. You can click on the following link to check them out (http://...). If there is anything I can help, please feel free to contact us. Thanks!

Best regards.

(Your name)

（参考译文：

亲爱的买家：

　　真是对不起，您订购的商品目前缺货，我会与工厂联系看什么时候能补上。我想推介一些风格相近的商品，希望您也能喜欢，您可以单击链接（http://...）查看。有什么我可以帮忙的，请随时与我们联系。谢谢！

　　祝好！

你的名字）

7.2.2 确认订单

在跨境交易中，跨境物流时间长，运费成本相对较高，相信无论是客户还是卖方都不希望出现退换货的纠纷。若是由于买家客户地址填写错误或拍错商品等导致不必要的纠纷，对卖家而言可能造成不小的损失。所以，当买家客户拍下商品后，卖家在安排发货前，由跨境客户服务人员与买家客户确认订单详情是十分重要的一项工作。

对已付款订单进行确认的客户服务沟通模板详见第4章。

7.2.3 为买家提供优质的物流体验

随着电子商务的蓬勃发展，物流行业也得到了前所未有的飞速发展。跨境物流与传统物流相比，明显存在运输时间长、运费贵、清关能力和服务能力参差不齐等问题，所以，跨境物流无疑是跨境电子商务的重要内容。

虽然在跨境电子商务行业，多数稍有规模的企业都设有物流仓储部门或岗位，有专人负责物流服务，但有关物流商选择和商品打包等相关工作，也同样是跨境电子商务客户服务人员需要了解和掌握的业务范围，是客户服务人员处理客户疑问和矛盾纠纷时往往无法回避的重点内容。

1. 物流商的选择

人们熟识的跨境物流业务有国际快递、海运、空运、陆运、多式联运等。其中，国际快递又可细分为商业快递、邮政小包、专线等；海运有集装箱、整箱、拼柜等方式。与之相关联的业务还有拖车、报关报检、清关、海外仓储、海外退货业务、出口退税、单证等。

物流方式的选择将会直接影响到卖家的成本及买家的体验度。物流价格成本、货物清关及丢包等安全成本、客户的体验成本、库存周转成本等，都是卖家需要综合考虑的。选择合适的物流方式可以大大节省运营成本，并对客户体验和资金周转利用率有着不可忽视的作用。而选择物流商的关键在于要找到满足买家需求、平台要求、适合自家商品的运输方式。跨境电子商务平台对卖家的货运服务有严格要求，如亚马逊 FBA 货物就有严格的商品标签和包装要求。

对于卖家而言，选择适合自己的运输方式有以下3个原则。

原则一：安全性好，可跟踪性强。尽量让买家可以随时了解商品运送状态，这一点目前大部分物流方式都可以做到。

原则二：时效性好，可控性强。至少要保障货物在买家客户期望的运送时间内送达，大多数电商平台系统都有对应的运送送达时间范围，显示在订单详情页面，如亚马逊等。随着电子商务全球化发展，买家对物流配送的时效要求也越来越高。

原则三：服务好，性价比高。在确保不违反原则一、原则二的前提下，应选择性价比更高的物流方式，如前面提到的"一单到底"模式。

目前，跨境电子商务物流模式的主要种类及其特点有如下几种。

1）邮政小包模式

邮政小包属于邮政航空小包的范畴，是一项经济实惠的国际快件服务项目。邮政小包是目前广大做国内自发货的中小型电子商务企业选择最多的物流渠道。通过邮政的寄送平台，以个人邮寄物品的方式，将网络成交的商品运往世界各地。邮政小包业务主要包括中国邮政小包、国际e邮宝、香港邮政小包、新加坡邮政小包等。

据不完全统计，我国出口跨境电子商务70%的包裹都是通过邮政系统投递的，其中，中国邮政占据50%左右。因此，目前跨境电子商务物流还是以邮政的发货渠道为主。邮政网络基本覆盖全球，比其他物流渠道都要广泛，这也主要得益于万国邮政联盟（Universal Postal Union，UPU）[1]和卡哈拉邮政[2]。

不过，邮政的渠道虽然比较多，但也很杂乱。在选择邮政包裹发货的同时，必须注意出货口岸、时效、稳定性等。如从我国通过e邮宝（EUB）[3]发往美国的包裹，一般7～15天能够到达，遇到海关政策收紧的时候可能需要一个月甚至更久，还容易被清查处理。

适合这种物流方式的商品特点：价值低、直接从我国发货到境外客户手中，这样卖家对商品的可操作性强，不用积压太多的库存；但由于时效慢，客户的体验感比较差。

优点：价格便宜、运送范围广，基本能够覆盖全世界大多数国家和地区。

缺点：速度慢、难跟踪（现在建议用挂号，有些平台也特别要求要有跟踪信息）、价格和时效波动大。

2）国际快递模式

国际快递公司有地区航线、完整的物流配送链条及其专属通关渠道，真正做到了门对门服务，著名的国际快递公司大多为国外公司垄断，如熟知的四大国际快递公司（UPS、FedEx、DHL、TNT）。总体而言，国际快递的运送、通关速度快，但费用昂贵，只有价值高、体积小、库存周转快的商品，才考虑使用国际快递物流。

优点：服务好、速度快、通关快。

缺点：费用高。

3）跨境电子商务专线物流

跨境电子商务专线物流（国际多式联运）主要是通过航空包仓方式运输到境外，再

---

[1] 万国邮政联盟，简称"万国邮联"或"邮联"，是商定国际邮政事务的政府间国际组织，其前身是1874年10月9日成立的"邮政总联盟"，1878年改为现名。万国邮联自1978年7月1日起成为联合国一个关于国际邮政事务的专门机构，总部设在瑞士，宗旨是促进、组织和改善国际邮政业务，并向成员提供可能的邮政技术援助。

[2] 该组织于2002年6月，经美国、中国、澳大利亚等6个国家（地区）的邮政部门共同商议决定成立，以更紧密的方式通力合作，在邮政商业服务领域提供更多优质服务，并不断加强客户投诉赔偿服务承诺。

[3] e邮宝是中国邮政储蓄银行电子商务快递公司与支付宝最新打造的一款国内经济型速递业务，专为我国个人电子商务设计，采用全程陆运模式，其价格较普通EMS有大幅度下降，大致为EMS的一半，但其享有的中转环境和服务与EMS几乎完全相同。e邮宝的发货地目前已开通九大省市，送达区域覆盖全国。

通过当地物流公司进行目的地的派送。跨境电子商务专线物流的优势在于其能够集中大批量发往某一特定国家或地区的货物，通过规模效应降低成本。

优点：价格一般比国际快递低。

缺点：时效上稍慢于国际快递，但比邮政包裹快很多。

4）海外仓储服务模式

海外仓储服务指为卖家在销售目的地进行货物仓储、分拣、包装和派送的一站式控制与管理服务。海外仓储包括头程运输、仓储管理和本地配送3个部分。

（1）头程运输，即我国卖家通过海运、空运、陆运或联运将商品运送至海外仓库。

（2）仓储管理，指我国卖家通过物流信息系统，远程操作海外仓储货物，实时管理库存。

（3）本地配送，指海外仓储中心根据订单信息，通过当地邮政或快递将商品配送给客户。

优点：仓储置于境外不仅有利于境外市场价格的调配，同时还能降低物流成本。卖家拥有自己的海外仓库，能从客户所在地发货，从而缩短订单周期，完善客户体验，提升重复购买率。结合国外仓库当地的物流特点，可确保货物安全、准确、按时地到达终端客户手中。

缺点：对商品属性有要求，库存周转快的热销单品适合此类模式，否则极容易压货。同时，这种方式对卖家在供应链管理、库存管控、营销管理等方面提出了更高的要求。

5）境外退货服务模式

由于跨境B2C业务中，会存在大量的退换货需求，应运而生的境外退货服务模式可帮助跨境卖家处理在境外电子商务平台（Amazon、eBay、Aliexpress、Newegg等）上的退换货问题，如FBA货物的FNSKU[①]换标、检查、检测、维修、清算等。目前，海外仓储服务商和专门的退货处理服务商可提供这项服务。

优点：可快速处理境外的退货、退仓商品。

缺点：一般只针对可操作性强的商品，以及货值高的商品。

不同跨境电子商务物流特点比较如表7-1所示。

表7-1 不同跨境电子商务常见物流特点比较

种类	名称	俗称	重量	体积限制	时效（天）	特点	特别备注
邮政速递	国际e邮宝	e邮宝	≤2kg	长+宽+高≤90cm，单边长度≤60cm	3～15	小包，又经济又快	特别适合递到美国，不接受带电商品
	全球邮政特快专递	EMS		小包、大包均可，具体以官网信息为准	3～15	相对便宜，时效快，通关能力强	适合抛货，只算质量
邮政小包	中国邮政航空小包	中国小包	≤2kg	长+宽+高≤90cm，单边长度≤60cm	15～60	便宜，时效慢，丢包率相对较高	运费较经济，不接受带电商品

① FNSKU不同于SKU，是FBA的商品标签编码，只有做FBA的商品才会有，一个做FBA的商品SKU对应一个FNSKU。

续表

种类	名称	俗称	重量	体积限制	时效（天）	特点	特别备注
邮政小包	新加坡邮政航空小包	新加坡小包	≤2kg	长+宽+高≤90cm，单边长度≤60cm	8～40	较贵，速度稍快，适合带电小包	价格较贵，较适合新加坡周边国家，可接受带电商品
	（中国）香港邮政航空小包	（中国）香港小包	≤2kg	长+宽+高≤90cm，单边长度≤60cm	8～40	价格适中，上网快	全球价格统一，不接受带电商品
商业快递	敦豪快递	DHL		大小包均可，以官网信息为准	3～7	贵，时效快	要计体积和质量、偏远附加费
	联邦快递	FedEx		大小包均可，以官网信息为准	3～7	稍贵，时效快	要计体积和质量、偏远附加费
	联合包裹服务	UPS		大小包均可，以官网信息为准	3～7	稍贵，时效快	要计体积和质量、偏远附加费
	TNT快递	TNT		大小包均可，以官网信息为准	3～7	贵，时效快	要计体积和质量、偏远附加费
专线物流	南美专线、俄罗斯专线、中东专线、欧洲专线等	当地合作邮政		大小包均可，具体以专线规定为准	5～60	运费经济，时效较快	清关能力强

各种物流方式往往是可以由买家根据个人需要自主选择的，一般包邮的商品多是卖家自行选择。

2. 跨境商品打包发货

跨境商品打包发货这一环节看似简单，却是个容易犯错的盲点，对于很多卖家而言，都存在很多需要改进的地方。不少卖家都是从淘宝天猫转做跨境电子商务的，于是沿用了以往的打包发货方式，单纯地认为跨境运输路途遥远，包装更要结实些，不管什么货，都用纸箱包装，这种方式并不合理，甚至可以说是比较简单粗暴的。其实，打包发货是很有讲究的。做得好，事半功倍，省心省力还省钱。否则，可能白干，甚至还亏钱。

要做好打包发货的工作，应该兼顾以下几个方面的问题。

1）包装材料的选择

包装材料的种类繁多，跨境电子商务常用的包装材料如图 7-8 所示。包装材料通常包括气泡袋、文件袋、气泡柱、珍珠棉、气泡膜、纸箱等。包装材料的选择不是随意的，应做如下考虑。

（1）应该结合商品特点，如商品的形态（固体、液体等），是否具有腐蚀性和挥发性，以及是否需要避光储存等进行取材。

（2）包装材料应尽量选择来源广泛、取材方便、成本低廉、可回收利用、可降解、可加工、无污染的材料，以免对环境造成污染。

（3）包装材料应有效地保护商品，因此，应具有一定的强度、韧性和弹性等，以避免压力、冲击、震动等外界因素的影响。

（4）要考虑商品的档次，高档商品或精密仪器的包装材料应高度注意美观和性能优良，中档商品的包装材料则应美观与实用并重，而低档商品的包装材料则应以实用为主。

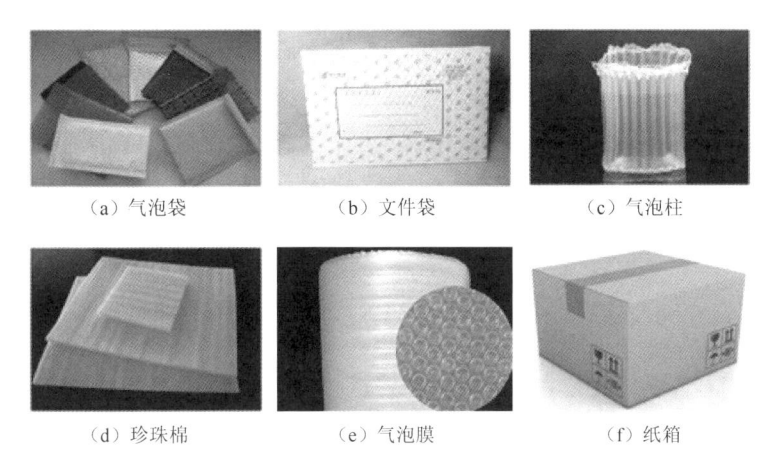

(a) 气泡袋　　(b) 文件袋　　(c) 气泡柱

(d) 珍珠棉　　(e) 气泡膜　　(f) 纸箱

图 7-8　跨境电子商务常用包装材料

2）包装增重产生的运费

国际运费一般以每 0.5kg 为一个计费重量单位，以第一个 0.5kg 为首重，每增加 0.5kg 为一个续重。通常首重的费用相对续重费用较高。EMS 国际运费资费标准如表 7-2 所示。

表 7-2　EMS 国际运费资费标准

资费区	首重（0.5kg 及以内）		续重（元/0.5kg）
	文件（元）	物品（元）	
一区	90	130	30
二区	115	180	40
三区	130	190	45
四区	160	210	55
五区	180	240	75
六区	220	280	75
七区	240	300	80
八区	260	335	100
九区	370	445	120

备注 1. 本资费分区与标准自 2010 年 4 月 10 日起执行。

备注 2. 单件重量不超过 500g 的物品类邮件可按文件类收取资费。

备注 3. 邮件体积重量大于实际重量的，按体积重量计收资费。体积重量计算办法具体请咨询 11185 或邮件收寄服务人员。

备注 4. 上述费用为服务费用，不含详情单、封套及包装用品费用，其他收费标准详情可咨询当地营业部或邮件收寄人员。

有时商品打包后的重量刚刚超过一个续重的标准,如果按表 7-2 所示的资费标准寄往九区国家(地区),则需要多支付 120 元的运费,毕竟大部分跨境卖家都是中小型卖家,面对的多是境外终端客户。毫无疑问,控制包装增重,买家客户也是直接受益者,自然也是提升客户服务体验的重要内容。

通常情况下,能将商品打包后的增重控制在 10%～20%是较为理想的。如果因打包增重较多而多产生一个续重的运费,客户服务人员可以考虑更换包装材料、减少包装内填充物的重量、选择其他物流方式等方法,控制物流成本。

3)打包的效率

打包效率直接和人工成本挂钩,而人工成本又直接决定卖家的利润和商品的发货时效,也是卖家提升服务的体现,所以,跨境电子商务卖家要特别在打包流程和方法方式上下功夫。常用的提高打包效率的工具如下。

(1)标签打印机。目前国际货运大部分以小包和各种专线方式为主进行发货,而这些渠道的底单也以 10cm×10cm 居多。很多新卖家订单不多,可以用普通激光打印机打印 A4 纸标签,然后切割裁剪,最后用透明胶条粘贴。当订单逐步增加的时候,可以采购一台标签打印机,批量快速打印标签,用不干胶直接粘贴。否则效率太低了,反而得不偿失。

(2)称重秤。跨境电子商务领域涉及的国际物流运费计算,很多时候必须"斤斤计较",国际小包的运费计算更是精确到克,所以称重秤精度的选择也需要能到克。建议卖家优先采购带 USB 输入功能的称重秤,当订单多的时候,这种称重秤能通过 USB 直接将重量输入到 ERP 中,避免手工填写,减少误差的同时还能提高效率。

(3)扫码枪。现在的扫码枪也可以结合 ERP 系统使用,货物发了还是没发,走的是哪个渠道,一扫便知。扫码枪的运用不仅便捷,而且能大幅减少发货差错,提高发货效率,有据可查。

除此之外,还有气柱充气机、胶条与胶条切割器、美工刀、剪刀、纸箱、裁纸机等材料,都能辅助打包效率的提高,从而节省人工成本、提高利润。

3. 物流追踪

买家在跨境电子商务平台上购买商品后,会产生急切见到商品的心理状态,也就是存在快速收到货的诉求。而跨境物流由于路线长、环节多,在包裹出境后,到了其他国家或地区,特别是新兴市场的小国家,通过物流单号有时很难查询到实时的物流动态,这不仅影响了买家的购物体验,还可能直接引起纠纷。

如何能更快地获取物流信息,可以参考以下几个建议。

(1)密切关注各平台的新闻资讯,因恶劣天气造成的物流延误都会第一时间发出公告通知,以便客户服务人员及时联系买家,安抚客户情绪并采取相应措施。例如,速卖通平台可以给买家延长收货期。

(2)到物流官网查询运单号信息,及时筛查异常的物流状态,先确认货物情况,再根据不同的情况给买家解决问题,是补发还是退款。这时对于卖家而言,一旦涉及的物流和订单较多的话,则需要逐个去查,这种方式操作起来就不太方便。

(3)利用 ERP 软件进行物流追踪,已发货的订单可设置规则,系统自动加入物流追踪行列，实时更新物流动态，自动筛选出异常物流、多物流、多店铺统一处理，无须再单个查询。这样可以节省大量时间，让卖家和买家都能够更快、更全面地获取物流信息。如图 7-9 所示为店小秘的物流追踪功能，按照图中所示的操作步骤，就能时刻监控已发货订单的物流状态。

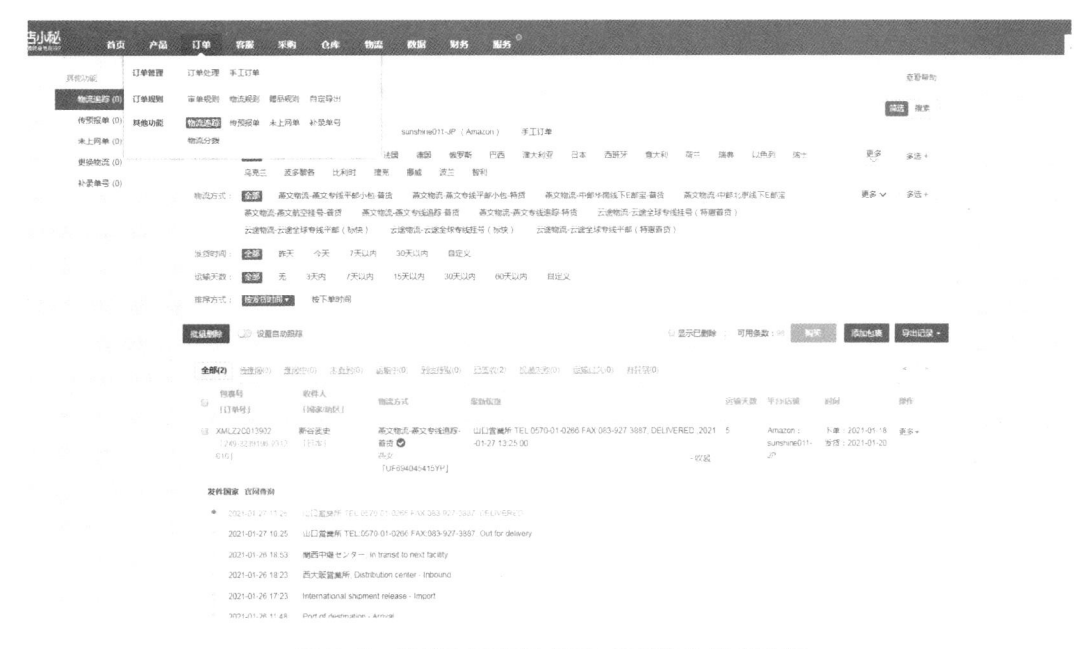

图 7-9　跨境电子商务 ERP 系统物流追踪功能

7.3　售后客服与沟通的方法

7.3.1　售后与买家及时沟通

售后卖家可能对交易还存在诸多疑问，这时就需要掌握一些沟通技巧，做好售后服务，及时化解纠纷，让老买家成为您的交易"稳定器"。售后的沟通需要注意以下几点。

1. 主动联系买家

卖家在交易过程中应多主动联系买家。买家付款以后，还有发货、物流、收货和评价等诸多过程，卖家需要将发货及物流信息及时告知买家，提醒买家注意收货。这些沟通，既能让买家及时掌握交易动向，也能够让买家感觉自己受到卖家的重视，促进双方的信任与合作，从而提高买家的购物满意度。此外，出现问题及纠纷时，可以及时妥善处理。

2. 注意沟通的方式

卖家尽量以书面沟通的方式为主，应该避免与国外买家进行语音对话。用书面的形式沟通,不仅能让买卖双方的信息交流会更加清晰、准确,也能够留下交流的证据,利于后期可能发生的纠纷处理。卖家要保持在线,经常关注收件箱信息,对于买家的询盘要及时回复。否则,买家很容易失去等待的耐心,卖家也很可能错失买家再次购买的机会。

3. 注意沟通时间

由于时差的缘故,卖家日常工作(北京时间 8:00—17:00)的时候,会发现大部分国外买家的即时通信状态都是离线。当然,即使国外买家不在线,卖家也可以通过留言联系买家。供应商应尽量选择买家在线的时候联系,这意味着卖家应该学会在晚上的时间联系国外买家。因为这个时候买家在线的可能大,沟通效果更好。

4. 学会分析买家

首先,要了解买家所在地的风俗习惯,了解不同国家的语言文化习惯,以便沟通时拉近距离,并且有针对性地对买家进行回复。其次,要学会从买家的文字风格判断买家的性格脾气,如买家使用的语言文字简练,则可判断其办事可能是雷厉风行,不喜欢拖泥带水的。卖家应根据买家的性格脾气,积极调整沟通方式,就能促进双方沟通的顺利进行。在发货及物流服务环节,保证产品质量、货运质量是获得买家好感和信任的前提条件。没有在这些方面打牢基础,再好的服务也无法将您的买家转化为忠诚的老买家。维护买家三大原则如下。

1)发货前要严把产品质量关
(1)在上传产品的时候,卖家可以根据市场变化调整产品,剔除供货不太稳定、质量无法保证的产品,从源头上控制产品质量。
(2)卖家在发货前注意产品质检,尽可能避免残次物品的寄出,好的产品质量是维系客户的前提。

2)加强把控物流环节
(1)买家下单后,应及时告知买家预计发货及收货时间,及时发货,主动缩短买家购物等待的时间。
(2)国际物流的包装不一定要美观,但须保证牢固。包装一直是买家投诉的重要原因,对数量较多、数额较大的易碎品可以将包装发货过程拍照或录像,留作纠纷处理时的证据。
(3)注意产品的规格、数量及配件要与订单上的一致,以防漏发引起纠纷。注意提供包裹中产品的清单,提高您的专业度。

3)物流过程与买家及时沟通
在物流环节,买家都想了解产品货运进展情况。及时良好的沟通能够提高买家的交易感受,下文提供了4个交易关键点与买家沟通的模板。
(1)在产品发货后,告知买家相关货运信息。
卖家告知买家产品已经发货,并给买家一个初步的交易等待时间区间。如果使用小包或碰到物流堵塞等意外,也可以在这个消息或电子邮件中告知买家,做好产品延迟到达的心理准备。

Dear Sir/Madam, it's a great pleasure to tell you that the postman just picked up the item you bought. Your product, via EMS, will arrive after five to seven working days. Tracking number is: ×××. Tracking web is: ×××. You can view its updated shipment status on the web, which will be shown in 1-2 business days. Our after-sale service will keep tracking information and send messages to you if there is any delay in shipping.

We warmly welcome your feedback.

（参考译文：

亲爱的先生/女士。非常高兴地告知您，邮递员刚刚取走您所买的产品。您的产品将通过 EMS 的方式送达，需 5～7 个工作日。物流单号为：×××。物流查询网址是：×××。物流信息更新到网页上需要 1～2 个工作日，你可查看更新的物流状态。我们的售后服务会跟踪物流状态信息，如果物流出现耽搁，会及时告知您。

期待您的回馈！）

（2）货物到达海关后，提醒货运相关进展。

卖家在产品入关的时候告知客户货物的投递进展。如果遇到货物拥堵情况，对买家表示歉意。如果产品需要报关，可以在此通知买家准备提前。

Dear Sir/Madam, this is ×××. I am sending this message to update the status of your order. The information shows it was arrived at Customs on Jan. 19. Tracking number: ×××. You can check it from web: ×××. You may get it in the near future. I apologize that the shipping is a little slower than usual. I hope it is not a big trouble for you.

Best Wishes.

（参考译文：

亲爱的先生/女士。我是×××。我发此消息以更新您的订单状态。信息显示，您的商品已经在 1 月 19 日到达贵国海关。物流单号为：×××，您可以在网址×××查询物流信息。不久您将收到您的商品。邮递时间比平常有点耽搁，敬请谅解。希望没有给您带来麻烦。

祝好！）

（3）货物到达邮局，提醒买家给予好评。

在投递过程中，卖家提醒客户注意不要错过投递信息，保持手机开机。同时，可以提醒客户留下评价。这样能有效降低坏评出现的可能，增加买家对服务的评价。

Dear Sir/Madam, this is ×××. I am sending this message to update the status of your order. The information shows it is still transferred by Sydney post office. Tracking number：×××. Please check the web ×××. You will get it soon. Please note the package delivery. I hope you will love the product when you get it. If so, please give me a positive feedback. The feedback is important for me. Thank you very much.

Best Wishes.

（参考译文：

您好，先生/女士。这是×××。我发此消息以更新您的订单状态。信息显示，该邮件仍由悉尼邮局转送，追踪号码：×××。请在以下网址查询：×××，您将很快得到它。请注意包裹寄送信息，希望您收到时喜欢该商品。如果是这样，请给我一个正面的评价，评价对我很重要，非常感谢你。)

4）做好买家信息管理，主动出击，进行二次营销

一次简单的交易，到买家确认并给予好评后就结束了，但一个好的卖家仍有很多事情可以做。通过买家交易数据的整理，可以识别出那些有潜力持续交易的买家和有机会做大单的买家，从而更有针对性地维系他们并推荐好产品，使这些老买家持续稳定地下单。

买家信息管理通常使用如下方法。

很多有经验的卖家，都会通过 Excel 对买家的订单归类整理。根据每个买家的购买金额、采购周期长短、评价情况、买家国家等维度寻找买家。通过对买家进行分类管理，既抓住了买家，又减少了维系买家的成本。有一些成功的大卖家会在与买家联系的过程中，主动了解买家的背景、喜好和采购产品线，从中识别出具有购买潜力的大买家，为后期获取大订单打下基础。

有了良好的买家识别能力后，还应把买家的购买力更好地掌控住。可以通过发消息或电子邮件、站内留言等方式，对买家进行二次营销。二次营销的时机可以安排在下列时间点。

（1）在每次有新的好产品上线时，宣传新产品。

（2）在有一些产品进行低价销售让利促销活动时。

（3）在感恩节、圣诞节等一些重要节日，即买家的购买高峰期。

（4）估计转销型买家上一次转销已经完成，需要下一次采购的时候。

在这些重要的时间点，主动出击展开针对买家的二次营销，将能获得老买家稳定的交易量，从而更好地增加店铺的交易量。

7.3.2 处理客户投诉的步骤

跨境电子商务客户服务人员处理客户投诉的流程包括以下几个步骤。

1. 记录投诉内容

跨境客户服务人员需要根据客户投诉登记表详细记录客户投诉的全部内容，如投诉人、投诉时间、投诉对象、投诉内容、客户希望的解决办法等。在这一过程中，跨境客户服务人员一定要保持热情积极的工作态度，面对前来投诉的客户以礼相待，体现"客户至上"的原则，学会倾听，做好投诉内容的记录。

2. 判断投诉是否成立

在了解客户投诉的内容后，跨境电子商务客户服务人员要判定客户投诉的理由是否充分，投诉要求是否合理。如果投诉并不成立，客户服务人员就可以用委婉的方式答复客户，道出客观原因，以取得客户的谅解，消除误会；如果投诉成立，则尽量告知客户解决问题的办法，以争取好评。

3. 确定投诉处理责任部门

依据客户投诉的内容，跨境电子商务卖家需要尽快确定该投诉涉及订单的具体受理单位和受理负责人。如果是运输问题，交储运部处理；如果是质量问题，则交质量控制部处理。

4. 责任部门分析投诉原因

跨境电子商务客户服务人员应帮助客户查明其投诉的具体原因，以及造成该投诉的具体责任人。

5. 公平提出处理方案

依据实际情况，参照客户的投诉要求，跨境电子商务客户服务人员需提出解决投诉的具体方案，如退货、换货、维修、折价、赔偿等。

6. 提交主管领导批示

针对客户投诉问题，跨境电子商务卖方的主管领导应对客户服务人员提出的针对投诉的处理方案一一过目，并及时做出批示。根据实际情况，采取一切可能的措施，尽力挽回已经出现的损失。

7. 实施处理方案

得到主管领导的批示后，跨境客户服务人员即可告知客户该次投诉的处理方案，并尽快收集客户的反馈意见。对于客户服务人员无法解决的投诉问题，可推荐其他合适的人员解决，但要主动地替客户联系。总之，自始至终都要保持良好的解决问题的态度。

8. 总结教训

为了避免类似投诉问题再次发生，跨境电子商务卖家必须分析原因，检讨处理结果，牢记教训，做到举一反三，以期使未来同类投诉降至最少。

当然，预防优于治疗，与其要求跨境客户服务人员做好售后纠纷处理，不如在售前就严谨地把控服务质量，这才是提升客户满意度的根本。优秀的跨境客户服务人员，在销售前就能与客户充分沟通，真实理解客户对商品的需求，并且预估可能产生的争议，把控发货环节，保证跨境物流包装环节落实到位，并且选择可靠、可信任的物流公司，用完善的服务换来客户满意的体验。

7.3.3 在线客户争议解决方案

跨境电子商务现在最大的痛点是客户体验差，其深层次原因包括跨境物流不确定因素多、售后客户服务难、沟通成本高等，而跨境电子商务发生争议后，往往卖家的压力和损失会非常大，所以，跨境客户服务人员解决订单争议的能力尤为重要。常见的客户争议解决方案包括如下3个方法。

1. 买家客户保留货物，卖家全额退款

很多跨境电子商务的新卖家考虑到店铺运营的满意度、店铺好评率和评分，也为了快速地解决客户争议，就选择最直接也最草率的方式告知客户："货不要了，钱全部退给买家"。这种表面上看似很豪爽的处理方式，恰恰证明了跨境客户服务不够专业，也不够成熟，而且也毫无客户服务技巧。这样处理，卖家损失最大，而且很多时候反而会让客户感觉卖家没有诚意，因为客户购物是希望得到真正想要的商品，简单的"货白送，全额退款"并不能挽回客户的体验感。

2. 二次免费发货

跨境电子商务卖家解决争议的另一种常见方法，是再给客户免费发一次货。这时需要注重一个沟通处理技巧，那就是跨境卖家可以在获得客户充分原谅的基础上，建议客户承担第二次货物的部分价值。例如，如果商品价值为每件 100 美元，因为破损或者其他方面不满意，第二件可以请客户承担 70 美元，其实大部分客户都会愿意接受的。加上二次发货商品的利润率，也许可以保住成本，不赔不赚。

3. 打折

如果商品破损，可以直接给客户打折，通常客户都愿意接受。但是这时也需要注重一个沟通的技巧，即跨境客户服务人员的沟通能力直接决定着客户的退让幅度。打折这种方法相对上面两种方法更加公平，是值得倡导的一种解决方案。

7.4 跨境电商客服与沟通技巧运用案例

7.4.1 售前客服与沟通技巧运用案例

【案例 1】咨询产品尺码

一位加拿大买家想咨询客服购买什么尺码比较合适，客服回复她 L 号比较适合她。
售前客服收到买家发来的消息如下。

Hello, I usually wear US size 11, could you give me some advice on which size I should buy from you?

（参考译文：
您好，我平时穿的是美国尺码 11 号，您能给我一些有关我应该从您那里购买哪个尺码的建议吗？）

售前客服回复客户的消息如下。

Hello, dear customer, size L of this dress will fit you pretty well. Please feel free to contact us if you have any other questions. Thanks!

（参考译文：
您好，亲爱的客户，这件衣服的 L 号很适合您。如有其他疑问，请随时与我们联系。

谢谢!)

【案例2】关于大量订单询价

当买家一次性购买多件商品时,可能向客服咨询批发价格或者优惠折扣问题。

售前客服收到买家发来的消息如下。

Hello, I want to order ×××pieces of this item, how about the price?

(参考译文:

您好,我想订购该产品×××件,价格如何?)

售前客服回复买家消息如下。

Dear buyer,

Thanks for your inquiry. We cherish this chance to do business with you very much. The order of a single sample product costs $ ××× with shipping fees included. If you order ××× pieces at a time, we can offer you the bulk price of $×××/piece with free shipping. I look forward to your reply. Best Regards.

(参考译文:

尊敬的买家:

感谢您的询价。我们非常珍惜这次与您做生意的机会。单个样品产品的订单价格为×××美元,其中包括运费。如果您一次订购×××件,我们可以为您提供×××美元/件的批发价格,并免费送货。期待您的回复。祝好!)

看似简单的售前客服回复,却蕴含着售前沟通技巧。无论是面对面,还是坐在电脑前通过网络沟通,与客户交流,第一句亲切的问候,都是很重要的,这是最基本的礼仪。首先,发现客户留言后,售前客服应该及时答复、礼貌热情。其次,案例中的客户向客服寻求帮助,请她推荐合适的尺码,售前客服在此时需要体现出专业素养,充分了解在售商品,及时给客户做出精准推荐。最后,客服还应真诚地道谢,热情欢迎客户有需要随时联系。

在线沟通讲究的是快、准,快就是不能让客户在屏幕那头久等,客户的等待是有限的;准就是言简意赅,短短几个字就能命中客户的要害,切勿啰哩啰嗦地把客户说得云里雾里不知所踪。在线沟通与电话沟通、面谈不一样,打字既辛苦又耗费时间,往往等打了一大堆的文字出来,还没发送出去,客户就已经离线了。所以说良好的网络沟通技巧,是获取客户的必备技能。

7.4.2 售中客服与沟通技巧运用案例

【案例】售中过程中,面对大额订单的讨价还价

有一个老客户,他想购买面盆(Washbasin)。售中客服按照常规起订量500个进行报价,在这基础还给他提供了1 000个面盆的价格作为参考。他确认订购500个面盆后回复消息如下。

Dear ×××,

Your price for the washbasin is 30% higher than the market offer. Please let us know if you are willing to offer further discount?

Thank you.

×××

（参考译文：

亲爱的×××：

你们洗脸盆价格比市场报价高30%。请问是否可以提供更优惠的折扣？

谢谢！

×××）

可以看出，客户希望砍价30%，而卖家公司的利润是15%，客户提出的30%折扣一点也不现实。如果多让利，就等于牺牲公司的利润。客服还是坚持原来报价，不给予任何折扣。有些工厂为了降低成本，会使用回收料而非新料。于是，客服在回复消息时特意提及公司使用的材料是全新料ABS，可能客户问到的低价格是用回收料做的。因为不能一口咬定别人家低价的就是回收料，所以客服用"maybe"表达了猜测。客服回复买家消息如下。

Dear ×××,

We're sorry that we cannot allow your further discount on washbasin price. 30% lower is really a cheap price but we are afraid it may be made of recycled material.

We wait for your reply soon.

×××

（参考译文：

亲爱的×××：

很抱歉我们无法为您提供更多折扣的洗脸盆产品。降低30%的确是便宜的价格，不过我们担心它可能是回收材料制造的。

我们期待您会尽快回复。

×××）

接下来，精明的客户在回复中开始问及面盆的具体容量、尺寸和重量，好去对比他问到的其他卖家，是不是也是一样的规格，以便在规格等同的情况下再进行砍价。买家发给客服信息如下。

How many litres is this washbasin? The other quotes are also 100% high purity. Please advise of the litres, dimensions and weight.

（参考译文：这个脸盆多少升？其他报价也是100%高纯度的。请告知公升数、尺寸和重量。）

客服很快回复买家消息如下。

The following information is provided for your reference. The washbasin we offered you is 10L, net weight is 600g, and dimension is 32cm×12.7cm.

（参考译文：以下信息供您参考，我们为您提供的洗脸盆为10L，净重为600g，尺寸为32cm×12.7cm。）

客户再次回复的时候附上了他问到的别家供应商价格，并且提供了别家供应商的报价内容和图片，发给客服消息如下。

Dear ×××,

We have discussed with other suppliers and we received the following offer: Weight—595g, Material type – ABS 100% virgin, Volume – 10 Litres. Please let us have your reply, or else, we will place an order with this supplier.

Await your comments.

×××

(参考译文:

亲爱的×××:

我们已经与其他供应商进行了磋商,我们收到以下报价:重量—595g,材料类型—ABS 100%高纯度,容积为10升。请尽快予以回复,如未收到你们的回复,我们将向该供应商下订单。

静候佳音。

×××)

以上邮件客户强调别家公司也是100%全新料。如果再不接受他的还价,他会从其他卖家订购。客服人员在分析客户发来的报价单后,就揣测他的心理,认为客户的讨价还价说明该订单尚有争取空间。把握到客户的这个心理,客服开始和他继续谈判。首先,客户在别处询价的定量是1 000个,客服当时的报价是基于500个的数量。其次,客服注意到客户发来的报价单里提及的是"double injection"(二次注塑)。于是,客服跟制造商确认清楚面盆在生产过程的具体工艺后,回复客户以下消息。

Dear ×××,

Please kindly see the offer we sent to you on May 18. We offered you USD 2.85 for 1 000 pcs of washbasins, which is almost same as other suppliers' price (USD 2.833 for 1 000 pcs). Other suppliers offered double injection, howerver, our mold is one-time injection that can make the washbasin look more transparent.

You know us for years and we always keep a close eye on quality control.

Considering your current order quantity is 500 pcs, we can't offer you any more discount. Thank you for your understanding.

×××

(参考译文:

亲爱的×××:

请参见我们在5月18日发送给您的报价。我们为您报价的1 000件单价2.85美元的洗脸盆,与其他供应商报给您的价格(1 000件单价2.833美元)相差无几。您询价的其他供应商报价的产品是二次注塑,而我们的工艺是一次注塑,这会让面盆看起来更加透明。

您认识我们多年,在质量控制方面我们公司一直是严格把关的。

考虑到您当前的订购数量为500件,我们无法再为您提供更多的折扣。感谢您的理解。

×××)

客户当天再次回复,还是要求折扣,但是表示会加订数量到1 500件。

Dear ×××,

Please confirm your best price so that we can purchase with the order of 1 500 pieces.
Thank you.
×××

（参考译文：

亲爱的×××：

请确认你们的最优惠价格，以便我们可以订购 1 500 件产品。

谢谢！

×××）

这次客户的口气明显缓和。首先，他知道客服了解产品，也会替他严格把关质量，这使得客户可以放心下单。其次，他货比三家不再漫天砍价，同意增加订购数量以争取折扣，从 500 个上调到 1 500 个。客服在和生产商进一步谈判后，确认可以让利 10%。在保证公司利润不变的情况下，客服给客户提供了 10%的折扣。至此，一张订单的谈判终于落下帷幕。

针对了解市场行情的精明客户，在初始报价时就不能报太高，价格低且保证产品质量是促使客户下单的关键。在不影响利润的情况下，适当妥协是必须的，但是客服人员对于客户的讨价还价不能立马就答应降价。在和老客户谈价时，最开始要先坚持好自己的价格底线，把自身产品的优点或者其他优势都展现出来，而非总是那句很笼统却一点也不能打动人心的 "Our quality is good."（我们的产品质量好。）客服人员不一定需要像工厂生产线上的师傅那么精通工艺，也不一定需要像技术人员那样熟悉参数，但是在谈判时，对产品的性能和特点越熟悉，客人才越会觉得客服人员够专业，从而去信服客服人员所推荐的产品。

7.4.3 售后客服与沟通技巧运用案例

【案例】处理客户投诉

买家 A 订购了 5 000 本台历，用于送给他的客户。在和一个客户会面的时候，A 赠送了台历。然而，客户在翻阅时发现三月和四月页面装订反了。A 立即检查了全部货物，发现其中有 500 本装订错误，货值约 500 美元。这个客户很严谨，很注重细节，他投诉客服人员跟单不专业。请分析案例，然后列举出解决办法，并拟一封邮件给客户。

客服人员在遇到被投诉/要求索赔的邮件时，应在第一时间致歉，并要求客户提供相关照片。沟通模板如下。

Dear A,

Your complaint about 500 pcs desk calendars with wrong binding has been passed to us for attention. We are sorry for any inconveniences caused. Please send us some photos for further investigation. We'll give some feedback very soon.

Thank you.

×××

（参考译文：

亲爱的 A：

您关于 500 本装订错的台历产品的投诉已经转给我们，并受到关注。非常抱歉给您造成的不便。请帮忙提供些照片以便我们进一步调查。我们会尽快反馈。

谢谢！

×××）

1）此案例需要注意的细节

首先，判断客户是大客户还是小客户，他的采购单量如何，是一年一次订台历，还是经常性下单的客户。这个关乎到处理方式。

如果是大客户，那自然得罪不得。肯定宁愿这个单子分文不赚都要把信誉放在第一位。如果是小客户，态度仍要诚恳，但也需要考虑公司的利益。

台历有如下两种常见装订方式。

（1）打孔式台历，装错页面可以自行拆开换页，其英文术语是 Perforated Type Desk Calendar。

（2）线圈式台历，英文术语是 Binding Desk Calendar。

线圈式台历基本是最常见的台历装订方式。可是线圈装上去的话就很难拆卸，线圈式台历装订若有错误，如果日期区域只是占据小部分，可以考虑用不干胶贴纸按照日期区域尺寸印刷上正确的内容，再贴上去覆盖在错误的地方。但如果是满版设计，则不可行。

2）分析该案例应该注意的几个点

（1）客户是比较谨慎、注重细节的。合理的解释非常必要，但简单提下就好。因为错误已经发生，重要的是解决方案。台历装订前要先配页，也就是把页面一张张配好。这个步骤目前大多数工厂都是人工配页，尤其是小批量的单子，也有全自动配页机，会自动查缺、查错。因为台历上都是英文，如果工人配页时没配好，就会导致出现部分失误。

（2）台历、挂历、目录册、宣传单等印刷品，如果出现印刷错误，通常不可能要求客户退回来返工的，因为都是纸制品，很重，运费高昂，退回返工是不现实的。一旦出现大规模的错误，就等于是一堆废品。

一般小规模的错误，如此案例中台历只是两页装订错误，印刷没错，其他页面没错。其他如纸箱上出现印刷错误，或包装盒上印刷出现小错误，业内的操作都是用不干胶贴纸，印刷上正确内容贴到错误的区域去。因为贴纸 500 来张也只是很轻的重量，快递过去是可行的。

所以，凡是设计印刷内容，一定要再三校对，卖家确认，客户确认，车间下单之前再次确认，才能定稿。

（3）时效性。挂历和台历一般都是过年前或新年初陆续送出去的。如果可以采用贴纸，那么一定要尽快安排出去，同时通知客户工作进度。

另外，因为贴纸会耗费客户那边的人工，还会让台历看起来相对不够美观，这时候客户心理肯定是不平衡的。如何让客户心理舒服，请参考以下建议。

客服可以在和公司商量后，视客户大小和重要程度，给客户退 500 本全款/部分款。另外，需要给客户一些补偿，让他觉得客服工作人员很负责任。

（4）补偿。通过折扣或者送一些额外的台历给他，但不建议在这个单子补偿，而是应该允诺在他以后的单子中补偿给他，原因在于跟客户说全赔或补偿的往往可能还会把这个客户丢掉了。可采取分次补偿的方法，用有竞争力的价格和噱头把客户留住，客户想到卖家以后还是会有补偿措施的，肯定还会继续合作。

有大错的时候更是应当分多次补偿，如"The discount will be divided into the next 2-3 deliveries."（参考译文：折扣会分在后面的 2～3 次供货里。）

（5）除了金额/补货上的补偿，还有两种措施可供参考。

方法 1. 可以给客户提供便携的便笺本，价格低廉，可以设计成带有客户公司信息的不干胶/背胶，贴在便笺本上，成为比较独特的定制便笺本，成本不高，但是客户会觉得客服人员很费心思。而且一两百本重量不大，如果公司许可快递给客户。当然小客户就无须费此周折。

方法 2. 小客户可以提供另外一种补偿，给他提供设计。设计的成本是无形的，一些客户公司没有设计人员，肯定会欣然接受免费的设计，这些设计可供他们用在 Facebook、Instagram 等社交平台做推广，又可以根据他们要求设计成海报、传单、展架等格式，然后客户自己在当地印刷出来。

处理其他产品的投诉索赔基本是同个思路，步骤如下。

① 致歉，要求客户出具图片证明；

② 简单合理解释犯错原因，不以 I 开头解释，而应以 We 开头（公司/团队）解释；

③ 尽快回复具体的解决方案，如退款或打折出售/补货/下次订单会再有一定折扣/制作可行的小礼物寄给客户/如果货期不紧张，可以重新制作，补货给客户。

运费要看物品重量而定。轻货可以快递/空运，或看看有哪个客户刚好回国，顺便托他带过去；重货则要海运发给客户（运费是过错方承担或协商客户承担一部分），最好查看客户有没有其他订单，不要走散货，物流时间太长。

④ 再次致歉，并强调这样的错误以后不会再犯，或会采取什么措施去避免这样的错误，只要以积极的态度处理问题，就会让客户觉得客服人员可以信赖。

重新回归这个案例，可以这样写电子邮件发给客户。

Dear A,

Thanks for your patience, Please kindly see details as follows:

As it is manual page-collating, workers didn't understand English, it caused this problem. We had causal inspection on 5 000 pcs desk calendars before but there was still the oversight on the wrong bindings. Please accept our apology again.

Now we have come up with a few plans and wait for your decision to proceed. The refund for 500 pcs desk calendars with wrong binding will be arranged for you in 3 working days. In the next order we will make you extra 500 pcs desk calendars with dates of the next year for free. Our designers are designing on your social media and will update about 10 designs for free as soon as possible. So you can post it on the FB, Ins etc., or print it locally for poster/flyer use. Since you are our valued client, we'll make 500 pcs portable post with your company logo on the cover and send to you by air for free. We will make 1 000 pcs stickers by courier in 3 days, so you can put on the date area to replace the wrong ones. It takes time and labor force to work it out and also causes a lot of trouble to you. In the coming order we will make extra 200 pcs for free with dates of the next year.

Please consider our plans and let us know your further feedback. In future, we assure that this kind of problem will not happen again. A close eye will be kept on the quality control in every process. By the way, we will import the full auto collating machine in May so it will avoid all kinds of issues caused by manual bindings.

Sorry again and we appreciate your understanding on this complaint.

Best Regards.

×××

（参考译文：

亲爱的 A：

感谢您的耐心等待，请看如下详情。

因为是人工配页装订，工人并不懂英语，所以才造成这样的过失。我们之前有对 5 000 本台历抽检过，然而还是出现这样的疏忽，再次向您表示抱歉。

现在我们提出以下几个方案，等您决定了再继续进行。

500 本封皮错误的台历的退款会在 3 个工作日后安排。

下一个订单我们会免费制作 500 本新一年的台历给您。我们的设计师正在为你们社交平台设计，并尽快免费更新大约 10 个推广设计。您可以发布在 Facebook、Ins 等平台，或在当地打印出来当成海报/传单使用。

因为您是我们很尊贵的客户，我们会另外制作 500 本封面上印有你们公司 logo 的便笺本免费空运给您。

我们将生产 1 000 个贴纸，在 3 天后快递给您，这样您可以贴在印错日期的区域。我们明白这费时间、费人工，很抱歉给您添麻烦。接下来的订单我们会额外制作 200 本新一年的台历给您。

请考虑下我们提出的方案并告知您的反馈意见。我们保证这样的问题以后不会再发生，一定会在各个环节对质量严加把关。另外，我们五月份会引进全自动配页机，这将避免因为人工装订带来的各种问题。

我们再次抱歉，感激您对这单投诉的理解。

祝好。

×××）

客服人员可以在沟通中向客户略微提出货前是有抽检的，只不过不可能 5 000 本一一检查。针对大客户，可以进行退款或者提出相应的补偿措施。针对小客户和只是小范围的错误，可以先允诺下一次订单补偿。此外，要向客户承诺今后会更加注重产品质量，还要提到工厂设备等方面会进行升级或更换，让客户对产品有信心。客服人员处理投诉需要有同理心，要将心比心，换位思考。就像案例中的台历产品问题，台历只是一个小摆设，页数装错，问题不大的话并不影响使用，所以这样的投诉不必特别紧张，也不必兴师动众，更不必低声下气去求客户原谅。如果他继续借题发挥，那么态度就必须强硬。

本章小结

跨境电商客服在交易过程中扮演着至关重要的角色,因为客服需要和客户直接沟通,客人有什么问题也会直接联系客服,尤其是外国人,对客服的要求会比国内高。我国跨境电商从业大军日益壮大,客服人员数不胜数,但是真正把客服工作做好却不是容易的事。客服首先要将"客户至上"的原则铭记在心,时刻提醒自己在工作中所做的一切都是为了给客户提供满意的服务。在现今全球电子商务时代,每个人都通过各种各样的信息渠道紧密联系在一起。自然而然地,精通网购的人都越来越习惯通过浏览商品的产品评价以及售前售后服务评价品评产品与服务的好坏。因此,拥有良好产品好评与客服口碑,往往是网络用户安心提交订单最重要的决定因素。而对于那些追求基业长青的国际性企业而言,卓越的客服服务质量也成为其稳固海外市场地位的法宝。

课后练习

一、判断题

请仔细阅读下列表述,判断正误,正确的打"√",错误的打"×"。

(   ) 1. 跨境电商客服的广义概念是在跨境电子商务业务中,以客户为导向,为其提供服务并使之满意。

(   ) 2. 在跨境电子商务业务中,任何能提高客户满意度的内容都属于客户服务的范围。

(   ) 3. 跨境电商客服初级岗位包括外贸主管、运营专员。

(   ) 4. 跨境电商客服就是国际版的淘宝客服。

(   ) 5. 信用卡支付业务,在退款退货维权成功后,手续费可以退还。

(   ) 6. 卖家可以删除交易成功或者交易关闭的订单。

(   ) 7. 通常情况下,卖家应在 72 小时内发货。

(   ) 8. 运费险一定要买家购买才可以。

(   ) 9. 如果卖家发布宝贝时,不小心发错了价格,在买家未拍下前可及时修改;但如果买家已经拍下,建议卖家联系买家说明情况,征得买家同意后关闭交易。

(   ) 10. 拍下商品后不付款,对账户没有影响。

二、选择题

1. 跨境电商 B 类业务客服岗位职责有:报价、推荐产品、(   )等。
   A. 开发客户　　　B. 解答咨询　　　C. 处理差评　　　D. 处理纠纷
2. 跨境电商客服任职人员需掌握翻译软件、(   )等工具的操作。
   A. 游戏软件　　　B. 编程软件　　　C. 沟通软件　　　D. 设计软件
3. 跨境电商客服课程内容包括跨境电商售前客服、(   )、跨境电商售后客服等。
   A. 跨境电商营销　　　　　　　　B. 跨境电商售中客服
   C. 跨境电商结算　　　　　　　　D. 跨境电商物流

4. 学习跨境电商客服课程，除参考教材外，还可以选择（　　）、平台类等书籍作为参考。
   A．英语类　　　　B．运营类　　　　C．编程类　　　　D．设计类
5. （多选）跨境电商行业从业人员需要具备（　　）、（　　）、（　　）等意识。
   A．品牌　　　　　B．商标　　　　　C．知识产权　　　D．技术更新
6. （多选）跨境电商客服常用的沟通工具一般是（　　）、（　　）、（　　）等。
   A．电子邮件　　　B．即时通信软件　C．电话　　　　　D．淘宝旺旺
7. 对订单缺陷率描述错误的是（　　）。
   A．订单缺陷率是考核卖家绩效很重要的指标，绩效过低会导致店铺冻结
   B．订单缺陷率最高不得超过1，这个指标需要经常查看
   C．订单缺陷率最高不得超过3，这个指标需要经常查看
   D．订单缺陷率不会导致任何惩罚，可以适度超过要求指标
8. 对卖家绩效中的"业绩通知"描述，正确的是（　　）。
   A．如果有业绩通知，卖家需要检查卖家绩效是否都合格
   B．买家如果提交了亚马逊交易保障索赔，那么需要在7日内进行回复
   C．买家如果提交了亚马逊交易保障索赔，那么需要在3日内进行回复
   D．业绩通知只是系统对业绩情况的自动邮件，可以不用回复
9. 页面右上角的"买家消息"的作用不包括的选项为（　　）。
   A．可以通过"买家消息"与买家进行沟通，减少亚马逊商城交易保障索赔的申请次数
   B．买家消息允许买家和卖家查看所有的消息往来，方便双方更加快速合理地解决争议问题
   C．买家消息可以不用理会，因为不是绩效考核的指标
   D．买家消息可以通过电子邮件或者直接从卖家平台进行回复
10. 关于设置配送费用和运费的说法，正确的是（　　）。
    A．在"配送设置"选项里，可以不用按照地区编辑运费模板
    B．"配送设置"可以按照商品数量、重量或者订单金额进行设置
    C．"配送设置"可以不用设置
    D．不影响卖家的收入

三、简答题

1. 客户下单后第三天催问什么时候能收到货，客服应该怎么处理？
2. 客户投诉说商品质量有问题，客服应该如何处理？
3. 因为物流的原因，发给客户的商品在快递途中发生了损坏，客服应该如何处理？

第8章 跨境电商客户的跟踪与分类维护

学习目标

（1）了解进行客户跟踪和服务的方法；
（2）掌握客户分类和维护对策；
（3）熟悉跨文化客服与沟通的注意事项。

学习重点与难点

学习重点：
客户的分类和维护对策。

学习难点：
跨文化客服与沟通的注意事项。

导入案例

青岛某公司的假发产品远销非洲、美洲和其他一些有较深发色与肤色人群的国家和地区。2015年4月，该公司的大多数邮件中都有"黑色"一词出现。大部分客户觉得这样的词汇不够礼貌。实际上，该公司可以用一些更委婉的英语词汇表达"黑色"，如ebony，darker或者swarthy。为了避免有种族歧视的嫌疑，客服应熟悉贸易往来国家的语言和禁忌。沟通模板应当设置多种选择项以便更好地为不同的客户群体服务。很多公司会聘请母语为英语的职员为英文文件和沟通模板纠错，这些措施有利于增强与客户的商业沟通能力。如果公司由于法律或经济原因不能聘请这些人员，那客服人员就应该有很好的外语能力，并在客户服务和沟通上多下功夫，以期为企业带来更多的好评。

【辩证与思考】
在跨境交易中，各个国家都有什么沟通和交流上的禁忌呢？

8.1 客户的跟踪与服务

在销售领域有句名言："销售不追踪，万事一场空"。曾经的调查统计数据显示，2%的销售是在第1次接洽后完成；3%的销售是在第1次追踪后完成；5%的销售是在第2次追踪后完成，10%的销售是在第3次追踪后完成，80%的销售是在第4~11次追踪后完成。与此正好成反比的是，80%的销售业务员在跟踪1次后就放弃了后面的追踪，只有2%的销售业务员会坚持到第4次追踪。在交易的过程中，只有不断地跟踪才能看出在客户沟通或服务中的各种问题，并对症下药地去解决。

同样，在跨境电商领域，也需要对客户进行持续的跟踪与服务。

8.1.1 售后跟踪

客服人员在销售后继续跟踪服务客户，不仅可以让客户在得到真正的需求后，依然能感受到卖家优质的服务，还可以为日后重复购买奠定基础，并可以第一时间接收客户关于产品和服务的反馈，一旦出现问题可以及时处理，消除客户的不良体验，从而建立和客户间牢固的关系，提高客户的忠诚程度。客服人员需要做哪些售后跟踪呢？

1. 表示感谢

在成交后，客服人员要利用适当的时机和方法，向客户表示感谢。致谢的时间最好在交货后2~3天内，在跨境电商领域常用的是邮件致谢。

2. 检验交货

客服人员要及时和负责交货的人员密切联系，在货物未发货前先检查和核对订单，避免发生问题。交货完毕后，另用电话或邮件向客户询问是否满意，并告知客户若发现有问题，应及早解决。这种检验交货的跟进行动有3个好处：一是保证满意交货；二是维护企业信誉；三是避免因交货失误而引发客户不满。

3. 安装维护

客户对于新上市或结构复杂的商品，多半所知有限。在成交后，需要客服人员及时给予使用指导和操作说明，否则小则导致故障，使商品应有的功能无法全面发挥，大则造成伤害或危害生命等不幸事件。另外，商品日常的维护、保养和修理的简单知识，亦需客服人员及时传授给客户。

4. 请求留评

在客户对一切售后跟踪表示满意后，客服人员不妨趁机请求客户对其所购买的商品及服务进行评价，这对店铺成长和后续发展具有极大的作用。

5. 建立联系

企业要与客户建立长期的业务关系，就需要通过售后跟踪建立。跟踪不仅是既有销售业绩的保证，还会为日后扩大销售奠定基础。

6. 诱导客户重复购买

客户重复购买，是上次售后跟踪策略成功使客户对商品和服务满意所引发的连续购买决策，也是上次顺利成交后，由于客服人员采取跟进策略成功，客户满意购物后给予再一次购买的保证。所以，重复购买，既是客户前次购买满意的结果，也是下次再买的先决条件。

8.1.2 客户满意度的增加与客户忠诚度的建立

在跨境电商行业竞争激烈的今天，开发一个新客户的成本算下来相当于维护 5~6 个老客户，而且在成熟的、竞争性更强的市场中，企业争取到新客户的困难就更大，因此，跨境卖家一定要提高客户的满意度，增加客户的忠诚度，让现有客户成为公司不断回购的老客户。企业一旦建立起良好的客户忠诚，其销售成本将大大降低。

客户忠诚度可以从 3 个方面进行衡量：①再购买意愿；②基本行为，如近期购置时间、购置次数、购置数量等；③衍生行为，如公开推荐、口碑、介绍客户、给小费等。

跨境电子商务环境下的客户忠诚度指网络客户即使在受到可能诱发转换行为的各种刺激下，仍然保持对跨境购物网站所提供商品或服务的偏好、信任，甚至是依恋，进而对其他的竞争者产生抵抗力，产生一系列这一心理指导下的行为，包括重复购买、向他人推荐、提供正面口碑及愿意支付较高的价格等。

维护好老客户，建立客户忠诚度，比较常见的服务策略包括如下几种。

1. 定期对老客户进行问候

为了和客户保持一份良好的"交往"，很多跨境卖家会在客户生日或者一些节日的时候，发一封邮件或者寄发一些卡片等，以便很好地将交易关系转变成朋友关系，有助于后续跟进。

2. 优先回复老客户

老客户的邮件一定要在当天优先给予回复，如果有些问题比较复杂，需要多方配合在当天没办法回复的，也一定要告知客户："Your message has been received. It is being processed."（您的邮件已收到，正在处理中。）特别强调：即使如此，对于客户的回复一定不要超过 3 天。

3. 确保老客户的产品质量

对于产品的质量必须进行严格的质量检验，保证品质，因为只要把质量这个环节控制好了，企业才能更好地发展，买家买到质优价廉的商品才会进行复购。保证老客户的产品质量更有助于产品和品牌良好口碑的形成，久而久之就会形成良性的"生态圈"。

4．定期回访老客户

回访指客服人员对老客户进行有计划的跟踪服务，可以通过发消息或站内信的方式，请客户对近期的产品质量和服务进行反馈，提出一些改进意见等。要让客户知道客服是真正地在做实事，为的就是在了解客户的想法后进行改进，以便提供更好的优质服务。

8.1.3　优质客户服务策略

提供优质的客户服务是业务的重要组成部分。它可以用作营销策略，是让客户回访及提高品牌知名度的好方法。很多卖家可能忽略客户服务这一块，尤其是售后服务。但是人们需要明白，提供及时专业的客户服务、提升用户的购物体验，对卖家长期的经营成功至关重要，这与推广品牌一样重要。很多卖家有不止一个店铺需要运营，这时候就需要多渠道客服。多渠道客服是管理与业务有关的所有客户相关问题的战略方式，卖家利用电子邮件、社交媒体、手机和其他平台，通过利用不同的交流工具，以确保能够多渠道提供客户服务，并回复所有客户的问题。

1．使用电子邮件作为简单的联系方式

为客户提供电子邮件联系是客服最简单的入门方式。只需在店铺上发布联系表单或公共电子邮件地址，卖家就可以等着收到客户的问题。通常，因为卖家每天都要处理很多问题，所以可能很难进行有条理的对话，而且卖家可能忘记回答客户的问题。确保不会错过任何重要电子邮件的最佳方法之一，是将卖家的个人电子邮箱与电子商务商店收件箱分开，这样可以更轻松地组织需要回复的电子邮件。

2．在社交媒体上与客户沟通

目前大公司对社交媒体的反应比其他渠道更积极，这是因为它具有即时性，能提供一种与客户互动的形式，这些客户有的询问产品，有的询问其他业务。

另外，人们会使用社交媒体分享他们的经验。通过客户的反馈可以第一时间发现商机和问题，以便更好地服务客户。

3．使用即时聊天功能即时与客户沟通

将即时聊天功能添加到店铺是与客户保持联系的好方法。如果可以的话，在正常办公时间内，通过联网可以随时回复任何即时问题。即时聊天是与客户交谈的绝佳工具，一项研究表明，即时聊天的用户满意度也是最高的。24%的客户说他们进行过即时聊天，73%的客户对自己的即时聊天体验感到满意。已经完成调查的人表示，他们更喜欢即时聊天胜过任何其他方法，因为他们能很快得到回复，46%的人认为这是最有效的沟通方式。

4. 在线服务平台为常见问题做解答

拥有一个在线服务平台，客户可以在里面查看常见问题解答，这对卖家店铺而言是非常有帮助的。它不仅能够快速回答客户问题，而且还有助于减轻客服负担。回答问题的时间减少，就会有更多的时间专注于销售和市场营销。

5. 接听客户的电话

对于大多数网店客户而言，有一个可以联系到卖家的电话号码是非常重要的。在新业务的早期，没有比直接与客户交谈更好的方式了解客户。卖家通过电话沟通，可以直接了解到客户的各种情况，而这些都不会出现在电子邮件中。另外，还可以提供更快的服务，更容易建立融洽的关系，然后把潜在的客户变成实在的客户。

8.2 客户的分类维护

客户分类可以帮助企业快速分辨易转化客户、大客户等，并重点关注转化动作，提高客户转化效率。针对那些被分类为"难转化""尚处观望阶段"的客户，也可以制订孵化方案，等其对企业了解加深后再进行转化动作。根据客户的价值、需求、偏好等综合因素对客户进行分类，可以为客户提供针对性的产品和服务，提高客户满意度。在实际工作中，按照客户的购买行为、购买方式、客户的规模、客户忠诚度、客户性格等不同的分类标准，可以把客户分成不同类型。以下简要介绍 3 种分类维护方法。

8.2.1 按网店购物者常规类型分类及应采取的相应对策

跨境电商卖家会按照购物者常规分类方法，对客户进行分类，将客户分为非客户、潜在客户、目标客户、现实客户及流失客户 5 类。

1. 非客户

非客户是与企业没有直接的交易，不可能购买企业产品或服务的群体。如果这类客户的咨询是有关产品和服务的问题，客服人员可以滞后处理，等处理好其他级别的客户后有时间再处理；提醒他们明确要求，提供详细客户资料，可以采用公司标准沟通模板。

2. 潜在客户

潜在客户是与企业没有直接的联系，但是对企业的产品和服务有需求或者有欲望，并且有购买动机和购买支付能力，但购买行为还没有发生的人群。针对这类客户，跨境电商客服应做到 24 小时内及时回复；采用公司标准沟通模板，快速回复，并关注客户后期反应。

3. 目标客户

目标客户是能够给企业带来收益，力图开发为现实客户的群体。这类客户，应由跨境电商客服人员重点跟进，有任何疑问须及时请求上级和同事协助；保持前期 3 天至少沟通一次，后期至少每周沟通一次，通过邮件、即时通信工具联络；目标客户发来的消息或电子邮件优先处理。

4．现实客户

现实客户是企业产品或者服务的现实购买群体。对于这类客户，必须全员配合，全力协助，在部门主管的协助下，由跨境客服人员负责重点跟进；所有文件、邮件须经主管审查后才可以发送；必要时，集体商议获取客户订单的方法；动用一切可以利用的联络资源，包括邮箱、电话、传真、即时通信工具等，全面接触客户、深入了解客户需求。

5．流失客户

流失客户曾经是企业的客户，但是现在不再购买企业产品或服务。针对这类客户，可以在节日的时候发送一些电子邮件进行节日问候，保持礼节性的联系。

8.2.2 按客户性格特征分类及应采取的相应对策

客户按性格特征划分，有以下 4 种类型。

1．友善型客户

友善型客户性格随和，对自己以外的人和事没有过高的要求，具备理解、宽容、真诚、信任等美德，通常是企业的忠诚客户。客服人员要提供最好的服务，不能因为对方的宽容和理解而放松了对自己的要求。

2．独断型客户

独断型客户异常自信，有很强的决断力，感情强烈，不善于理解别人；对自己的任何付出一定要求回报；不能容忍被欺骗、被怀疑、被怠慢、不被尊重等行为；对自己的想法和要求一定要求被认可，不容易接受他人的意见和建议；通常是投诉较多的客户。客服人员要小心应对，尽可能满足其要求，让其有被尊重的感觉。

3．分析型客户

分析型客户情感细腻，容易被伤害，有很强的逻辑思维能力；懂道理，也讲道理。对公正的处理和合理的解释可以接受，但不愿意接受任何不公正的待遇；善于运用法律手段保护自己，但从不轻易威胁对方。客服人员要真诚对待，做出合理解释，争取对方的理解。

4．自我型客户

自我型客户通常以自我为中心，缺乏同情心，从不习惯站在他人的立场上考虑问题，绝对不能容忍自己的利益受到任何伤害，有较强的报复心理，性格敏感多疑，时常"以小人之心度君子之腹"。客服人员要学会控制自己的情绪，以礼相待，对自己的过失真诚道歉。

8.2.3 按消费者购买行为分类及应采取的相应对策

客户按照购买行为可以分为忠诚客户、老客户、新客户及潜在客户。

1. 忠诚客户

忠诚客户是那些对企业十分满意和信任，长期、重复地购买同一企业的产品和服务的客户。从其购买行为上看，其具有指向性购买、重复性购买、相关性购买、推荐性购买 4 个特征。对于忠诚客户，企业可运用客户关系管理系统（CRM）加强与客户之间的互动。

2. 老客户

老客户是与企业有较长时间的交易，对企业的产品和服务有较深的了解，但同时还与其他企业有一定交易往来的客户，可参考 8.2.1 中分类方法中现实客户的维护方法。

3. 新客户

新客户是刚刚开始与企业有交易往来，对企业的产品和服务缺乏较全面了解的客户。这类客户，应由跨境电商客服人员积极跟进，向其详细解释公司产品和服务，保持较频繁的沟通，让客户尽快了解并认可公司的产品和服务，通过邮件、即时通信工具联络。新客户发来的消息或电子邮件优先处理。

4. 潜在客户

潜在客户是对企业的产品或服务有需求，但尚未与企业进行交易、需要企业大力争取的客户。应对措施参考 8.2.1 中分类方法中潜在客户维护方法。

8.3 跨文化客服与沟通的注意事项

由于跨境电商面向海外市场，客户来自不同文化国度，所以，在跨境电商客服工作中，面临的是跨文化的客服和沟通。

观察一种文化的角度包括交流与语言、自我意识与空间、衣着与打扮、食品与饮食习惯、时间与时间意识、季节观念、各种人际关系、价值观与规范、信仰与态度、思维过程与学习、工作习惯与实践等。

理解一种文化系统，可以考察研究其亲属系统、教育系统、经济系统、政治系统、宗教系统、协会系统、卫生保健系统、娱乐系统等。

跨文化沟通产生于这样一种情况下：即信息的发出者是一种文化的成员，而信息接收者是另一种文化的成员。在实践中，通常处于劣势地位的角色要迁就处于优势地位的角色，或者，为了实现跨领域的征服，势必要学会接受他人的文化，以得到他人的认同感。因此，在跨境电商客服工作过程中，客服人员要了解各个国家的文化，注意沟通过程中的礼仪和敏感问题。

8.3.1 北美地区市场

北美（Northern America）通常指美国、加拿大和格陵兰岛等地区，是世界上经济最发达的大洲，其人均 GDP 超越了欧洲，也是世界 15 个大区之一。北美市场是我国跨境电商出口的主要市场，其中美国是世界上最大的电子商务市场之一，在线买家数量众多，在线消费能力极强，市场容量非常大。美国人不但极少储蓄，而且很多人都会办理几张信用卡进行超前消费，因此也使得美国成为全球最大的消费品市场。

因为历史的原因，美国存在着大量的移民，他们来自不同的国家和地区，拥有不同的文化习俗，所以他们对市场上的商品拥有很强的接受能力，非常愿意尝试和购买新产品，只要产品的质量和品质确实不错，他们就会记住这个牌子，以后有需要的时候进行重复购买。

以下选取了北美地区两个主要的市场为代表，介绍在跨境电商客服工作中，遇到这些国家的客户需要注意的事项。

1. 美国

（1）美国人的性格通常是外向的。与美国人做生意，"是"和"否"必须保持清楚，这是一条基本的原则。当无法接受对方提出的条款时，要明白地告诉对方不能接受，而不要含糊其词，使对方存有希望。有些人为不致失去继续洽谈的机会，便装着有意接受的样子而含糊作答，或者答应以后作答而实际上迟迟不作回答，都会导致纠纷的产生。

（2）如果和美国客户发生了纠纷，要注意沟通协商的态度，必须诚恳、认真。与美国人谈判，绝对不要指名批评某人，指责客户公司中某人的缺点，或把以前与某人有过摩擦的事作为话题，或针对处于竞争关系公司的缺点进行贬低等，都是绝对不可以的。这是因为美国人谈到第三者时，都会顾及避免损伤对方的人格。这点，务必牢记于心，否则是会被对方蔑视的。

（3）美国人对商品的包装和装潢比较讲究。这是因为在美国，包装与装潢对商品的销路具有重要的影响，只有新奇的、符合国际潮流的包装与装潢，才能激励客户的购买欲望，扩大销售。在美国，一些日用品花费在包装装潢上的费用，会占商品成本很大的比例。

2. 加拿大

加拿大是市场成熟的发达国家，初级制造业、资源工业、农业是国民经济的主要支柱，贸易对加拿大而言非常重要，主要出口能源产品、而很多产品都要依靠进口。进口最多的产品有机械和设备、工业产品和原料、汽车产品、消费品等。我国是加拿大重要的贸易合作伙伴，并且加拿大从我国进口总额近几年一直在上升，我国越来越多的产品进入了加拿大市场。

和加拿大人做生意，应该因人而异、灵活变通，否则，难免要吃亏。和英国后裔商谈时，从进入商谈到决定价格这段时间，是很艰苦的，一会儿纠结在这个问题上，一会儿纠结在那个问题上。但是，一旦签订合同，就可能达成长期合作。法国后裔则恰恰相反，他们非常和蔼可亲、容易接近。但一旦正式进行商谈，就判若两人，讲话慢吞吞的，难以捉摸，要谈出结果会很费劲。在签订合同后，也会让人心中不安。所以，要针对不同种类加拿大人的特点，讲究差异化谈判策略，才有可能拿下订单。

加拿大商人多属于保守型，不喜欢价格经常上下变动，也不喜欢做薄利多销的生意，喜欢稳打稳扎。在报价上要注意，加拿大人喜欢缓和的推销方式，他们不喜欢过分进攻、激进的推销方式。避免夸大产品的宣传，不要过高抬高产品的最初价格，许多加拿大买家会厌烦高价策略。

加拿大人办事崇尚立竿见影，所以和他们谈判，切忌绕圈子、讲套话。在和加拿大商人沟通谈判时，不要把加拿大和美国进行比较，尤其是拿美国的优越方面跟他们相比。不要询问政治倾向、工资待遇、年龄等信息，这些都是他们很反感的。

加拿大商人对产品质量要求很高，且他们比较保守，一般先看样品，再小批量订货试销，尤其是对大型机电设备及产品，更是小心谨慎，通常会先参观考察供货商的生产设备，以确保产品质量。如果样品质量很好，价格适中，且供货商经验丰富，他们就会扩大订货量并建立长期稳定的业务关系，所以，供货商一定要好好制作样品。有些加拿大商人会要求用自己的商标出售商品，并要求供货商按其要求包装商品并贴上商标。这点中方供应商要知道，是否接受要好好考虑。

8.3.2 欧洲地区市场

欧洲历史悠久，文化底蕴深厚，经济发展水平居各大洲之首，工业、交通运输、商业贸易、金融保险等在世界经济中占重要地位，在科学技术的若干领域内，也处于世界较领先的地位，欧洲绝大多数国家属于发达国家，其中北欧、西欧和中欧的一些国家经济发展水平最高。由于有着深厚的文化、教育、历史背景，欧洲人的素质普遍比较高，他们有着严谨的工作作风、缜密的思维能力、高效的办事效率、良好的支付能力，这一切奠定了欧洲买家在全球生意人中的良好形象。所以，我国的很多进出口企业、外贸从业人员都非常乐意和欧洲商人打交道。

为了更好地开拓海外市场、服务好客户，客服人员需要事先熟知海外市场的一些文化礼仪，了解海外买家的特点、采购习惯和谈判风格等，注意跨文化沟通中的一些问题，以下选取几个典型欧洲国家为例进行说明。

1. 德国

（1）德国人严谨、保守、思维缜密。在和德国客户沟通交流前，一定要做好充分周到的准备工作，要熟知沟通的议题、产品的品质和价格。如果对方是公司的客户，还需要对其经营、资信情况进行较深入的研究和比较。

（2）追求高质量，喜欢试用，讲究效率，关注细节。德国人对产品的要求非常高，所以供应商一定要注意提供优质的产品。

（3）信守合同，崇尚契约。德国人素有"契约之民"的称号，他们对设计合同的任何条款都非常细心，对所有细节都会认真推敲，一旦签订合约就会严格遵守，按合同条款一丝不苟地执行，不论发生什么问题都不会轻易毁约。

简而言之，德国人做事雷厉风行，有军旅作风，具有自信、谨慎、保守、刻板、严谨等个性，办事富有计划性，注重工作效率，追求完美。因此，与德国人做生意，一定要在交易沟通前做好充分的准备，以便回答关于公司和产品的详细问题，同时应该保证产品的质量问题。在沟通交流过程中，注意要决策果断，不要拖泥带水。在交货的整个流程中，一定要注意细节，随时跟踪货物的情况并及时反馈给买家，一定要信守合同。

2. 英国

英国是全球资本主义的发源地，也是最早进行工业革命的国家，英国人的大国意识很强烈，在跨国贸易中需要注意以下几点。

英国商人一般举止高雅，遵守社会公德，有礼让精神。同时，他们也很关注对方的修养和风度。如果双方能在沟通中显示出良好的教养和风度，就会很快赢得他们的尊重，为交易成功打下良好的基础。

英国人喜欢按部就班，特别看重订单且注重循序渐进。所以，我国供应商和英国人做生意时，要特别注意试订单或样品单的质量，因为这是英国人考察供应商的先决条件。只有试订单或样品单能很好地满足英国买家的要求，他们才会逐步给供应商更多、更大订单的机会。反之，如果第一笔试订单都不能达到其要求，英国人通常就不会愿意再继续合作了。

注意英国买家的性质。我国很多供应商经常在交易会上遇到一些英国买家，交换名片时发现上面写着地址是"伦敦唐宁街××号"，买家住在大城市中心，但一看这英国人，是非洲裔或亚洲裔人，一交谈会发现对方也不是什么大采购商，于是就很失望。其实英国是个多民族国家，很多英国大买家并不住在城市里，因为一些有悠久历史传统的家族企业（如制鞋业、皮革业等）性质的英国裔人，很可能是住在一些庄园、村庄，甚至是古堡里面，所以，他们的住址一般都是诸如"切斯菲尔德""谢菲尔德"等为后缀的地方。这一点需要格外注意，住在乡村庄园里面的英国裔人很有可能是大买家。

3. 法国

一提到法国，人们首先想到的就是"浪漫"二字，提到巴黎，就和"花都"联系到了一起，而且法兰西民族在社会科学、文学、科学技术方面都有着卓越成就。人们应该想一想法国人为何如此浪漫、如此高雅？其实这和法国人从小接受的教育有关，法国人从小到大要学6门必修课，分别是音乐、体育、美术、法国文学、法语和拉丁语。除后两门是语言外，其他的课程都和艺术有关。法国人从小就在艺术的氛围和熏陶下长大，从而拥有了与生俱来的浪漫天性。

所以，在面对法国买家时，客服人员应该注意如下几个方面。

（1）法国买家通常比较注重自己的民族文化和本国语言，因此，在进行商务谈判时，他们往往习惯于要求对方以法语为谈判语言。所以，要与法国人长期做生意，最好学些法语，或在谈判时选择一名优秀的法语翻译。法国商人大多性格开朗、十分健谈，他们喜欢在谈判过程中谈些新闻趣事，以制造一种宽松的气氛。多了解一些法国文化、电影文学、艺术摄影等方面的知识，非常有助于互相沟通、交流。

（2）法国人天性浪漫、重视休闲、时间观念不强。他们在商业往来或社会交际中，经常迟到或单方面改变时间，而且总会找一大堆冠冕堂皇的理由。在法国还有一种非正式的习俗，即在正式场合，主客身份越高来得越迟。所以，要与他们做生意，就须学会忍耐。但法国人对于别人的迟到往往不予原谅，对于迟到者，他们都会很冷淡地接待。因此，如果是有求于他们，千万别迟到。

（3）交易中重视合同条款，思路灵活效率高，注重依靠个人力量达成交易。法国商人交易谈判时思路灵活、手法多样。为促成交易，他们常会借助行政、外交等手段介入谈判；同时喜欢个人拥有较大的办事权限，在进行商务谈判时，多由一个人承担并负责决策，很少有集体决策的情况，谈判效率较高。

（4）法国商人对商品的质量要求十分严格，条件比较苛刻，同时他们也十分重视商品的美感，要求包装精美。

4．意大利

意大利人非常愿意提故乡的名字。意大利人文化素质高，既有德国人的精明能干，又有法国人的健谈。所以，客服人员需要注意如下几个方面。

（1）意大利人说话时手势较多，表情富于变化，易情绪激动，常常会为很小的事情而大声争吵，互不相让。意大利人比德国人少了一些刻板，比英国人多了一些热情。但在合同谈判、做出决策时不会感情冲动，一般不愿仓促表态，比较慎重。同时，比较重视产品的价格，在价格方面寸步不让，喜欢采用代理的方式。

（2）意大利人有节约的习惯，不愿多花钱追求高品质。同时他们追求时髦、衣冠楚楚、潇洒自如。他们的办公地点一般都设施讲究，比较现代化，并且他们对生活的舒适也十分注重。与他们谈判时，着装时尚、潇洒会给他们留下好的印象。

（3）意大利人与外商做交易的热情不高，他们更愿意与国内企业打交道。由于历史和传统的原因，意大利人不太注重外部世界，不主动了解外国观念和国际惯例。他们信赖国内企业，认为国内企业生产的产品一般质量较高，而且国内企业与他们存在共性。所以，与意大利人做生意要有耐心，要让他们相信卖家提供的产品比他们国内生产的产品更物美价廉。还有一点应该注意的是，在意大利从事商务活动，必须充分考虑其政治因素，了解对方的政治背景，以防政局变动而蒙受经济损失。

5．俄罗斯

俄罗斯商人一般显得忧郁、自信心不足，喜欢谈大金额合同，对交易条件要求苛刻，缺乏耐心。同时，俄罗斯人办事喜欢拖拉，他们的谈判人员在此背景下显得作风散漫、待人谦恭、缺乏自信。在交易中，他们显得急于求成、注重实利，对现实利益紧抓不放。所以，应对俄罗斯买家时，应该注意追踪和跟进买家，趁热打铁，避免对方嬗变；对俄罗斯人要采用"本土化"策略。

8.3.3　东南亚地区市场

我国和印度,以其巨大的人口红利和稳步增长的GDP,吸引着各大企业、电商平台斥巨资出海东南亚,东南亚市场俨然成为新兴的蓝海市场。在东南亚,来自不同国家、不同民族的客户信仰、文化甚至消费习惯等方面都有显著的差异。作为电商卖家,针对不同的民族节日要有不同的营销重点,更要遵守相关的宗教文化禁忌。

1. 新加坡

新加坡现在被公认为世界上人口密度第二高的主权国家,它有着丰富的文化和多样化的种族背景,其中包括74%的华人、13%的土著马来人、9%以上的印度人,还有越来越多的欧亚人。新加坡官方语言为马来语,但是英语普遍被用于职场和教育领域。除了多元化民族人口,宗教的多样性也帮助新加坡创造了更加丰富的文化,佛教、基督教、伊斯兰教、道教、印度教和其他多种宗教为新加坡的发展奠定了文化基础。所以,在跨境电商交易中,客服人员需要注意如下几点。

新加坡人谨慎,注重信用。新加坡人不轻易签订书面字据,但一旦签订,他们绝不会违约,并对对方的背信弃义十分痛恨。

新加坡人十分看重对方的身份、地位及彼此的关系。"面子"在商业洽谈中具有决定性意义,交易要尽可能以体面的方式进行。他们通常认为,私人关系和商务关系同样重要。

在沟通谈判时,新加坡人很直爽,但有时因避免直接说"不"而采取婉转的说法,要注意他们谈话中的暗示。

新加坡人对色彩的想象力很强,一般喜欢红、绿、蓝色,把紫色、黑色视为不吉利,黑、白、黄色为禁忌色彩。忌讳乌龟,虽然中国人喜欢乌龟,视它为长寿及懂得自我保护的代表,但新加坡人却不喜欢乌龟,把它喻为不够光明磊落、遇事不敢承担责任的人。

新加坡人认为4、6、7、13、37和69是消极的数字,他们最讨厌7,沟通交流时尽量避免这个数字。

与新加坡人交谈时,不仅不能口吐脏字,而且还要记住多使用谦、敬语。与此同时,对于话题的选择务必加以注意。最受新加坡人青睐的话题,主要是运动、旅游、传统文化及有关经济建设方面的成就。对于新加坡国内政治、宗教、民族问题,执政党的方针、政策,以及新加坡与邻国的关系问题,最好不要涉及。

2. 泰国

泰国是一个位于东南亚的君主立宪制国家,国土面积约51万平方公里,地处中南半岛中部,其西部与北部和缅甸接壤,东北是老挝,东南是柬埔寨,南边狭长的半岛与马来西亚相连。主要民族是泰族,90%以上的民众信仰佛教,马来族信奉伊斯兰教,还有少数民众信仰基督教、天主教、印度教和锡克教。在跨境电商客服工作中,需要注意如下几点。

(1) 同泰国人沟通交流时,不要夸耀自己国家经济如何发达。否则,他们会认为对方太傲慢，在以后的交往中，有可能会有意地加以为难。因此，在泰国商人面前，显得越谦虚越好，他们才能很好地进行配合。

（2）多数泰国人不愿与他们不熟悉的人进行商业往来，因此，最好通过对双方都比较熟悉的组织或个人介绍引见。泰国商人总要考虑很久才能做出决定，所以与他们打交道要有耐心。泰国人一个核心价值观念是注重关心和考虑他人需要和感受，外商如果采用过于直接言行或强硬销售策略，就在无意中冒犯了泰国人。

（3）泰国人讨厌只是工作而没有休闲，因此会议时间不要过长，将过于冗长的讨论用一些茶点等休闲活动分割开来，闲聊时不要问对方收入、住房、婚姻等私事。泰国人不喜欢告诉别人坏消息，认为隐瞒不好的消息是对对方的尊敬。

（4）忌讳用红笔签字和用红颜色刻字，禁止议论、打听王室秘密。

3. 马来西亚

马来西亚分为13个州和3个联邦直辖区，全国面积共33万平方公里，位于东南亚，国土分东、西两部分，即马来半岛（西马）和加里曼丹岛北部（东马）。主要人口是马来人、华人、印度人，信奉伊斯兰教、佛教、印度教。在跨境电商客服工作中需要注意如下几点。

（1）马来西亚不禁止一夫多妻制，但注意不要谈及其家务事。

（2）马来人没有固定的姓，所以在称呼他们时并不以他们的姓作为称呼。马来人的名字可分两个部分，第一个部分是他们的名字，中间隔着"bin"或"binti"，有时会省略；第二个部分是他们父亲的名字。男士名字中间就用"bin"，而女士名字中间则用"binti"。

（3）对于宗教国家而言，各项的禁忌总是比较多的，马来西亚也不例外。在我国古代，黄色是比较高贵的颜色，但是在马来西亚就不是那么回事了，在这里黄色被看成一种禁忌的颜色。除了黄色，黑色也是一个不受欢迎的颜色，一般是不会单独使用的。他们也忌讳数字0、4、13。

（4）马来西亚人最禁忌的动物是马，所以在沟通交流的过程中，尽量不要提及这个问题。他们也忌讳猪和狗，尤其是猪，在马来西亚是绝对不能使用猪皮制品的，就连漆筷也是不能用的，因为在这个过程中用到了猪血。

8.3.4 中东地区市场

"中东"不属于正式的地理术语，在外贸领域，中东地区主要指狭义的阿拉伯国家和地区，主要分布在西亚的阿拉伯半岛和北非，如巴林、埃及、伊朗、伊拉克、以色列、约旦、科威特、黎巴嫩、阿曼、卡塔尔、沙特、叙利亚、阿联酋和也门、巴勒斯坦等国。这些国家经济单一，绝大多数国家盛产石油，靠石油及石油制品的出口维持国内经济，进口商品主要是粮食、肉类、纺织品及运输工具、机器设备等。他们家庭观念较强，性情固执而保守，脾气也很倔强，重朋友义气，热情好客，却不轻易相信别人。他们喜欢做手势，以肢体语言表达思想。尽管不同的阿拉伯国家在观念、习惯和经济力量方面存在较大差异，但整个阿拉伯民族却有较强的凝聚力。在阿拉伯国家，伊斯兰教一向被奉为国教，是除阿拉伯语外，阿拉伯民族的又一重要凝聚力量。阿拉伯人非常反感别人用贬损或开玩笑的口气谈论他们的信仰和习惯，嘲弄或模仿他们的风俗。所以，在服务这些地区的客户时，需要注意以下几点。

（1）在阿拉伯人看来，信誉是最重要的，与他们沟通交流时节奏要缓慢，要镇定、有耐心。大多数阿拉伯人看了某项建议后，会去证实是否可行，如果可行，他们会在适当的时候安排由专家主持的会谈。如果这时显得很急躁，不断催促，往往会欲速则不达。

（2）阿拉伯人极爱讨价还价，无论商店大小均可讨价还价。因此，为适应阿拉伯人讨价还价的习惯，跨境卖家应确立起见价必还的意识，凡是对方提出交易条件，必须准备讨价还价的方案。高明的讨价还价要有智慧，即找准理由，令人信服，在形式上要尽可能把讨价还价进行得轰轰烈烈。作为供应商，无论怎么报价，阿拉伯人都会砍价，因为降价是他们的主要目的，所以，卖方在第一次报价时，不妨适当地把价格报高一些，留一些对方砍价的空间，否则报低了就再无降价的空间了。

（3）注意阿拉伯人的谈判习惯和宗教信仰。在商业交往中，他们习惯使用的"IBM"不是指 IBM 公司，而是指阿拉伯语中分别以 I、B、M 开头的 3 个词语。I 指"因夏利"，即"神的意志"；B 指"波库拉"，即"明天再谈"；M 指"马列修"，即"不要介意"。他们常常以这几个词作为武器，保护自己，以抵挡对方的进攻。例如，双方已定好合同，后来情况发生变化，阿拉伯商人想取消合同，就会名正言顺地说："这是神的意志。"而在谈判中，当形势对对方有利时，他们会耸耸肩说："明天再谈吧。"等到明天一切又要从头再来。当外商因阿拉伯人的上述行为或其他不愉快的事情而烦恼不已时，他们又会拍着外商的肩膀，轻松地说："不要介意。"所以，与阿拉伯人做生意，要记住他们的"IBM"习惯。

本章小结

在销售领域有句名言："销售不追踪，万事一场空。"在交易的过程中，只有不断地追踪，才能发现在客户沟通或服务中存在的各种问题，并对症下药地去解决。同样，在跨境电商交易中，也需要持续的客户跟踪服务。同时客户的分类管理也非常重要，不同的客户采取不同的销售和服务策略，既能提高客服工作效率，又能提高客户满意度。最后，客服人员还要掌握不同文化背景下的一些禁忌和商务礼仪。

课后练习

一、选择题

1．（多选）建立客户忠诚度，比较常见的服务策略包括（　　　）。
　　A．定期对老客户进行问候　　　B．优先回复老客户
　　C．定期回访老客户　　　　　　D．给客户不定期发优惠券

2．（多选）跨境电商卖家会按照购物者常规分类方法，对客户进行分类，客户可以划分为（　　　）。
　　A．非客户　　　　　　　　　　B．潜在客户
　　C．友善型客户　　　　　　　　D．目标客户

3. （多选）目标客户的邮件应该做到（　　）。
   A. 24小时内回复　　　　　　　　B. 关注客户后期反应
   C. 全员配合，重点跟进　　　　　D. 等有时间才处理
4. （多选）客户忠诚度可以在（　　）方面进行衡量。
   A. 再购买意愿
   B. 基本行为：近期购买时间、次数、数量等
   C. 衍生行为：公开推荐、口碑、介绍客户、给小费等
   D. 是否领取本店铺优惠券
5. （多选）跨境电商领域的德国客户普遍具有的特点包括（　　）。
   A. 保守严谨　　　　　　　　　　B. 追求品质
   C. 不注重时间效率　　　　　　　D. 对合同要求高，法律观念强

二、简答题

1. 跨境电商卖家客服人员，针对不同类型客户的处理方法分别是怎样的？
2. 在跨境电商平台上，要维护好老客户，建立客户忠诚度，比较常见的服务策略有哪些？

三、实操题

创设情境，探讨如何处理不同文化、宗教的客户，在跨境消费行为上的差异。

第9章 消费心理学在跨境电商业务中的运用

学习目标

（1）了解消费心理学的基本理论，并能在跨境电商中运用；
（2）掌握消费心理学在提高跨境订单转化方面的应用。

学习重点与难点

学习重点：
消费心理学的基本理论在跨境电商中的应用。

学习难点：
消费心理学在提高跨境订单转化方面的作用及应用。

导入案例

某品牌牙膏公司的产品很受欢迎，以往每年的利润都比前一年增长超过20%，但是某年只增长了14%。公司领导担心销售遭遇"瓶颈期"，希望有人能提出对策。这时，有一个年轻人表示他可以解决这个问题，但是必须先支付给他5万元酬金。老板想了一下同意了，年轻人只说了一句话："把牙膏的口径扩大1mm。"老板采纳了他的建议。于是，该公司的当年利润增幅超过了40%。

这个年轻人的建议为什么能使牙膏公司获得这么大的利润？其实就是找准了消费者的心理诉求。消费者心理是人们在生活消费过程中，在日常购买行为中的心理活动规律及个性心理特征。在传统线下销售中，市场研究人员都会通过研究消费者心理进行策划营销活动，以提高公司的销售业绩。

【辩证与思考】

研究买家在跨境消费活动中的心理现象和行为规律，有利于提高经营效益。客服人员在日常工作中，应该如何结合具体的工作环节，以引导消费者心理需求为导向，提高买家客户的积极性和满意度呢？

9.1　跨境电商中的消费心理学

消费心理学（Consumer Psychology）是心理学的一个重要分支，它研究消费者在消费活动中的心理现象和行为规律。消费心理学的学习内容包括消费者的心理活动过程、消费者的个性心理特征、影响消费者行为的心理因素、消费者购买过程的心理活动、社会环境对消费心理的影响、消费者群体的消费心理与消费行为、消费态势与消费心理、商品因素与消费心理、营销沟通与消费心理等。在跨境电商领域中，加强对海外消费者的消费心理进行分析，对跨境电商的运营有着重要的作用。

9.1.1　跨境消费者心理过程分析

消费者的心理活动过程是消费者在其购买行为中的心理活动的全过程，是消费者的不同心理活动现象对商品现象的动态反映。消费者的心理过程大致可以分为认知过程、情绪过程和意志过程3个部分。在这些不同的过程中，消费者的心理行为可以直接反映出消费者个体的心理特征。

1. 消费者的认知过程

消费者购买行为的心理活动是从对商品的认知过程开始的，这一过程构成了消费者对所购买商品的认识阶段和知觉阶段，是消费者购买行为的重要基础。认知过程指消费者对商品的个别属性（如形状、大小、颜色、气味等）的各种不同感觉相互间加以联系和综合的反映过程。在这一过程中，消费者通过自身的感觉、记忆和思维等心理活动，完成认知过程的全部内容。消费者的感觉过程是商品直接作用于消费者的感官、对消费者加以刺激而引起的过程。在这一过程中，消费者获得有关商品的各种信息及其属性的材料，如品牌、商标、规格、用途、购买地、购买时间和价格等，是消费者接触商品的最简单的心理过程。在购买商品的过程中，消费者借助于触觉、视觉、味觉、听觉和嗅觉等感觉器官，接受有关商品的各种不同信息，并通过神经系统将信息感觉传递到头脑，产生对商品个别的、孤立的和表面的心理印象。在跨境电商中，消费者对商品的感觉主要是靠商品的图片和文字进行传达，因此，卖家要尽可能清晰完整地上传展现商品细节的图片和文字描述。

在消费者对商品产生心理印象，也即对商品产生感觉后，在感觉的基础上，消费者的意识还会随着对感觉材料的综合处理，把商品所包含的许多不同的特征和组成部分加以解释，在头脑中形成进一步反映商品的整体印象，这一过程就是消费者的知觉过程。在这一过程中，消费者在头脑中形成了对商品的完整形象，从而对商品的认识更进了一步。当然，在日常生活中，消费者对商品从感觉到知觉的认识过程，在时间上几乎是同步完成的。

感知是消费者对商品的外在特征和外部联系的直接反映，是原始形态的，是对商品认识的初级阶段。但是，消费者只有通过这一阶段，才能为进一步认识商品提供必要的材料，形成记忆、思维、想象等一系列复杂的心理过程。在此基础上，如果对商品产生了信任情感，就会进行购买行动。在购买商品的过程中，消费者借助于记忆，对过去曾经在生活实践中感知过的商品、体验过的情感或有关的知识经验，在头脑中进行反映的过程，也是异常复杂的认识过程。它包含对过去所经历过的事物、情感和知识经验的识记、保持、回忆和认识等过程，都会在消费者的购买行为中起着促进购买行为的作用。如果消费者的生活经验或购买经验在头脑中没有存留，或者在消费者的头脑中没有存贮有关商品的任何信息的话，就必然会影响到消费者对商品的认识，使消费者难以完成对商品的认识过程，这样，就很难促成购买行为。所以，在广告宣传中，采取强化记忆的手段强化认知，是相当重要的。

此外，在消费者发生对商品的表象认识、并在头脑中建立起商品的印象后，他就会把对商品的认识过程更向前推进一步，使认知过程从表象形式向思维过渡，进一步认识商品的一般特性和内在联系，从而全面、本质地把握商品的内在品质。这一思维过程是认识过程的高级阶段——理性认识阶段。在这一过程中，消费者对商品在头脑中进行概括，产生间接的反映，从而使消费者间接地理解和把握那些没有感知过的或根本不可能感知的事物。在这一过程中，消费者还始终保持着与感知、表象的联系，即保持着商品的个别属性与整体形象的联系，以继续发挥感知和表象的认识功能，从而使认识的两个阶段互相转化、交替发展、相互制约和相互促进，完成对商品的认知过程。

在购买活动中，消费者借助于认识过程的感知与表象获得第一信号系统的信号，即形象的信息，而在思维过程中，则获得抽象思维的信息。两种系统信息在头脑的交替作用下直接影响消费者的购买决策。

2. 消费者的情绪过程

消费者对商品的认知过程，是采取购买行为的前提，但并不就等于他必然采取购买行为。因为消费者是生活在复杂的社会环境中的具有思维能力的人，是容易受影响的个体。因此，他们在购买商品时，将必然地受到生理需求和社会需求的支配，两者构成其物质需求的强度。由于生理需求和社会需求会引起消费者产生不同的内心变化，可以造成消费者对商品的各种情绪反应，如果情绪反应符合或满足了其消费需要，就会产生愉快、喜欢等积极态度，从而导致购买行为；反之，如果违反或不能满足其消费需要，则会产生厌恶态度，就不会产生购买欲望。消费者对待客观现实是否符合自己的需要而产生的行为态度，就是购买心理活动的情绪过程。情绪过程是消费者心理活动的特殊反映形式，贯穿于购买心理活动的评定阶段和信任阶段，因而，对购买活动的进行有着重要影响。

消费者的情绪表现，大多数是通过其神态、表情、语气和行为等进行表达，各种情绪的表达程度也有着明显的差异。消费者在购买活动中的情绪表现，大致可以分为3大类：积极、消极和中性。在购买活动中，消费者的情绪主要受购买现场、商品、个人喜好和社会环境的影响。在跨境电商领域，消费者情绪主要受商品、个人喜好的影响。

当商品能使消费者产生符合自己过去经验所形成的愿望和需要的想法时，就会产生积极的情绪，从而导致购买行为的发生；反之，就会形成消极情绪，打消购买欲望。在现实购买活动中，消费者的情绪演化，是随着对商品的认识过程而发生变化的。随着对商品的深入了解，会产生对商品的"满意—不满意""愉快—失望"这样的对立性质的情绪变化，如在购买商品时，消费者发现某种商品的外观好，则会引起愉快情绪。但如果在深入认识商品后，发现商品的品质较差，则会转变情绪，产生对商品的不满意态度。

消费者本人在进行购买活动时，自身也带有情绪态度，如欢愉、开朗、振奋或忧愁、悲观等。消费者的这种持久情绪的形成，是以他的心理状况为背景的。这种心理状况背景包含多项内容，如消费者的生理特点、性格倾向、生活经历、事业成败、需求顺逆、道德观念、社会地位、理想信念，乃至生活环境、身体状况和社会关系等。消费者的这些心理背景的差异，构成了各自不同的情绪状态，而这种状态是使消费者的购买心理和购买行为染上同质情绪色彩的根源。

在购买活动中，消费者由于有着各自不同的心理背景和美感能力，必然使他们在购买过程中，对客观事物或社会现象的反应具有不同的情绪方式，从而导致不同的购买行为。

3. 消费者的意志过程

在购买活动中，消费者表现出有目的、自觉地支配和调节自己的行为，努力克服自己的心理障碍和情绪障碍，实现其购买目的的过程，称为消费者心理活动的意志过程。它对消费者在购买活动中的行动阶段和体验阶段有着较大的影响。

消费者的意志过程具有两个基本特征，一是有明确的购买目的；二是排除干扰和困难，实现购买目的。

消费者对商品的意志过程，可以在有目的的购买活动中明显地体现出来。在有目的的购买活动中，消费者的购买行为是为了满足自己的需要。因而，消费者总是在经过思考之后提出明确的购买目标，然后有意识、有计划地去支配自己的购买行为。消费者的这种意志与目的性的联系，集中地体现了人的心理活动的自觉能动性。意志对人的心理状态和外部行为进行调节，推动人实现为达到预定目的所必需的情绪和行动，同时，还制止与预定目的相矛盾的情绪和行动。意志的这种作用，可以帮助人们在实现预定目的的过程中克服各种阻挠和困难，使购买目的顺利实现。

在意志行动过程中，消费者要排除的干扰和克服的困难是多种多样的，既有内在原因造成的，也有外部因素影响的结果。并且，由于干扰和困难的程度不同，以及消费者意志品质的差异，消费者对商品的意志过程有简单和复杂之分。简单的意志过程通常是在确立购买目的后，立即就付诸行动，从决定购买过渡到实现购买；而复杂的意志过程则是在确立购买目的后，从拟订购买计划到实现购买计划，往往还需要付出一定的意志努力，才能把决定购买转化为进行购买。

在消费者由做出购买决定过渡到实行购买决定的过程中，由于要克服主观和客观两方面的困难，使实行购买决定成为真正表现出消费者意志的中心环节，就不仅要求消费者克服内在困难，还需要他创造条件，排除外部障碍，为实现既定的购买目的付出意志的力量。

总而言之，消费者心理活动的认知过程、情绪过程和意志过程，是消费者决定购买的心理活动过程的统一，是密不可分的3个环节，其相互作用关系非常紧密。意志过程有赖于认知过程，并促进认知过程的发展和变化。同时，情绪过程对意志过程也具有深刻的影响，而意志过程又反过来调节情绪过程的发展和变化。

9.1.2 跨境消费者个性分析

在日常生活中，消费者的购买行为是千差万别的，而构成这种千差万别的心理基础，就是消费者的个体心理特征。消费者在购买活动时所产生的感觉、知觉、记忆、思维、情感和意志等心理过程，体现了人的心理活动的普遍性规律。对于具体的个体，其所发生的心理活动具有鲜明的个性特色，即个性心理特征。这种个性心理特征，既体现了心理活动的普遍规律性，同时，还反映了心理活动的个性特点，从而形成了各具特色的购买行为。

个性是表现在人身上具有经常性、稳定性和本质特点的心理特征。经常性和稳定性指那些以某种机能特点或结构形式，体现于个体身上的比较固定的特点。偶尔出现的某些特征是不能称为人的个性心理特征的，本质特征指人所固有的精神面貌。消费者的个性心理特征，就是消费者在各自的心理活动实践中，经常表现出来的比较稳定的个性心理的特殊性。个性心理特征影响着消费者的一切言行举止，个性心理特征与消费者的购买活动的结合，给消费者各自购买行为涂上了独特的色彩，显现出明显的差异。

个性心理特征具体地体现在一个人的能力、性格和气质等方面的特点上，消费者在这些方面的差异导致了他们在个性心理特征的差异。

1. 能力

能力是一个人能够顺利地完成某种活动、并直接地影响其活动效率的个性心理特征。一个人的能力包括这些内容：观察力、记忆力、想象力、思维能力和注意力，以及听觉、运算、鉴别、组织、决策等能力。这些不同种类的能力彼此联系，相互促进，共同发挥作用。当然，不同的活动具有不同的能力活动结构，所需的能力强度也不相同。例如，在进行购买活动时，普通商品的购买，通常只要求消费者具有注意力、记忆、思维、比较和决策的能力，而购买特殊商品时，则还须加上鉴别和检验能力等。

人的能力的形成和发展，是同人的素质、社会实践、文化教育和主观努力等条件相关的，由于每个人在这方面所具备的条件不同，个人与个人之间不仅存在着一般能力和特殊能力的差异，还存在着能力发展水平的差异，这些差异构成了人的能力的个别差异。一个人是否具有能力，以能否顺利完成某项活动为唯一衡量标准。在购买活动中，消费者的购买行为的多样化，也在一定程度上反映出消费者能力的个别差异。例如，购买者购买行为的果断程度，就可能反映出其对商品的识别、评价和决策能力，有时甚至是支付能力。

2. 气质

气质是人典型、稳定的心理特征，表现在人的心理活动的各个方面。个人间气质的差异，导致每个人在进行各种活动时表现出不同的心理活动过程，形成各自独特的行为色彩。

气质是由神经的生理特点决定的，它虽然会在人的一生中发生某些变化，但变化却是极为缓慢的，具有明显的持久性和稳定性特点。气质的这种持久性和稳定性，使具有某种气质的人尽管进行动机和内容都不同的活动，但会在其行为方式上都表现出相同的心理动力特点。因而，气质在人的个性心理特征中占有相当重要的位置。

气质对消费者的购买行为具有比较深刻的影响。在购买活动中，消费者带有特性的言谈举止、带有特性的反应速度和带有特性的精神状态等一系列的表现，都会不同程度地将其气质反映出来。兴奋型的人，在购买过程中其购买行为表现出情绪激烈、脾气暴躁、表情丰富、行动迅速等特征；沉静型的人，则表现出情感变化缓慢、体验深刻、反应迟钝、多疑谨慎等；活泼型的人，则表现出情感易于变化、反应灵敏、活泼好动、热情奔放、言行快速等特点；而安静型的人，则表现出冷漠、拘谨、稳重、固执、自制力很强等特点。

一个人的气质没什么好坏之分，但对人的品质的形成却有积极和消极影响。了解一个人的气质，有助于根据消费者的各种购买行为，发现和识别其气质方面的特点，注意利用其积极面，控制其消极面。

3. 性格

性格是人对待客观现实的态度和行为方式中经常表现出来的稳定倾向，是人的个性中最重要、最显著的心理特征。不同的人的各自习惯的行为方式首先取决于这个人对现实的态度，一个人对某些事物的态度和反应，如果在其生活中巩固起来，成为经验程序，就会变成他在一定场合中习惯了的行为方式，也就构成了他的性格特征。人对现实的态度是由多方面因素结合而成的，主要包括社会态度、团体态度和合作态度，以及对劳动、生活的态度和学习态度等。人们在这些方面可以表现出不同的性格特征，尤其是人在处理社会关系时所表现出的性格特点，是构成人的性格的一个重要因素。

人的各自不同的性格特征，还取决于各自的认识、情绪和抑制这些心理过程的不同特点。在认识方面的个性差异，主要表现为接受外界刺激的主动性和被动性、逻辑性和现实性；在情绪方面，则主要表现在持久性、稳定性和意志力等方面；在意志方面，则表现为意志的目标性和自我约束能力的差别。这些不同的心理过程的影响，构成了性格的理智特点、情绪特点和意志特点，他们对人的行为活动的自我调节起着一定的作用。

性格的某些特点相互联系，成为一个整体存在于一个人身上，就使这个人表现出具有某种经常性的、稳定的态度，以及与之相伴的独特的性格，形成这个人不同于其他人的明显区别。

在商业活动中，消费者千差万别的性格特点，也往往表现在他们在商品购买活动中的态度和习惯化的行为方式上。消费者的个体性格对其购买态度、购买情绪、购买决策和购买方式的影响是客观存在的，其性格及其特点会在这些方面表现出来。因此，我们可以通过观察、交谈和调查分析等手段，认识消费者的个体性格，掌握消费者的性格类型。

从上述讨论可以看出，消费者的能力、气质和性格等个体心理特征对消费者的购买行为的影响是非常大的，是构成不同的购买行为的心理基础。

9.2 消费心理学在跨境电商中的应用

消费者心理是影响消费者购买行为的重要因素之一。然而随着互联网技术的发展，电商经济作为一个新兴经济在市场活动中占据着越来越大的份额，消费心理的使用场景也从线下扩展到了线上。

9.2.1 明确消费者的实际需求

需求是具有支付能力并且愿意购买某种物品的欲望。因此，作为跨境客服，在售前首先要评估客户的购买能力，其次才是挖掘客户的需求。

如何评估客户的购买能力？最简单的方法就是查看客户以往的购买频率、购买总额、消费习惯等数据。至于怎么挖掘客户的需求，就需要明确客户的心理诉求，即什么样的客户，在什么场景下，需要采取怎样的方式，解决什么问题。

例如，一个客户想要买耳环，那么她的本质需求就是想通过耳饰搭配变得更美。因此，她如果前来咨询，更关注的核心点应该是：这款耳环她佩戴出来是否适合她的整体造型和需要佩戴的场合等。那么，跨境售前客服就应该在回答的时候，给她描绘一幅场景：列举客户在佩戴推荐款耳环后，可以适用何种场合，且能明显将人扮靓变美的例子。

需要注意是，在描述"痛点刚需"时，用户直接告知"我要什么"，可以通过发文字、图片、视频等清晰地描述出来，这类需求属于直接需求。还有一种是隐形需求，即用户在头脑中有想法但没有直接提出、不能清楚描述的需求。这种隐形需求需要跨境售前客服结合对国别文化的基本认知去进行专业的引导，如果想有效激发用户的隐形需求，跨境售前客服就需要深入了解用户。

9.2.2 放大商品的价值锚点

放大商品价值锚点的方法运用在消费心理过程时为"沉锚效应"。通常情况下，客户在做购买决策的时候，思维往往会被得到的第一信息左右，就像沉入海底的锚一样，把消费者的思维固定在某处，并用一个限定性的词语或规定动作作为导向，达成行为效果的心理效应，称为"沉锚效应"。

最典型的案例就是跨境售前客服经常会被客户问道："别的店铺只要×××元，你们家的为什么会贵这么多？贵在哪儿了？"客户在判断一个商品的价值是否符合相应的价格时，往往会采用对比的方法做出决策。因此，跨境售前客服想要引导客户下单，也可以采用对比的方式突出商品的优势。

例如，有一个客户想买补水面膜，她需要在一款100元价位的面膜和200元价位的面膜之间进行选择,她会问出售200元价位面膜的店铺客服："你们家为什么卖那么贵？"这个时候，售前客服就可以说："相比于100元的面膜，我们家的面膜多了×××成分，而且这个成分某某大牌也用到了，但是某品牌的售价是近千元，所以200元的定价其实是非常实惠的。"

这个案例就是采用了"沉锚效应",利用对比,突出目标产品的性价比,让客户觉得:我买这个产品远比买其他产品更有价值。

9.2.3 强化客户的互惠心理

消费心理学大师罗伯特·西奥迪尼在写《影响力》这本书时,讲述的第一个影响力就是互惠原理(Reciprocity)。互惠原理认为:人们应该尽量以相同的方式,回报他人为自己所做的一切。由于互惠原理的影响力,人们感到自己有义务在将来回报自己收到的恩惠、礼物、邀请等。

因为互惠原理能够使他人产生多余的负罪感、增加信任感、回报别人的责任感,而在跨境客服与客户沟通过程中运用这一原理,可以增加客户与跨境客服人员之间的信任,降低成交难度,促进潜在客户的转化。

客服人员应该如何运用互惠原理呢?

例如,有一个孕妇想买电热毯,但是又害怕电热毯有辐射。这时候售前客服就可以说:"电热毯是通电的,一定会有辐射的。"然后建议客户提前2小时打开预热,暖好被窝就关掉,再躺进去就不会受到辐射影响了。实在担心的话,可以去买其他不带电的保暖产品,然后推荐2~3款没有辐射的商品。客户由于受到互惠心理影响,就会更容易下单购买。

综上所述,跨境电商客服可以通过明确消费者的需求,运用"沉锚效应"和"互惠心理"等方法,优化销售话术,以突出产品的价值,增加买卖双方相互之间的信任感,引导客户心甘情愿完成购买行动,提高询单转化的成功率。但同时,这也意味着客服要花费更多的时间和精力去研究消费者语言背后的心理需求,以及消费话术的包装转化。在客服质检方面,对话的复杂性就会大大增加,考核的难度也会相应加大。客服质检项目及内容如表9-1所示。

表9-1 客服质检项目及内容

检查类目	具 体 检 查 内 容
挖掘需求	是否正确回答客户的问题
	是否遵循"要什么"—"为什么"—"可以吗"逻辑
	客户的满意度
价值锚点	是否提到产品的核心竞争力
	是否与其他产品进行比较
	客户的满意度
互惠心理	客户是否有愧疚情绪
	客户是否有感激情绪
	客户的满意度

如今,很多头部跨境电商团队为了把这些理论转化为实际可操作的得分体系,往往会制定出一套符合自身特色,依照不同服务场景、需求进行拆分及细化的话术规则体系,

客服的服务得分则取决于其在这个体系中的综合表现。

本章小结

消费者心理是影响消费者购买行为的重要因素之一。在跨境电商运营中，要学会利用消费心理学的知识分析客户的购买心理、个性化追求等。只有精准分析客户的心理诉求，挖掘客户的真正需求，才能有针对性地满足不同的客户需求，提高订单的转化率。

课后练习

一、选择题

1. 许多消费者是在（　　）的推动下购买某种商品的。例如，一个热爱音乐的人，为了达到购买钢琴的目的，可以不惜代价，哪怕省吃俭用，也要如愿以偿。
   A. 心境　　　　B. 情绪　　　　C. 激情　　　　D. 热情
2. 常用的"人情味广告"的心理原则是（　　）。
   A. 同情、尊重、愉悦、求美　　　　B. 沟通、友好、表现、从众
   C. 热情、同情、诱导、吸引　　　　D. 同情、尊重、亲情、劝导
3. 影响消费活动效果的个性心理特征是（　　）。
   A. 气质　　　　B. 性格　　　　C. 能力　　　　D. 兴趣
4. 评估客户购买能力的方法不包括（　　）。
   A. 查看客户以往的购买频率　　　　B. 购买总额
   C. 消费习惯　　　　　　　　　　　D. 客户的穿戴
5. 根据上述定义，下列选项没有应用到沉锚效应的是（　　）。
   A. 男孩邀请心仪女生说："出去玩好吗?"女孩觉得拒绝好像很自然，答应显得太主动，所以就说："下次吧。"男孩认为女孩无意与他交往。
   B. 一家粥店服务员为客人盛粥后，总问："加一个鸡蛋还是两个?"另一家服务员总问："加不加鸡蛋?"头一家店日销售额总高于后一家。
   C. 邻居偷走华盛顿的马被发现后拒不承认，华盛顿捂住马的双眼问邻居："马哪只眼是瞎的?"邻居说"右眼"。事实上，马的两只眼睛都没毛病。
   D. 你去商场闲逛，导购小姐诱导说："反正今天是出来买鞋的，甲或乙都很适合你的气质，请选一双吧。"然后，你就挑选了其中一双。

二、简答题

1. 请简述消费者的心理过程。
2. 什么是沉锚效应?

三、实操题

创设情境，讨论掌握消费心理学知识对跨境电商业务的促进作用。

参 考 文 献

[1] 大麦电商学院. 淘宝网店金牌客户服务全能一本通[M]. 北京：人民邮电出版社，2018.

[2] 邓志超，崔慧勇，莫川川. 跨境电商基础与实务[M]. 北京：人民邮电出版社，2017.

[3] 冯晓宁，梁永创，齐建伟. 跨境电商：阿里巴巴速卖通实操全攻略[M]. 北京：人民邮电出版社，2015.

[4] 关怀庆. 我国跨境电商的发展现状、趋势及对策研究[J]. 中国商论，2016.

[5] 关琳. 亚马逊购物网和淘宝网经营策略比较研究[D]. 哈尔滨：黑龙江大学，2016.

[6] 林俊峰，彭月娥. 跨境电商实务[M]. 广州：暨南大学出版社，2016.

[7] 刘敏，高田歌. 跨境电子商务沟通与客户服务[M]. 北京：电子工业出版社，2017.

[8] 阮晓文，朱玉嬴. 跨境电子商务运营：速卖通 亚马逊 eBay [M]. 北京：人民邮电出版社，2018.

[9] Shopee 资讯网.

[10] 速卖通大学. 跨境电商——阿里巴巴速卖通宝典（第 2 版）[M]. 北京：电子工业出版社，2015.

[11] Wish 电商学院. Wish 官方运营手册：开启移动跨境电商之路[M]. 北京：电子工业出版社，2017.

[12] 易静，樊金琪，彭洋. 跨境电子商务客户服务[M]. 北京：人民邮电出版社，2019.

[13] 雨果网.

[14] 张丹. 跨境电商客服经常遇到的问题与解决技巧——以植物产品为例[J]. 广西农学报，2016.

[15] 周晨晨，吴荣兰. 出口跨境电商实操中与客户的沟通技巧研究[J]. 现代商贸工业，2018（15）.